论语新说

殷铭荷 ◎ 著

华夏出版社

图书在版编目（CIP）数据

论语新说 / 殷铭荷著 . -- 北京：华夏出版社有限公司，2023.9
ISBN 978-7-5222-0443-7
Ⅰ.①论… Ⅱ.①殷… Ⅲ.①儒家 ②《论语》- 研究 Ⅳ.① B222.25

中国版本图书馆 CIP 数据核字（2022）第 240237 号

论语新说

作　　　者	殷铭荷
责任编辑	杜晓宇　吕　方
责任印制	周　然

出版发行	华夏出版社有限公司
经　　销	新华书店
印　　装	三河市万龙印装有限公司
版　　次	2023 年 9 月北京第 1 版 2023 年 9 月北京第 1 次印刷
开　　本	710×1000　1/16
印　　张	16.5
字　　数	212 千字
定　　价	75.00 元

华夏出版社有限公司　地址：北京市东直门外香河园北里 4 号　邮编：100028
网址：www.hxph.com.cn　电话：(010) 64663331（转）
若发现本版图书有印装质量问题，请与我社营销中心联系调换。

目录

孔子的时代	1
孔子生平	10
弘道篇	13
至德篇	22
好礼篇	31
从周篇	41
仁爱篇	50
行义篇	59
正直篇	68
德政篇	75
身正篇	83
大臣篇	92
出仕篇	102
士人篇	110
天命篇	120
君子篇	129

篇名	页码
智明篇	138
孝敬篇	148
忠信篇	158
敏求篇	166
谈古篇	176
说今篇	185
教诲篇	193
学习篇	203
生死篇	212
棠棣篇	219
无隐篇	227
弟子篇	236
为人篇	244
木铎篇	253

孔子的时代

尽管从远古时期，燧人氏钻木取火、伏羲氏教人狩猎、神农氏种植养民，已显现出人文力量的曙光，后来唐尧平章百姓、虞舜历法授时、夏禹治水裂土、商汤网开一面、盘庚率众迁都、商人甲骨刻字，使人看到人自身所蕴藏的精神力量，但只有到了周公时代，周族自身实力弱小，终日"战战兢兢，如履薄冰"，才第一次自觉、明确、系统地提出以德治国的政治方略，并通过礼乐教化培养人的美好德行，借以实现天下人的和平共处。周公的政治思想确实发挥了巨大作用，使周王朝稳定发展了二百多年，但封建制度本身所存在的根本性缺陷，使得周王朝逐渐地走向了没落。周朝的封建制是通过天子赐予诸侯土地和人口来换取诸侯的拥戴和维护的。这种办法的最终结果是天子的资源越来越少，而诸侯的势力则越来越大，到周厉王时，周天子已经拿不出什么资源进行封赏了。内忧外患随之而来。先是东南地区外姓诸侯发动叛乱，接着是王畿内部发生国人暴动。后来虽然周宣王励精图治，稳定了几十年，但到周幽王时，资源已经枯竭，加之其道德沦丧，失掉民心，根本没办法调动诸侯力量抗击西戎入侵，导致国破人亡。公元前770年，周平王迫于西戎威胁，东迁洛阳。历史进入了东周之春秋时代。

因为周宣王庶弟姬友在抗击西戎中阵亡，其子姬掘突又在平王东迁过程中立了大功，周天子就忍痛割爱从洛阳王畿东侧拿出一块土地封赏给掘突。姬掘突就是郑国第二代国君，史称郑武公。这大概是周天子最后一次用土地封赏诸侯了。另外，周宣王时被任命为西垂大夫、负责抵抗西戎的秦仲的孙子嬴开也在抗击西戎和平王东迁中立了大功，但周天子拿不出土地封赏他，只好把已经被西戎占领的周族发祥地岐山一带许给了他，让他自己去夺取。秦襄公成了秦族部落列为诸侯的第一代君主。多年后，其子秦文公收复了岐丰故地，真正有了自己的封国。

郑武公死后，郑庄公继位并继续担任周朝上卿，但因专权蛮横而被周天子免职，此后便不再朝见天子。周天子（桓王）武力征讨之，郑庄公率兵反击，不仅打败了天子的军队，而且射伤了天子本人，令周天子威信扫地。后来，郑庄公又屡次进犯周王畿，掠夺其庄稼和人口，周天子无可奈何。此后，各诸侯国也渐渐地不再向周天子缴纳贡赋，也不去朝廷述职，周王室越发窘困，慢慢地淡出人们的视野，成了诸侯争霸的旁观者。

在若干诸侯国中，东方的齐国崛起了。齐桓公即位后起用管仲，对齐国原有的一系列制度进行了全方位改革。首先，改革用人制度，"以劳受禄"[1]，论功行赏，强化政绩考核，突破了"世卿世禄"旧制，调动了官员的工作积极性。其次，改革行政制度，实行士农工商行业分居，促成了各个行业的专业化。再次，改革金融制度，采用货币手段刺激经济发展。再次，建立国家统一市场，实行国家统购统销和盐铁专营制度，增加了中央收入，稳固了中央地位。同时，加强法制建设和道德教化，制定的法律合情合理，并公示于众；提倡"礼义廉耻"，移风易俗。在外交方面，首倡"尊王攘夷"策略，当燕国受到北戎入侵时，齐桓公接受管仲建议，亲自率兵救援。获胜之后，把山戎之地赠送给燕国，并劝勉燕君维护周礼，匡扶周室。燕君万分感动，以至于在为齐桓公送行时，因恋恋不舍而走出了国界五十里，齐桓公便大度地把这五十里齐国土地让给了燕国，把两人分手的地方作为新国界。这样的高

---

[1]《管子·君臣》。

风亮节立即赢得了中原诸侯的仰慕。后来，戎狄又入侵位于中原腹地的邢国和卫国，齐桓公又出兵相救，并帮助两国重建。此后，齐桓公在管仲辅助下，多次会盟诸侯，倡导诸夏联盟，共扶王室，各诸侯国心服口服。于是，齐桓公成了天子感激、诸侯敬佩的"带头大哥"（方伯）。因南方蛮夷楚国北伐郑国，公元前656年，齐桓公又亲自率领中原诸侯联军抗击楚军。但双方并没有交战，管仲以楚国不进贡王室、周穆王南征不归两大罪状谴责楚国来使，使楚国来使认错。齐桓公阻止戎狄、楚国北犯中原和安定王室之后，于公元前651年召集鲁、宋、卫等国在葵丘会盟，签订了历史上著名的葵丘盟约，有效遏制了楚国的北上。盟约维护了宗法体系的稳定，约定中原诸国相互扶持。齐桓公三次组织诸侯出兵，六次召集会盟，所以，孔子说他"九合诸侯""一匡天下"。①

第二个"尊王攘夷"的诸侯是晋文公。公元前635年，周王室发生内乱，王叔带谋反，周襄王逃到了郑国。晋文公率军勤王，占领了河内和阳樊，包围了温地，然后率军护送周天子回朝，杀掉了王叔带，为周王室根除了后患。对此，周天子感激涕零，就把阳樊、温等四个地方赏赐给了晋文公。公元前633年，楚国率领南方联军再次北伐，攻打宋国。晋文公又联合中原各国奋起反击，在城濮之战中击败楚军，然后邀请周天子移驾于践土，接受诸侯觐见，签订践土盟约，约定"尊王攘夷"。虽然晋文公也倡导"尊王攘夷"，但他以"尊王"为名扩张自己的势力，已经不是齐桓公时候的"带头大哥"了，更像是倚强凌弱的强力霸王。此后很长一段时间里，强大的晋国持续担任中原霸主，很多诸侯国君纷纷朝见晋国国君，而不去朝见周天子，晋国俨然取代周天子成为真正的天下共主。渐渐地，很多诸侯国权臣也利用晋国力量解决内部争斗，为自己争取利益，而晋国执政权臣则一心贪图贿赂，翻云覆雨，趁机发展自己的

---

① 《论语·宪问》。

势力，距离"尊王攘夷"之道渐行渐远了。

另外，秦穆公也被后世称为"春秋五霸"之一，但他的主要功绩是多次帮助晋国国君平定内乱和帮助晋文公回国继位，并没有"尊王攘夷"故事。楚庄王以蛮夷身份问鼎中原，周定王派王孙满去洛阳郊外慰问，说：三代是以德相传的，岂在鼎！周朝的天命还在，鼎的大小不是你可以过问的。楚庄王赧然而退，他更算不得"带头大哥"，只是因为他仰慕中原文明，主动学习并传播中原文明而得到后世称赞。吴王夫差和越王勾践就更算不上春秋五霸了，他们地处偏远，了解的中原文明很有限，虽然一时强大，但只能算是"小霸"，不是"方伯"。倒是宋襄公，他继承齐桓公传统，以尊王为己任，高举"尊王攘夷"大旗，主动抗击楚人北上，有点"带头大哥"的意思，但因为势单力薄，才德不足，而被狡诈的楚成王玩弄于股掌之间，未成气候。

不过，在"尊王攘夷""共扶周室"的旗帜下，诸侯争霸的过程也成了中原文明逐渐向四周扩散的过程。据《国语·楚语》记载，楚庄王曾向大臣们征求有关太子教育的建议，申叔时回答说："教之《春秋》，而为之耸善而抑恶焉，以戒劝其心；教之《世》，而为之昭明德而废幽昏焉，以休惧其动；教之《诗》，而为之导广显德，以耀明其志；教之《礼》，使知上下之则；教之《乐》，以疏其秽而镇其浮；教之《令》，使访物官；教之《语》，使明其德，而知先王之务用明德于民也；教之《故志》，使知废兴者而戒惧焉；教之《训典》，使知族类，行比义焉。"可见在春秋中期，楚国人已经十分重视对中原诗书礼乐文化的学习了。到战国后期，中原文明已经遍及九州各地，为中华多民族文化统一体的形成奠定了基础。

同时，诸侯争霸的过程也是各国贵族趁机发展自身势力的过程。春秋后期，各诸侯国君都遇到了当年周天子所遇到的问题：世卿权臣因屡立战功封地越来越大，实力越来越强，而公室土地和人口越来越少，实力越来越弱。一些强力权臣巧取豪夺公室和大夫土地，甚至出现火并之势，各国公室无可奈何。

此时的诸侯会盟，常常由各国权臣主持，诸侯国君连"主持人"都做不成了。孔子就生活在这一时期，他称之为：天下无道，礼崩乐坏。

在晋国，六大世卿家族炙手可热，控制着晋国政权。晋国的六大世卿共涉及十一个家族，即狐氏、先氏、郤氏、胥氏、栾氏、范氏、中行氏、智氏、赵氏、魏氏、韩氏。这些家族要么是晋国公族后裔，如郤氏、栾氏、韩氏；要么是跟随晋文公（重耳）流亡十九年的忠良子孙，如赵氏、魏氏；要么是晋国创建之初的功臣之后，如中行氏、智氏，或者兼而有之。应该说，晋文公时期晋国人才济济，从晋楚城濮之战到赵、魏、韩三家分晋的一百八十年时间里，也是人才辈出，可谓灿若星汉。晋国自晋文公之后，之所以持续称霸诸侯上百年，原因正在于此。秦国自秦穆公以后，历代国君都欲向东扩张而不得其志，也有这方面的原因。这六卿十一族，有时为了共同利益而团结合作，但更多时候则是勾心斗角，相互排挤。其中狐氏到第三代时因为与正卿赵盾政见不合最先离开晋国，先氏到第五代时因发动叛乱被驱逐，郤氏到第五代时因专横跋扈被铲除，胥氏到第四代时因乱杀无辜被消灭，栾氏到第七代时因发动叛乱被灭族。其间，赵氏在第五代赵朔时也差一点被灭掉，幸亏从小在赵家长大并得到过赵盾提携的韩厥的保护，赵朔之子、赵盾之孙赵武才孤身一人活了下来（赵氏孤儿）。到孔子时代，晋国由六卿专政，即范氏、智氏、中行氏、韩氏、魏氏和赵氏。此后，六卿内斗愈发白热化，范氏、智氏、中行氏气焰嚣张，老政治家韩起、魏舒明哲保身，赵氏首当其冲。公元前513年，魏舒当政后期，范献子士鞅怂恿中行寅和年轻的赵鞅"铸刑鼎"，行法制，借以保护自己的既得利益，并挑战魏舒的执政权威。四年后，魏舒去世，范献子代理执政，降低了他的下葬的规格。公元前506年，蔡国因遭受楚国羞辱而请求同姓大哥、中原盟主晋国为他撑腰。晋国执政范献子准备召集十八路诸侯予以支援，但中行寅因向蔡侯索贿被拒，怂恿范献子不出兵。范献子觉得帮助蔡国无利可图，笼络中行氏更有好处，于是取消了援蔡计划，致使蔡侯被迫向吴王阖闾求助，并最后打败楚军，攻克其国都。此事让中原盟主晋国威信扫地，公元前497年，范氏和中行氏联合攻打赵氏，而赵氏联合韩氏、魏氏和智氏奋起反击。七年后，范氏和中行氏被打败，逃往齐国，中行氏和范氏灭亡。公元前453年，智氏第九代智瑶在与赵氏第九代赵襄子争斗中，被赵、魏、韩三家联合打败。公元前403年，赵、魏、韩三家被周天子册命为诸侯，晋国从此灭亡。纵观这一百八十年历史，十一家世卿贵族最后只剩下赵、魏、韩三家，是有原因的。魏氏一家虽然有时比较强横，但多数时候十分收敛。韩氏一家势单力薄，一直非常低调。其他家族尤其是郤氏、范氏，在执政期间贪婪无比，残忍无道，智浅虑薄，尽失人心。而赵氏一门则人才辈出。赵衰和赵盾父子都是杰出的政治家，为晋国的强盛做出了巨大贡献；赵氏孤儿赵武屈伸得体，做事中正；第八代赵鞅维护公室，尽职尽责，改革经济，深得民心；第九代赵无恤足智多谋，卓有远见。所以，韩氏和魏氏都愿意联合赵氏，帮助赵氏。

在鲁国，以季氏为首的"三桓"家族势力熏天，不但其他贵族无力与其抗衡，其甚至凌驾于公室之上。"三桓"是鲁桓公三个公子的后裔，即季孙氏、孟孙氏和叔孙氏。先是季友在平定庆父之乱、扶正公室过程中立下大功，担任执政。后来，出自鲁庄公一系的东门襄仲担任执政，他感觉到了"三桓"的威胁，一心想除掉"三桓"，但未能如愿就死了，他的儿子公孙归父反而被季友的孙子季文子赶出了鲁国。季文子执政时期，实行初税亩制度，接纳并收编了很多土地和"隐民"（古代自附于贵族豪强之家的贫民），使"三桓"家族迅速强大起来。此后，鲁国政权在季氏子孙手里长达一百七十多年，包括孔子时代的季武子、季平子、季桓子、季康子。其间，季武子不顾叔孙氏反对，执意拥立才智平平的鲁昭公为国君，借以独揽鲁国朝政。季平子执政后又因斗鸡事件攻打鲁昭公，迫使其逃往齐国，又逃到晋国。齐、晋都有意护送鲁昭公回国，均遭季平子拒绝，最后鲁昭公客死在鲁晋交界晋国一边的乾侯之地。鲁昭公流亡期间，季平子也不另立新君，而是自己摄政，俨然国君一般，直到鲁昭公驾崩，长达八年之久。他的继任者季桓子才智平平，甚至被家臣阳虎控制。平定阳虎之乱后，孔子担任鲁国大司寇，也想趁机除掉"三桓"，但因"三桓"势力太大，反而被"三桓"赶出了鲁国，孔子开始周游列国。

在楚国，若敖氏家族公然挑战楚庄王的地位。若敖氏是楚国芈姓家族，祖先为楚国国君若敖熊仪，其部又分为斗氏和成氏两个支系。从斗伯比在楚武王时担任令尹开始，若敖家族一直担任楚国的令尹或司马职务。令尹相当于中原各国的执政，司马就是三军统帅。若敖家族人才济济，世代不绝，如斗伯比、斗廉、斗祁、斗班、斗子文（令尹子文）、斗子良、斗子玉（成得臣）、斗勃、成大心、斗宜申、斗克、斗般、斗越椒等，都是春秋时期大名鼎鼎的人物。他们在楚国政治、经济、外交、军事等方面做出过巨大贡献。同时，也偶尔会出现野心家，公然发动叛乱，企图篡夺王位，成为楚公室十分忌惮的存在。公元前613年，楚庄王即位，面对把持朝政各个部门的若敖氏集团，丝毫不敢轻举妄动，终日沉湎于声色犬马，不问政事。近邻蔡国被晋国围攻前来求援，他仍然载歌载舞，醉生梦死。公元前605年，也就是楚庄王问鼎中原后第二年，担任令尹的斗越椒和担任司马的蒍贾矛盾激化。斗越椒率领家卒发动叛乱，攻打楚公室。楚庄王考虑到对手力量强大，不敢贸然反击，想和平解决争端，但被斗越椒拒绝。楚庄王无路可走，只好与若敖氏在皋浒交战，消灭了若敖氏。

在郑国，世卿贵族争权夺利。当年郑庄公悍然率军对抗王师，郑军甚至射伤天子，确实风光无限，但也打开了潘多拉的盒子，此后诸侯争霸风起云涌，前赴后继。处于四战之地、无险可守的郑国在地缘政治上的劣势立刻就显现出来了。齐国、晋国、秦国、楚国相继争霸，郑国都无力抗衡，只能谁来听谁的。郑文公以后，国家政权掌握在"七穆"家族手里，他们都是郑穆公后代，七穆世代把持郑国卿权，形成卿族执政。他们勾心斗角，加速了郑国的衰落。然而，当郑国受到外来压迫时，七穆又表现出团结的一面。其中公孙侨（子产）因为维护公室，限制贵族，改革税制，尊重民意，而且在外交上较好地处理了与晋国、秦国、楚国的关系，使郑国稳定发展了二十多年，赢得了包括孔子在内的后人的赞誉。他率先"铸刑书"[①]，是中国历史上第一次公布成文法，却也向世人展示了郑国贵族内部的矛盾。

在齐国，田氏家族迅速膨胀。齐桓公死后，他的五个儿子为争夺君位相互攻伐，轮番为君，致使齐国大乱了五十年，国势也随之衰落了，不仅无力担任中原盟主，甚至有两次被晋国打得大败。在齐国公室衰败过程中，投奔齐桓公的陈国公子后代田氏家族迅速壮大起来。田氏不断扩大自己的经济实力，秘密发展私人武装，然后联合鲍氏、栾氏和高氏打败执政庆氏，随后又联合鲍氏打败栾氏和高氏，削弱旧贵族的力量。田氏以大斗借出、小斗收进的方法，收买人心，田成子（常）广选身强体壮之姬妾，储于后宫，故意放纵宾客门人出入其中，为他生了七十多个身强力壮的儿子，令人望而生畏。公元前490年，齐景公死后田乞发动政变，弑杀刚即位的太子吕荼，擅立齐悼公。五年后，又弑杀齐悼公，擅立齐简公。四年后，田乞之子田常又弑杀齐简公。从这时起，田氏一直担任齐国执政（国相），齐国政权尽归田氏，国君不过一傀儡而已。公元前391年，田常之重孙田和放逐齐康公于海岛，自立为齐君。五年后，被周天子正式册封为诸侯。

在宋国，宋戴公孙子华督担任太宰期间，曾因政见不同而弑杀国君宋殇公，曾为夺人之妻而残杀司马孔父嘉（孔子六世祖），其后裔也多专横跋扈。但到孔子时代，宋戴公后代戴氏控制了宋国政权。

诸侯国君的土地是有限的，世卿贵族却越来越多，其结果是公室越来越

---

① 《左传·昭公六年》。

穷，而世卿贵族则凭借改进生产技术和改革分配制度，获得更多土地与人口，力量越来越强，因此世卿贵族与诸侯国君的矛盾越来越大。社会的向心力渐渐消失了，表现为各自为政的分裂态势，维持社会秩序的宗法关系难以为继。那么，如何规范这种新的社会关系呢？郑国公孙侨的办法是法制，晋国范献子的办法也是法制。但孔子另有想法，在他看来，法制需要国家力量，当国家已经失去尊严和统治力的时候，法制从何谈起？所以，他努力研究古代文化，希望从古圣先贤的治理经验中找到理想的答案。

孔子生平

孔子名丘，字仲尼，是鲁国陬邑人。孔子的远祖是殷商王室、宋国贵族后裔。其祖先长期担任宋国司马，其六世祖孔父嘉担任司马时遭太宰华督陷害，险些灭族。后子孙逃亡到鲁国，改姓氏为孔，从此定居在曲阜。孔子的父亲叔梁纥是鲁国大将，以勇力闻名诸侯，被封为陬邑大夫。这一年，齐庄公率军护送流亡在齐国的晋国公族栾盈回晋发动叛乱，结果失败，栾盈被灭族。

据文献推测，孔子一出生，母亲颜氏就带着孔子离开孔家，单独生活。《史记·孔子世家》记载，孔子的母亲与叔梁纥野合生下孔子，这或许是孔子的母亲带着他早早离开孔家的原因。

《论语》里记载了曾点与子路、冉有、公西华一起侍坐之事。这一年，宋国执政华元、向戌组织晋、楚、宋、鲁、卫、陈、蔡、郑、曹、许等国执政大臣召开"弭兵大会"，约定各国停止战争，尊奉晋楚两国为共同霸主，带来了四十年和平。

据历史记载，孔子幼年时喜欢做礼仪游戏。

晋国执政韩起聘访鲁、卫、齐三国，在鲁国观赏礼乐后盛赞说：周礼都在鲁国呀！我终于明白周公的高深学问和周族拥有天下的原因了。孔子少年时代做了吹鼓手，赚钱贴补家用。

春秋中后期，晋国贵族提及：国内政事出于私家，百姓无依无靠。在当时，这是比较常见的现象了。

当时贵族圈的流行文化科目：射、御、书、数、礼、乐，即"六艺"。孔子通过向人请教、自学的途径学习"六艺"，很早就以知礼而小有名气。

孔子十九岁，娶妻。第二年，孔子生子，鲁昭公赐鲤鱼以示祝贺，孔子便为儿子取名为孔鲤，字伯鱼。不久，孔子被季孙氏聘请做了"乘田"，负责管理牛羊。他同时也继续学习礼乐知识。

孔子从三十岁左右创办私学，以礼、乐、射、御、书、数教授学生。他有教无类，广收门徒，很快在鲁国声名鹊起，并受到鲁国季氏重视，授予他司空职位，主管营建。从此，孔子进入"大夫"行列。但后来鲁国当政者听信谗言，将孔子驱逐出鲁国。于是，孔子带着若干弟子去了齐国。

在齐国，齐景公召见孔子，询问治理国家的办法，并对孔子的回答十分满意，想重用孔子，但被晏婴劝止了。

鲁国权臣孟僖子因出使楚国不懂礼仪被人耻笑，临终前嘱咐两个儿子何忌（孟懿子）和南宫敬叔：孔丘是圣人的后代，我听说圣人后代必然会有贤达之人。孔丘这么年轻，却知书达礼，大概就是那个贤达之人吧。我死以后，你们一定要拜他为师，学习礼仪。不懂礼仪，让人瞧不起呀！

孔子三十四岁时，收了两名贵族弟子：孟懿子和南宫敬叔。同年，经鲁昭公同意，由南宫敬叔陪同，孔子到东周都城洛阳考察。孔子首先拜访了老子，并拜会了掌管乐的苌弘，深刻认识到礼乐的教化功能，体会了礼乐的本质。孔子见到了夏、商、西周三代留下的珍贵文献，拓展了他的视野和格局。在这次赴周考察后，孔子声望日益提高，追随他的弟子日益增多。

五十一岁这一年，是孔子一生的转折点。鲁国发生内乱，孔子在政治斗争中失败。孔子失望于鲁国的礼乐崩溃，带着若干弟子离开了鲁国。

孔子率领弟子到了卫、宋、陈、郑、蔡、楚等国，但都没有找到施展抱负的舞台。期间孔子师徒一度陷入绝境。他们经过匡地时被误认为是曾经攻打过匡邑的阳虎，被围困起来，经过五日才得以逃脱；经过宋国，被司马桓魋围困，差点被杀，后来换上老百姓的衣服才逃出来；在陈国，因断粮多日，不少弟子生病，弟子们都很绝望。

直到孔子六十八岁，在弟子冉求的推荐下，季康子派人迎回了孔子，结束了十三年漫长的漂泊生活。此时孔子年事已高，无心参政，他将主要精力放在授徒、整理古代文献方面。

晚年的孔子，生活仍然坎坷。六十九岁那年，孔子失去了唯一的儿子；七十一岁时，最得意的弟子颜回去世；七十二岁时，弟子子路也去世了。史书记载，颜渊死时，孔子十分悲痛，大哭："天丧予！天丧予！"[①] 子路死后不久，孔子就卧病不起了。

公元前479年，子贡谒见孔子后七天，孔子去世，享年七十三岁，葬于曲阜城北。鲁哀公送来祭文表示哀悼。孔子的弟子们大多在孔子墓地附近修建住所，居丧三年，子贡则守了六年。这一居所被后世称为"孔里"。

---

① 《论语·先进》。

弘 道 篇

【原文】

1. 子在川上，曰："逝者如斯夫，不舍①昼夜。"(《子罕》)

2. 子曰："谁能出不由户？何莫由②斯道也？"(《雍也》)

3. 子曰："人能弘道，非道弘人。"(《卫灵公》)

4. 子曰："士志于道，而耻恶衣恶食者，未足与议也。"(《里仁》)

5. 子曰："道不同，不相为谋。"(《卫灵公》)

6. 子曰："饭疏食饮水，曲肱而枕之，乐亦在其中矣。不义而富且贵，于我如浮云。"(《述而》)

7. 子曰："富而可求也；虽执鞭之士，吾亦为之。如不可求，从吾所好。"(《述而》)

8. 子曰："君子谋道不谋食。耕也，馁在其中矣；学也，禄在其中矣。君子忧道不忧贫。"(《卫灵公》)

9. 樊迟请学稼。子曰："吾不如老农。"请学为圃。曰："吾不如老圃。"樊迟出。子曰："小人哉，樊须也！上好礼，则民莫敢不敬；上好义，则民莫敢不服；上好信，则民莫敢不用情。夫如是，则四方之民襁负③其子而至矣，焉用稼？"(《子路》)

10. 子夏曰："百工居肆以成其事，君子学以致其道。"(《子张》)

11. 孔子曰："天下有道，则礼乐征伐自天子出；天下无道，则礼乐征伐自诸侯出。自诸侯出,盖十世希不失矣;自大夫出,五世希不失矣;陪臣执国命,三世希不失矣。天下有道,则政不在大夫。天下有道,则庶人不议。"(《季氏》)

12. 子曰:"齐一变,至于鲁;鲁一变,至于道。"(《雍也》)

13. 长沮、桀溺耦而耕。孔子过之,使子路问津焉。长沮曰:"夫执舆者为谁?"子路曰:"为孔丘。"曰:"是鲁孔丘与?"曰:"是也。"曰:"是知津矣。"问于桀溺。桀溺曰:"子为谁?"曰:"为仲由。"曰:"是鲁孔丘之徒与?"对曰:"然。"曰:"滔滔者天下皆是也,而谁以易④之?且而与其从辟⑤人之士也,岂若从辟世之士哉?"耰而不辍。子路行以告。夫子怃然曰:"鸟兽不可与同群,吾非斯人之徒与而谁与?天下有道,丘不与易也。"(《微子》)

14. 楚狂接舆歌而过孔子曰:"凤兮凤兮!何德之衰?往者不可谏,来者犹可追。已而!已而!今之从政者殆而!"孔子下,欲与之言。趋而辟之,不得与之言。(《微子》)

15. 子曰:"不得中行而与之,必也狂狷乎!狂者进取,狷者有所不为也。"(《子路》)

16. 子路宿于石门。晨门曰:"奚自?"子路曰:"自孔氏。"曰:"是知其不可而为之者与?"(《宪问》)

17. 冉求曰:"非不说子之道,力不足也。"子曰:"力不足者,中道而废。今女画。"(《雍也》)

18. 子曰:"譬如为山,未成一篑,止,吾止也;譬如平地,虽覆一篑,进,吾往也。"(《子罕》)

19. 微生亩谓孔子曰:"丘,何为是栖栖者与?无乃为佞乎?"孔子曰:"非敢为佞也,疾固也。"(《宪问》)

20. 子曰:"凤鸟不至,河不出图,吾已矣夫!"(《子罕》)

【注释】

①舍：放弃，引申为停止。笔者《论语》原文引自杨伯峻《论语译注》，中华书局2017年版，以下简称杨本。

②由：经过，如"必由之路"。

③负：背负。

④易：改变，如"移风易俗"。

⑤辟：通"避"，逃避，躲避。

【通解】

现在我们所说的"道德"，一般解释为：社会意识形态之一，是人们共同生活及其行为的准则和规范。然而，在古代文献中，"道"与"德"内涵十分丰富。道是自然法则，德是人对"道"的认识，即心得。人类文化源于大自然。人类的一切智慧、学问、思想、理论、科学体系，无一不是在对天、地、山、川、日、月、星、辰、春、夏、秋、冬、风、云、雨、雪、草、木、虫、鱼、电闪、雷鸣、潮起、潮落等自然现象的观察与思考基础上形成的。这些自然现象背后的规律即自然法则，就是"道"；对这些自然规律的研究和认识，就是"德"。"德"的本义为走直（正）道，即按照自然法则做人做事，后延伸为按照自然法则做人做事的学问，详见《至德篇》。

《周易·系辞》说："古者包牺氏之王天下也，仰则观象于天，俯则观法于地，观鸟兽之文，与地之宜，近取诸身，远取诸物，于是始作八卦。"这就是在研究自然法则。还说："天地之道，贞观者也。日月之道，贞明者也。"天地以正道示人，日月以正道发光。《老子》也说："人法地，地法天，天法道，道法自然（本性）。"这就是解释自然法则的来源。中国人从远古时期就非常重视对自然法则的观察和探索。伏羲氏教人狩猎，燧人氏教人取火，神农氏教人种植，就说明在石器时代古人已经初步掌握最基本的自然规律，而伏羲氏创制的八卦更是人类利用自然规律探索人类命运的伟大发明。

太极学说开创了整体辩证观念，阴阳学说开创了对立统一规律，五行学说开创了动态平衡理论（系统论）。这三大学说就是"道"，就是自然法则，代表了唯物主义世界观、认识论和人道主义价值观。后世的中国文化都是在此基础上发展起来的。

《中庸》对道德有过经典的描述，说"君子之道费而隐（丰富而深刻）"，道德如同鬼神一般，"视之而弗见，听之而弗闻，体物而不可遗。使天下之人斋明盛服，以承祭祀。洋洋乎如在其上，如在其左右。（看不到，听不见，但却体现在所有事物中。让天下人斋戒沐浴，身着盛装，虔诚祭拜。浩浩荡荡好像在天上，但忽然又好像在身边）"宇宙万物的客观规律难道不正是这样无处不在，无时不有，无影无形，飘忽不定而又令人心驰神往吗？

孔子非常敬畏世间"大道"。有一次，他在黄河岸边远望着浩荡河水，产生了无限感慨，他说：过去的时光啊，就像这流水一样一去不复返了。时间的脚步真是刚健豪迈啊，它从来没有停止过。面对宏阔无边、正道直行的茫茫宇宙，他感觉到了自然法则的不可抗性，又感觉到人之渺小与无奈。

孔子认为"道"是不可抗拒的，人必须遵守"道"的规定性，也就是必须按照客观规律做事。他说：谁出门的时候不是从自己的门口出去呢？（这个"门口"就是"道"啊）为什么没有人顺着这个"道"行走呢？

如何把自然法则运用于人类社会，使人类社会像宇宙万物那样和平共处而有条不紊，这是一个大课题。老子选择了"顺其自然"，孔子选择了"事在人为"。孔子深入研究了在他之前历史的发展过程，总结了尧、舜、禹、夏、商、西周的治理经验，创立了政治伦理学说，认为伦理乃是人类社会健康发展的根本法则。伦理学的核心是人，认为人是人类社会一切活动的中心，人性是人类制定政治、经济、军事、文化、教育等一切政策和措施的基础。在孔子这里，"道"就是人道，即人性或理性；"德"就是对人性的尊重和对生命的敬畏。

在"道"与"人"的关系上,孔子认为:道是客体,人是主体。只能是人主动地探究道,发扬道,而不是反过来,人无所事事,由道主动来成全人。孔子毕生都在探究"道",发扬"道",并以此为乐。在他看来,探索人间大道是一件非常艰苦的事情,必须有一种乐在其中的忘我精神。他说:如果一个人有志于追求人间正道,却讨厌吃得差,穿得差,这样的人不值得跟他讨论大道。又说:人的根本追求如果不一致的话,是无法在一起切磋的。

孔子追求一种"安贫乐道"的高尚境界。他说:吃粗粮,喝清水,把脑袋放在弯曲的胳膊上睡觉,(这样的清贫生活是有些艰苦)但精神上的快乐就在这个过程之中啊。如果通过不正当的方式获得富贵,对我来说,就像天上的浮云一样啊。如果富裕可以获得的话,即使让我去给人家执鞭驾车,我也去做。如果不能通过正当的方式获得的话,我就坚持追求我的爱好(道)。

孔子的原则是"谋道不谋食",他说:君子谋求人间大道,不应该考虑衣食问题。耕田种地是很难避免饥饿的,学习礼乐就可以得到俸禄。所以,君子应该挂念有关大道的学问,不应该担心贫困之类的事情。有一次,弟子樊迟问他怎样种庄稼,他说:我不如老农(你去问他们吧)。又问他怎样种蔬菜,他说:我不如园丁(你去问他们吧)。樊迟出去之后,孔子还发表了一通感慨:樊迟这孩子,真没出息!在上位的人崇尚礼乐,民众就没有谁傻乎乎地不尊敬他;在上位的人崇尚道义,民众就没有谁傻乎乎地不服从他;在上位的人崇尚信用,民众就没有谁傻乎乎地不尽心尽力。如果那样的话,四面八方的民众就会背着孩子来投靠他,哪里用得着自己去种庄稼呢?民众是喜欢有德之人的。

这里有一个问题:孔子是不是厌恶劳动、鄙视劳动人民呢?

当然不是。

在孔子生活的年代,社会是分等级的。除天子之外,依次是公、侯、大夫、士、国人和野人。公和侯,是分封在各地的诸侯。周王将宗亲和功臣分封到各地，建立诸侯国，公侯拥有管理土地和人民的权力。大夫是天子、诸侯国内执行政务的人。大夫得到分封的封地叫"采邑"。士是最基层的贵族。士之下的平民有国人和野人。"野人"即"庶人"，最初的主要来源是被征服族的人民，居住在都邑郊外。国人与野人一样也是平民，但国人一般居住都邑之内，并有受教育的机会，而且是战争中的主要力量。国人的地位高于野人。

在这种背景下，从野人变成国人，从国人变成士人，从士人变成大夫，都是等级上升的表现。孔子对当时的社会非常不满，认为礼崩乐坏，篡逆、杀戮、淫乱、欺凌，层出不穷，人民因此遭苦受难。这样的社会不是缺少种地的农民，而是缺乏有德的执政者，如果弟子们能通过学习礼乐道德做一个贤德的执政者，不是比学习耕田种地更有意义，更有利于民众吗？这也就是《孟子·公孙丑上》所谓"当今之时，万乘之国行仁政，民之悦之，犹解倒悬"。应该说，孔子有大胸怀，大理想，大仁大义，以天下为己任，我们不可以用"鄙视劳动"来界定他。

那么，当时的社会为什么让孔子深感不满呢？因为天下无道。他说：如果社会走在正道上，各种政令就都出自中央。如果社会偏离了正道，各种政令就会出自诸侯。由诸侯发布政令，大概很少有超过十代而不混乱的；由大夫发布政令，很少有超过五代而不混乱的；由大夫的家臣发布政令，很少有超过三代而不混乱的。如果社会走在正道上，政令就绝不会出自大夫。社会走在正道上，普通民众就不会对朝政说三道四。

孔子的理想是贤人执政，社会安宁，人民熙熙而乐。

这里有一个问题：孔子说"天下有道，则礼乐征伐自天子出；天下无道，则礼乐征伐自诸侯出"，就是说，政令出自中央是正确的，政令出自地方是错误的。这里有中央集权的思想因素。

中国古代历史多次证明，中央集权制适合当时的社会治理。东汉末年，中央集权失灵了,天下大乱了,一乱就是将近四百年。唐朝末年,中央集权衰弱了,出现了五代十国。清朝后期,中央集权错乱了,军阀混战几十年。每次天下大乱,都是人民遭殃。国家只有建立强大的中央集权,才能维持社会稳定。在孔子的思想体系里,掌握最高权力的中央由贤人当政,以德治理。要求执政者必须走"正道",必须具备"仁、义、礼、智、信"等多方面素质,才可以"平章百姓""协和万邦"①。

孔子的政治理想是世界大同,他说:"大道之行也,天下为公。选贤与能,讲信修睦。故人不独亲其亲,不独子其子,使老有所终,壮有所用,幼有所长,矜、寡、孤、独、废疾者皆有所养,男有分,女有归。货恶其弃于地也,不必藏于己;力,恶其不出于身也,不必为己。是故谋闭而不兴,盗窃乱贼而不作,故外户而不闭,是谓大同。"②他还曾信心满满地说:齐国经过改革就能达到鲁国的水平,鲁国经过改革就能达到"道"的境界。

为了实现"大同社会",给社会一个公道,孔子离开父母之邦,周游列国,始终不渝地谋求实现"大道"的机会,却屡屡受挫,壮志难酬。当时各国政权正被素有野心的卿大夫所瓜分,他们当然不愿意把手中的权力让渡给一个游士,更何况孔子手下还有那么多德才兼备的弟子呢!即使国君想重用孔子,也无能为力。

有一次,孔子和他的弟子在黄河岸边遇见了两位隐士:长沮和桀溺。孔子让子路去向他们问渡口在哪里。长沮问子路:驾车的是谁呀?子路说:是孔丘。长沮又问:是鲁国那个孔丘吗?子路说:是的。长沮就说:那他自己就知道渡口在哪里。子路又问桀溺,桀溺说:你是谁啊?子路说:我是子路。桀溺问:你是孔丘的弟子吗?子路说:是的。桀溺说:现在天下大乱,到处都一样,又有谁能改变呢?况且你们追随一个躲避邪恶的人(指孔子),哪里比得

---

① 《尚书·尧典》。
② 《礼记·礼运》。

上追随（我们这样）直接躲避乱世的人呢？桀溺一边说一边不停地耕作。子路回来后把经过告诉了孔子。孔子有些怅然，叹了一口气说：人不可能跟鸟兽生活在一起。除了人类，我能跟谁相处呢？如果社会走在正道上，我也不会这样执着于社会变革呀。①

孔子和他的弟子在楚国的时候，还遇见过楚国著名狂人接舆。这个接舆，后来屈原在《涉江》里也提到过，把他看作忠贞贤德之人："接舆髡首兮，桑扈嬴行。忠不必用兮，贤不必以。"接舆唱着歌从孔子身边走过，歌词是这样的：凤凰啊，凤凰啊，道德已经衰落到什么程度了（你还想有所作为）？② 过去的事情已经不可改变了，将来的事情还是可以有所作为的啊。算了吧，算了吧。现在的从政者有多危险啊（你还这样汲汲于从政干什么呢）！孔子从车上下来，想跟他说话。结果，接舆快步走开了，孔子没能跟他对话。孔子对狂人的看法一直不错。他曾经说：现在找不到走中正之道的人做朋友了，如果一定要交朋友的话，狂狷之人也可以啊！狂人积极进取，狷人洁身自好，肯定不做坏事。所以，孔子见到接舆的时候，是愿意跟他交流的，但接舆没有给他机会，当然是不愿意跟他交流，正所谓"道不同不相为谋"啊。

那么，孔子想跟接舆交流什么呢？接舆的歌词里有三个内容："何德之衰""来者可追"和"从政者殆"。"何德之衰"孔子是知道的，"来者可追"孔子是明白的。估计孔子想谈的是第三个，即"从政者殆"的问题。先说楚国。春秋中后期，楚灵王刺杀侄子自立为王；楚平王设计害死楚灵王自立为王；楚平王听信令尹费无极谗言，诛杀伍子胥父亲和兄长；伍子胥协助公子光刺杀吴王僚，帮其篡位为吴王阖闾，自己担任上卿；吴楚争霸失利，令尹子长诛杀费

---

① 杨本解释"天下有道，丘不与易也"为"如果天下太平，我就不会同你们一道来从事改革了"，笔者认为"与"是参与，而非"同你们一道"之义。

② 杨本解释"凤兮凤兮，何德之衰"为"凤凰呀，凤凰呀，为什么这么倒霉？"笔者认为不妥。

无极。吴国攻克楚国国都郢，伍子胥鞭尸楚平王；因反对吴攻齐，伍子胥被吴王夫差赐死。再说晋国。晋国公族栾盈遭外公范宣子、舅舅士鞅等诬告谋反而逃亡，后被灭族；公族羊舌氏被荀砾陷害而遭灭族。再说齐国。权臣田乞弑杀国君吕荼（年幼，继位不足一年，没有庙号），后齐悼公被田常怂恿齐人毒杀，田恒弑杀国君齐简公。可见，"从政"真是高危行业呀！接舆提醒孔子"从政者殆"是对他的关心，但孔子怎么会顾惜自己的安危呢？他汲汲于出仕正是要消除礼崩乐坏这种现象啊！

有一次，子路在石门这个地方留宿。早晨，看门人问子路：你从哪里来啊？子路说：我从孔夫子那里来。看门人说：就是那个知其不可为而为之的人吗？从这个细节看，孔子在当时是很有名气的，一是学问渊博，二是道德高尚，三是忠贞不渝。

"知其不可而为之"是一种伟大的求索精神，是做成伟大事业的必要素质，但谈何容易？冉有就说：我不是不喜欢先生的学说，只是我能力不够啊。孔子批评他说：如果能力不够的话，你可以走到半路再放弃，但你现在是画地为牢。①并解释说：这就好比堆土成山，只差一筐土就完成了，如果此时停下来，那是你自己要停下来的（并不是完不成）。又好比平地堆山，虽然只倒下一筐土，但还在继续（完成它），那也是自己要继续推进的。一个人必须有一种自强不息的精神，宁可半途而废，不可画地为牢。

孔子晚年回到鲁国后，鲁国隐士微生亩曾对他说：孔丘，你为什么这么忙忙碌碌呢？难道是为了显摆你的口才吗？孔子回答说：我哪里敢跟人家显摆口才呀！我是讨厌那些顽固不化的人啊。

直到生命的最后阶段，孔子仍悲叹他的理想无法实现。他说：凤凰不降临人间了，黄河也没有图书出来了，我这一辈子就要完了啊！

---

① 杨本解释"力不足者，中道而废"为：如果真是力量不够，走到半路就会走不动了。

至 德 篇

【原文】

1. 子曰:"质胜文则野,文胜质则史①。文质彬彬,然后君子。"(《雍也》)

2. 子贡问:"师与商也孰贤?"子曰:"师也过,商也不及。"曰:"然则师愈与?"子曰:"过犹不及。"(《先进》)

3. 子曰:"中庸之为德也,其至矣乎!民鲜久矣。"(《雍也》)

4. 子曰:"可与共学,未可与适道;可与适道,未可与立;可与立,未可与权②。"(《子罕》)

5. 子夏曰:"大德不逾闲③,小德出入可也。"(《子张》)

6. 子曰:"由!知德者鲜矣。"(《卫灵公》)

7. 子曰:"吾未见好德如好色者也。"(《子罕》)

8. 子曰:"已矣乎!吾未见好德如好色者也。"(《卫灵公》)

9. 子曰:"乡愿,德之贼也。"(《阳货》)

10. 子曰:"德不孤,必有邻。"(《里仁》)

11. 子曰:"骥不称其力,称其德也。"(《宪问》)

12. 子曰:"道听而途说,德之弃也。"(《阳货》)

13. 子曰:"巧言乱德。小不忍,则乱大谋。"(《卫灵公》)

14. 子曰:"南人有言曰'人而无恒,不可以作巫医'善夫!""不恒其德,或承之羞。"子曰:"不占而已矣"(《子路》)

15. 子张曰:"执德不弘,信道不笃,焉能为有?焉能为亡?"(《子张》)

【注释】

①史:繁杂,引申为虚假,虚伪。
②权:变通,如柳宗元《断刑论》"经非权则泥,权非经则悖"。
③闲:本义栅栏,引申为伦理道德的界限,规范。

【通解】

前面讲过,太极学说创立了整体辩证观念,阴阳学说揭示了对立统一规律,五行学说阐释了动态平衡理论,这就是中国古代哲学中的世界观。中国人的人生观、价值观和认识论都是与此有千丝万缕的联系。

《周易·系辞》里说:"一阴一阳之谓道,继之者善也,成之者性也。"事物内部正反两方面的对立统一和互动变化构成了世间大道,顺应大道形成人的美德,成就大道必须尊重事物本性。道是一切事物的客观规律,也称自然法则;德是对客观规律的认识,即心得。在对"道"的认识上,孔子和老子没有区别,即"道法自然(本然)",就是说宇宙间最本质的规律存在于事物的本性之中,无论做任何事情,都必须尊重事物本性、顺应事物本性。但在对"德"的认识上,孔子和老子是不一样的。《老子》认为"失道而后德,失德而后仁,失仁而后义,失义而后礼",主张人类归真返璞,顺应自然,不应该去追求"德",拒绝任何学习,认为任何学习都是对人之本性的改变甚至扭曲。孔子则与之相反,他认为"德"代表的是"道",是治国和人生的总原则,只有努力研究和学习,才能明白事物规律和人生法则,提升自己的认知能力,更完美地尊重、顺应并发挥人和事物之本性。当然,从严格意义上说,"道"是不可名状的,一旦概念化成为意识,那就属于"德"了。老子甚至认为"概念"本身也是不准确的,无法真实地描绘客观事物,所以《老子》提出"道可道,非常道。名可名,非常名"。可以说"道"和"德"是不可分的。道家对"德"有不同看法,但他们的学说也属于"德"的范畴。正因如此,后世学者把"道"和"德"连在一起,称为"道德"。

我们的古圣先贤认为,人类必须跟大自然学习,跟天地宇宙学习,跟四季轮回学习,才能认识规律、掌握规律,按照客观规律办事,以成就人类的事业。《老子》说:"孔德之容,唯道是从。"《周易·文言》说:"夫大人者,与天地合其德,与日月合其明,与四时合其序,与鬼神合其吉凶。"《孔子家语·礼运》说:"圣人作则,必以天地为本,以阴阳为端,以四时为柄,以日星为纪,月以为量。"简单说,"道德"就是古人对自然规律的概括。后世所谓的"科学",也属于"道德"。因为道德就是客观规律,人类就可以通过研究而掌握之。从科学的意义上说,人的德性和理性是一回事。

《尚书》里无数次提到"德"的概念,如《尧典》有"克明俊德,以亲九族。九族既睦,平章百姓。百姓昭明协和万邦。"《大禹谟》有"帝德广运,乃圣乃神,乃武乃文。"《皋陶谟》有"天命有德,五服五章哉,天讨有罪,五刑五用哉。"《咸有一德》有"德惟一,动罔不吉;德二三,动罔不凶。"《高宗肜日》有"民有不若德,不听罪,天既孚命正厥德。"《泰誓》有"受有亿兆夷民,离心离德;予有乱(治)臣十人,同心同德。"相传为孔子创作的《周易·系辞》里也多次提到"德"的概念,如"富有之谓大业,日新之谓盛德。""夫《易》,圣人所以崇德而广业也。""于是始作八卦,以通神明之德,以类万物之情。""穷神知化,德之盛也。"

那么,这个"德"字是什么意思呢?

"德"有四层意思:第一层,学问。掌握了一定科学文化知识的人,谓之士人。第二层,能力。能按照客观规律办事的人,谓之能人。第三层,思想。掌握了客观规律的人,谓之贤人。第四层,操行。坚持用道德法则规范自己行为的人,谓之圣人。不学无术者,无德,是谓庸人,即对自然法则和人情事理茫然无知的人，也称"小人"。

概括来说，"道德"原义是人类对自然规律研究的成果，即现在我们所说的科学知识。如果专注于科学知识的内部逻辑，并用特定符号推演其中的逻辑性，那就是数学家。如果用这种数学方式去研究自然现象，那就是物理学家、化学家、生物学家。如果把这些科学知识应用于社会管理，那就是政治家。如果把这些科学知识应用于研究人生的成败得失和历史的盛衰变化，那就是历史学家。如果把科学知识应用于生产技术，那就是工程师。如果把科学规律应用于自身的行为控制，那就是圣人和君子。可以说，道德就是按照客观规律做事的能力。

在孔子的语言体系里，他把符合自然法则的理性称为"中庸"。

那么，什么是"中庸"呢？

《荀子》里记载了这样一个故事：

> 孔子观于鲁桓公之庙，有欹器焉。孔子问于守庙者曰："此为何器？"守庙者曰："此盖为宥坐之器。"孔子曰："吾闻宥坐之器者，虚则欹，中则正，满则覆。"孔子顾谓弟子曰："注水焉。"弟子挹水而注之。中而正，满而覆，虚而欹。孔子喟然而叹曰："吁！恶有满而不覆者哉！"

"中则正"是对"中"的最精确解释，就是端正，不偏不倚，恰到好处。有人认为"不偏不倚"就是两边讨好，没有原则。笔者认为，恰恰相反，"不偏不倚"是独立自主，坚守正道。对"庸"的解释多有分歧，或为平庸，或为平常，或为应用，其实也许解释为"微调"更好，就是通过微调的方式始终保持在"中"和"正"的位置上，就像用杆秤称重一样，通过在秤杆上左右移动秤砣，使之与所称物体达到平衡（即"正"）。"群经之首"《周易》的核心思想恰恰是"中、正、时、变"四个字。每个重卦均由上下两个单卦构成，第二爻和第五爻分别居于下卦和上卦"中位",为"中",为"吉";以阳爻在阳位、阴爻在阴位为"正",为"吉";既"中"又"正"是最佳的,即阴爻在下卦中位、阳爻在上卦中位最吉利。一旦遭遇"吝、悔、咎、凶",就把握好"时机"进行"权变",以使自己不离"中正之道"。

在孔子看来,只有做到"中",才能实现"正";只有做到中正,才能实现和谐,天地万物才能各就各位、共同成长而不会相互伤害,各种不同特性的事物共同存在而不会相互干扰。这就是《中庸》所谓"中也者,天下之大本也;和也者,天下之达道也。致中和,天地位焉,万物育焉。""万物并育而不相害,道并行而不相悖。"

孔子在日常生活中总是用"中正""中道"的标准指导弟子们树立正确的人生观和价值观。他在谈到如何成为君子的时候说:质朴超过了文雅就会显得粗俗,文雅超过了质朴就会显得虚伪。只有文雅和质朴达到均衡的状态,才能成为君子。①《周易·贲卦·象传》里也说:"刚柔交错,天文也。文明以止,人文也。"有刚有柔、四季交替是上天的规律,追求华美而有节制是人类的理性。自然界不能只有春天而没有秋天,人类也不能只追求华美外表而没有内在精神。

子张和子夏是孔子晚年收的两个弟子,年龄都很小。有一天,端木赐(子贡)询问孔子对这两个年轻人的看法,问:子张和子夏谁更优秀呢?孔子说:子张做得有点过,而子夏则做得不够。端木赐说:这样的话,就是子张更优秀了?孔子回答说:都一样,超过了一定的标准,跟没有达到这个标准是一样的,都偏离了中道。从个人与集体的关系来理解,个人表现得太过了,往往对集体构成破坏;个人表现得太消极,则无法体现个人对于集体的意义。

人是有七情六欲的,又有亲疏远近,有智力高低,所以一个人要做到

---

① 杨本解释"质胜文则野,文胜质则史"为"朴实多于文采就未免粗野,文采多于朴实又未免虚浮","虚浮"表意模糊,笔者认为"虚伪"更恰当。

"中正"绝非易事。因此孔子说：中庸作为一种德性，恐怕是最高的吧！只有很少的人能坚持长久啊。

中庸之道之所以难以实现，关键是灵活度问题，这是最难的。孔子曾非常准确地描述过实现中庸之道的困难：在追求道的过程中，有的人可以跟他一起研究，但不能跟他同时达到道的境界；有的人可以跟他同时达到道的境界，却不能把道作为自己的行为准则；有的人可以跟他一起把道作为自己的行为准则，但无法跟他一样做到灵活变通。孔子提到的这些人，应该说都是有理想、有追求的君子，但仍然很难做到同心同德，共同完成一项事业。他们要么受智力限制，要么被情感所累。况且能否做到"权变"，归根结底是能否把握事物的本质，即使有少数人能把握事物的本质，能做到灵活变通，也很难得到多数人的理解和支持，因为多数人的是不可能把握事物的本质的。

《孟子·离娄》里记录了一次对话。淳于髡问孟子：男人和女人不能亲手递交东西。这是礼的规定吗？孟子说：是的。淳于髡又说：那么，如果嫂子掉进了水里，小叔子能伸手拉她一把吗？孟子说：嫂子掉进了水里，如果不伸手救她的话，那是畜生。男人和女人不能亲手递交东西，这是原则。嫂子掉进水里，小叔子伸出援手去救她，这是变通。可见，圣人是讲究灵活变通的，不主张教条、机械地理解道。正如子夏所说：根本性原则是不能违背的，但在次要问题上有些出入是正常的。

孔子对子路说：理解中庸之德的人太少了。他还反复说：我没有见过像喜欢美色那样喜爱道德的人。自然，多数人喜欢享受现成的快乐，而不愿意去追求经过努力才能实现的快乐。

那么，中庸之道是不是油头滑面，八面玲珑，做老好人呢？不是。孔子曾说：没有是非原则的好好先生，是道德的败坏者。

道德，是人类探索研究自然界一切事物的客观规律而形成的，是人类社会赖以生存和发展的基本依据，每一个人都应当努力学习并掌握它，这也就是尊重客观规律，掌握客观规律，按照客观规律办事。所以，孔子积极鼓励弟子们学习道德法则。他说：有道德的人不会孤独，肯定会有志同道合的人。他还用比喻方式教育弟子对待天赋和道德，要特别重视道德修养，说：对于千里马，我们不要赞美它日行千里的气力，而要赞美它忠于职守的德性啊。①

　　孔子认为，在探求道德的过程中，要依靠独立的研究和思考，不要道听途说，更不要被花言巧语和细枝末节所迷惑。他说：通过道听途说的方式学习道德，是对道德的抛弃。花言巧语足以扰乱人们的思想认识；在细枝末节上如果不忍让，就会干扰对根本问题的思考和规划。

　　有宋以来，很多人恰恰喜欢在一些不重要的枝节问题上咬住不放，而对根本问题的研究却掉以轻心，甚至不闻不问。宋代的"濮议"和明代的"大礼议"，都是教条主义者舍本逐末的明证。

　　关于"濮议"：宋仁宗的皇子全部夭折，其死后由濮安懿王赵允让之子赵曙继位，是为宋英宗。宋英宗即位后，诏议崇奉英宗生父濮王之典礼，就是讨论英宗应当怎么称呼其生父。吕诲、范纯仁、吕大防以及司马光等人力主称皇伯，依据是宋仁宗死前曾过继赵曙为子，赵允让是宋仁宗堂兄。韩琦、欧阳修等则主张称皇考，反对称皇伯。双方争论了一年半，最后经曹太后同意，确定赵曙称濮王为"皇考"，吕诲、范纯仁、吕大防遭贬黜。此事对后来的政治影响很坏，成了王安石改革时期保守派污蔑、攻击改革派的话柄。

　　关于"大礼议"：与宋代"濮议"情况相似，但无"过继"一节。明武宗无嗣，特旨令堂弟朱厚熜继位，是为明世宗。同样的，世宗如何称呼其生父和生母呢？内阁首辅杨廷和等依据"小宗入继大宗"理论主张应该称皇叔和皇叔母，这让朱厚熜无法接受。不能当了皇帝就背弃亲生父母！为此，世宗甚至贿赂杨廷和等人，但杨廷和不为所动。新科进士张璁上书支持皇帝，但人微言

---

① 杨本解释"骥不称其力，称其德也"为"称千里马叫做骥，并不是赞美它的气力，而是赞美它的品质"，叙述角度值得商榷。

轻，没人在意。不久，世宗母亲进京，世宗要求以皇太后名义迎驾，杨廷和等人一开始不同意，世宗说：我宁可不做皇帝，也要保持我和父母的关系。杨廷和等人只好妥协。但如何称呼生父的事情悬而未决（当时其生父已去世）。两年后，在陪都南京做吏部主事的张璁等人旧事重提，以"继统不继嗣"理论上疏支持皇帝称其生父为"皇考"。世宗大喜过望，立即提拔了包括张璁、桂萼在内的一群新人，放逐了杨廷和等一批老臣。礼部尚书汪俊立即组织二百多人集体上书表示反对，世宗震怒，分别对他们或训斥或停俸或罢黜。汪俊等人只好妥协。明世宗宣布尊奉亲生父亲为"皇帝"、母亲为"皇太后"册文，祭告天地、宗庙、社稷，朝野哗然。杨廷和之子、翰林编修杨慎声称：国家养士一百五十年，坚守节操大义而死，就在今日。然后他带领二百多大臣到左顺门跪谏世宗改变旨意。世宗怒不可遏，下令：四品以上官员停职待罪，五品以下官员廷杖，打死了十六人。于是，反对者都闭嘴了，"大礼议"以世宗获胜告终。但这一事件催生了朝廷大臣见风使舵的恶习，政风日益败坏。"濮议"和"大礼议"这两件事都是因小失大、以小乱大的典型。其实，"小宗入继大宗"的故事在汉唐时期发生过多次，根本不是问题，但从宋代起，这些事就成了问题。什么原因呢？议礼事件本质是对僵硬古板的理学的挑战。

除了鼓励弟子们努力追求道德原理之外，孔子还鼓励弟子们一旦掌握了道德原理，就一定要有所坚守。因为只有坚守自己的道德原则，才能得到人们的信任。他说：一个人如果没有恒心，是不能担任巫医的（因为心不诚，天不佑）。这话说得太好啦。《周易》不是说不坚守自己的道德原则，就会不可避免地受到别人的羞辱吗？他接着说：如果一个没有恒心的人做了巫医，那我们就不要去找他占卜了吧（因为他不可信）。① 子张也说：掌握了道德学问而不去发扬光大，信仰光明大道却不能始终不渝，这样的人怎么能说是有道德呢？

---

① 杨本解释"不占而已矣"为"这句话的意思是叫无恒心的人不必去占卜罢了"，与上文不衔接。

总之，在孔子时代，"德"是对自然法则的研究和总结，有四层意思，即学识、能力、思想和品性。宋代以后，理学家们把"德"限定为"品性"，直接用圣人的标准要求普通人，这本身就不合理，而且把圣人之道教条化、本本化，从思想上限制了国人的学习力和创造力。我们应该全面理解"道德"的内涵，既要努力学习科学文化知识，又要研究客观实际，掌握客观规律，按照客观规律办事。这才是"理性"，亦即"德性"。

好 礼 篇

【原文】

1. 子曰:"君子无所争,必也射乎!揖让而升,下而饮,其争也君子。"(《八佾》)

2. 子曰:"射不主①皮,为力不同科,古之道也。"(《八佾》)

3. 定公问:"君使臣,臣事君,如之何?"孔子对曰:"君使臣以礼,臣事君以忠。"(《八佾》)

4. 子曰:"上好礼,则民易使也。"(《宪问》)

5. 子曰:"能以礼让为国乎?何有?不能以礼让为国,如礼何?"(《里仁》)

6. 陈司败问:"昭公知礼乎?"孔子曰:"知礼。"孔子退,揖巫马期而进之,曰:"吾闻君子不党,君子亦党乎?君取于吴,为同姓,谓之吴孟子。君而知礼,孰不知礼?"巫马期以告。子曰:"丘也幸,苟有过,人必知之。"(《述而》)

7. 邦君之妻,君称之曰"夫人",夫人自称曰"小童";邦人称之曰"君夫人",称诸异邦曰"寡小君";异邦人称之亦曰"君夫人"。(《季氏》)

8. 子曰:"博学于文,约之以礼,亦可以弗畔矣夫!"(《颜渊》)

9. 子曰:"恭而无礼则劳,慎而无礼则葸,勇而无礼则乱,直而无礼则绞。君子笃于亲,则民兴于仁;故旧不遗,则民不偷②。"(《泰伯》)

10. 子曰:"以约失之者鲜矣。"(《里仁》)

11. 子曰:"夷狄之有君,不如诸夏之亡也。"(《八佾》)

12. 孔子谓季氏:"八佾舞于庭,是可忍也,孰不可忍也?"(《八佾》)

13. 三家者以《雍》彻。子曰:"'相维辟公,天子穆穆',奚取于三家之堂?"(《八佾》)

14. 或问禘之说,子曰:"不知也。知其说者之于天下也,其如示诸斯乎!"指其掌。(《八佾》)

15. 子曰:"禘自既灌③而往者,吾不欲观之矣。"(《八佾》)

16. 子张曰:"《书》云'高宗谅阴,三年不言',何谓也?"子曰:"何必高宗?古之人皆然。君薨,百官总己以听于冢宰三年。"(《宪问》)

17. 宰我问:"三年之丧,期已久矣!君子三年不为礼,礼必坏;三年不为乐,乐必崩。旧谷既没,新谷既升,钻燧改火,期④可已矣。"子曰:"食夫稻,衣夫锦,于女安乎?"曰:"安!""女安则为之!夫君子之居丧,食旨不甘,闻乐不乐,居处不安,故不为也。今女安,则为之!"宰我出,子曰:"予之不仁也!子生三年,然后免⑤于父母之怀。夫三年之丧,天下之通丧也,予也有三年之爱于其父母乎!"(《阳货》)

18. 子贡欲去告朔⑥之饩羊。子曰:"赐也!尔爱其羊,我爱其礼。"(《八佾》)

19. 子曰:"觚不觚,觚哉?觚哉?"(《雍也》)

20. 林放问礼之本,子曰:"大哉问!礼,与其奢也,宁俭;丧,与其易也,宁戚。"(《八佾》)

21. 祭如在,祭神如神在。子曰:"吾不与祭,如不祭。"(《八佾》)

22. 子曰:"礼云礼云,玉帛云乎哉?乐云乐云,钟鼓云乎哉?"(《阳货》)

23. 子曰:"麻冕,礼也;今也纯,俭,吾从众。拜下,礼也;今拜乎上,

泰⑦也。虽违众，吾从下。"(《子罕》)

24. 子入太庙，每事问。或曰："孰谓鄹人之子知礼乎？入太庙，每事问。"子闻之，曰："是礼也。"(《八佾》)

25. 王孙贾问曰："与其媚于奥⑧，宁媚于灶，何谓也？"子曰："不然。获罪于天，无所祷也。"(《八佾》)

26. 子曰："唯女子与小人为难养也，近之则不孙，远之则怨。"(《阳货》)

【注释】

① 主：根本，关键。

② 偷：苟且，得过且过。

③ 灌：古代祭祀仪式，斟酒浇地迎神。

④ 期：满一定期限，如满一年或一个月。

⑤ 免：脱身，脱离。

⑥ 朔：农历每月初一。

⑦ 泰：傲慢。

⑧ 奥：室内西南角，设置神主之处，后引申为神秘之所。灶：灶神。

【通解】

礼，自古就有，是远古时期人民面对天灾人祸等不可抗力而祈求平安的手段。《说文解字》：礼，履也，所以事神致福也。礼的最主要形式是祭祀。商朝时候，祭祀与政治密切相关，商王通过垄断祭祀权以巩固统治。到了周朝，情况发生了很大变化，虽然还保留着各级各类的祭祀活动，但更强调事在人为，出现了自强不息、厚德载物的思想。周天子建立起以天子为天下共主的宗法制度。这样，礼的内涵也随之发生了变化，由原来的事神致福发展成了处理人际关系、维护社会稳定的重要方式，再配上音乐和诗歌，就成了礼乐制度。现在世界各种重要庆典礼仪在形式上还保留着这样的特征。比如，总统就职，奥运会开幕，婚丧嫁娶，节日盛典等，都是既有仪式又有音乐，或颂唱诗歌。

《孔子家语·礼运》说："夫礼，先王所以承天之道，以治人之情，列其鬼神，达于丧、祭、乡射、冠婚、朝聘。故圣人以礼示之，则天下国家可得以正矣。"礼制是先王顺应天道安抚人心的方式。从敬祀鬼神开始，到丧礼、祭礼、乡射礼、加冠礼、婚礼、朝聘礼等。所以，圣贤用礼仪教化天下，则天下国家就能走正道了。又说：礼，"所以讲信修睦"，"所以养生送死事鬼神之大端，所以达天道顺人情之大窦。唯圣人为知礼之不可以已也，故破国丧家亡人，必先去其礼。"礼制是讲信修睦、养生送死、敬神事鬼、顺应天道、安抚人心的方式。圣贤都懂得礼制是不可抛弃的，如果要让人国破家亡，一定从破坏他的礼制开始。

《孔子家语·论礼》说："礼乎，夫礼，所以制中也。"礼仪是实现中正的方式。"礼者，理也，乐者，节也。"礼就是合理，乐就是有度。还说："礼者，即事之治也。君子有其事，必有其治。治国而无礼，譬犹瞽之无相，伥伥乎何所之？譬犹终夜有求于幽室之中，非烛何以见？故无礼则手足无所措，耳目无所加，进退揖让无所制。"礼仪是处理事务的方式。君子遇到事情，一定有办法处理，即依礼行事。如果治理国家时不懂礼制，就好像瞎子没有助手，迷迷糊糊地能到哪里去呢？又好像深更半夜在暗室里寻找东西，没有蜡烛能看见什么呢？所以，没有礼制就会手足无措，就不知道看什么、听什么、如何进退、如何待人接物。

总之，在孔子看来：其一，礼来自天道（自然法则）。其二，礼是安抚人心、实现社会中正和谐的重要手段。其三，礼是文明人做人、做事的行为规范。其四，礼是国家赖以存在的基础。

的确，人作为群居动物，怎么才能既保持个性，又和睦共处呢？孔子认为最好的办法就是"礼",简单说就是相互尊重,彼此讲究信用,谋求和睦。孔子之前的朝代是有刑法的,如夏朝有"禹刑",商朝有"汤刑",周初有"九刑",春秋时郑国、晋国都铸刑鼎行法制。但孔子更崇尚礼制,他认为礼制更符合人性,更符合"好生之德"[①]。

根据《礼记》记载,孔子认为"礼"不是某一个人的主观愿望,而是来自民间习俗,以合乎情理为原则;目的是让人行为端正,说话得体,以形成社会道德风尚;同时,"礼"是一种相互关系,不是一方对另一方的单向行为。

《礼记》里收录了很多当时的礼仪形式,以下十条,至今仍有价值。

1. 侍坐于先生,先生问焉,终则对。请业则起,请益则起。

2. 侍坐于君子,君子欠伸,撰杖屦,视日蚤莫(分别通"早""暮"),侍坐者请出矣。

3. 为人子者:出必告,反(通"返")必面,所游必有常,所习必有业。

4. 父子不同席。

5. 父母有疾,冠者不栉,行不翔,言不惰,琴瑟不御。

6. 离坐离立,毋往参焉;离立者,不出中间。

7. 将上堂,声必扬。户外有二屦,言闻则入,言不闻则不入。将入户,视必下。

8. 君子不尽人之欢,不竭人之忠,以全交也。

9. 贺取(通"娶")妻者,……贫者不以货财为礼,老者不以筋力为礼。

10. 介者不拜。

[①]《尚书·大禹谟》。

现代人一般会觉得礼仪太繁琐没必要，其实不然，有了行为规范，我们在待人接物时就不会感到手足无措，左右为难，按照礼仪做就行了。

孔子非常欣赏古代君子比赛射箭的方式，他曾经说：君子本没有跟别人争什么的习惯，如果有的话，那一定是比赛射箭！先作揖谦让，然后登台比赛，比赛结束再一起饮酒。他们的竞争很有君子风度。并说：比赛射箭的根本不在于能否穿透靶子，因为每个人的力气大小不一样。这是古人的原则。

在孔子眼里，礼是实现社会中正和谐的基本手段。所以，他终其一生都非常重视礼，将礼看得比生命还重要。

首先，孔子认为必须以礼治国。有一次，鲁定公咨询孔子说：君主指使臣下，臣下侍奉君主，这里面有什么原则吗？孔子回答说：君主指使臣下必须合乎礼仪，臣下侍奉君主必须尽心尽力。又补充说：君主如果崇尚礼仪，那么百姓就容易管理了。他还说：能够用礼让的办法治理国家，那治国还有什么困难呢？如果不能用礼让的办法治理国家，那么礼仪还有什么用呢？

孔子在陈国的时候，陈司败问孔子：鲁昭公知礼吗？孔子回答说：知礼。孔子离开之后，陈司败给孔子弟子巫马期作了个揖并上前走几步说：我听说君子不因为关系好就偏袒谁，难道君子也会偏袒谁吗？鲁昭公从吴国娶了位夫人，是鲁国同姓，叫吴孟子（按照礼制同姓是不能通婚的）。如果说鲁昭公知礼的话，那还有谁不知礼呢？巫马期把他的话告诉了孔子。孔子说：我真幸运啊，一旦有过错，别人就一定会告诉我。可见，孔子也认为鲁昭公在这个问题上是违礼的。不过，说孔子特别尊敬鲁昭公，有可能袒护他，也有道理。

孔子跟他的弟子们长期在国外漂泊，经常会遇到如何称呼外国君主夫人的问题。他曾经跟弟子们做过一次科普说：国君的妻子，国君称之为"夫人"，夫人自称"小童"；本国臣民称之为"君夫人"，在外国人面前称之为"寡小君"；别国的人也称她为"君夫人"。

其次，对于普通人来说，礼仪是行为规范，更是护身符和保护伞。孔子说：在文化上多学多问，知识渊博，再用礼仪对自己加以约束，就不会偏离正道了。恭敬而不遵守礼仪就会心力交瘁，谨慎而不遵守礼仪就会显得懦弱，勇猛而不遵守礼仪就会制造混乱①，刚直而不遵守礼仪就会显得刻薄。在上位的人对父母感情真挚，民众就会追求仁德；在上位的人不遗弃故交老友，百姓就不会苟且偷生②。他还说：用礼仪约束自己而犯错误的人，很少啊！

另外，孔子把礼乐看作是中原文明的根本性文化标志。他曾说：夷狄部落即使有酋长，也不如中原诸国没有君主③。因为中原人知书达理，即使没有君主，人民也能和睦相处，不会像夷狄那样野性不改，相互争斗。所以，唐代韩愈在《原道》中说："孔子之作《春秋》也，诸侯用夷礼，则夷之；进于中国，则中国之。"孔子创作《春秋》时，对待诸侯的态度是这样的：如果中原诸侯实施夷狄礼俗，就把他们当作夷狄看待；如果他们实施中原礼乐，才把他们当作中原人看待。

总之，礼是立国之本，是行为指南，而失礼则是亡国之兆，所以礼崩乐坏的事情让孔子非常忧虑。当鲁国权臣季孙氏在家里演出天子使用的乐舞时，他就生气地说：六十四人的乐舞竟然出现在季氏家里，这如果能容忍的话，还有什么不能容忍呢？

当听说季孙氏、孟孙氏、叔孙氏三位权臣在祭祖仪式结束撤下供品时用《雍》歌作配乐，更是怒不可遏。他说：公侯恭敬地协助，天子庄重地主持，这样的诗歌怎么可以出现在三家大臣的庙堂上呢？

禘祭，是一种极其隆重的祭祀仪式，最早只有天子主祭。孔子认为诸侯主祭是违背礼制的。这种仪式相当于国家大典，是向世人宣示权力和道德的

---

① 杨本解释"勇而无礼则乱"为专凭敢作敢为的胆量却不知礼，就会盲动闯祸。笔者认为孔子担心的不是一般性"闯祸"，而是叛乱。
② 杨本解释"民不偷"为老百姓就不致于对人冷漠无情，不妥。
③ 杨本解释"夷狄"为文化落后的国家，笔者认为也可指中原之外的其他民族。

重要形式，具有感召、凝聚人心的功能。因此，当有人问孔子有关禘祭仪式的时候，他说：我不知道。然后指了指自己的手掌说：知道禘祭仪式的人对于治理天下，大概就像让人家看看这里一样容易吧。显而易见，他是知道禘祭仪式的，之所以说不知道，是由于自己讨论这种规格的典礼不合适。

如此大典，当然不能僭越，也不能轻慢、懈怠。有一年秋天，鲁国三桓主持禘祭。孔子看到他们在第一次敬酒之后就懈怠起来，非常不满。他说：他们举行禘祭仪式的时候，从第一次敬酒之后，我就不想再看下去了。

关于丧礼规定服丧三年的问题，弟子们经常有些困惑。有一次，子张问孔子：《尚书》上说殷高宗服丧时，三年不理朝政，这是怎么回事？孔子说：为什么一定说高宗呢？古人都这样。国君死后的三年时间里，继承的君主三年不问政事，朝廷百官各司其职，听命于宰相。

居丧三年这件事，让宰予很是不解，他跟孔子说：父母死了，子女服丧三年，时间也太长了吧。一个君子如果三年时间不演习礼仪，礼仪肯定全忘了；如果三年时间不演奏音乐，音乐也肯定全忘了。旧谷子吃完了，新谷子下来了，取火的燧木换一遍了，一年时间过去了，就可以了。孔子说：服丧不到三年就吃新谷子，穿新衣服，你觉得心安吗？宰予说：心安。孔子怒了，说：你觉得心安你就去做吧。君子在服丧期间吃到美味不觉得香甜，听到音乐不觉得快乐，住在家里不觉得舒适，所以他们不那样做。如果你觉得心安，你就去那样做吧！宰予出去之后，孔子又说：宰予这小子真没良心啊。孩子出生三年之后，才离开父母的怀抱，父母死后服丧三年不是应该的吗？再说，子女为父母服丧三年是天下通行的惯例，宰予难道没有从他父母那里得到过三年的疼爱吗？

祭祀的祭品也是很讲究的。由于"牛"是当时最重要的生产工具，所以只有天子祭祀时才用"太牢"，以牛、猪、羊为牺牲；诸侯及士大夫祭祀时只能使用"少牢"，以猪、羊为牺牲。在一次初一祭祀的时候，子贡跟孔子说想把羊也去掉，孔子说：赐啊，你爱惜那只羊，我更珍惜这礼仪啊！

饮酒是社会活动的重要部分，因此酒器也是很讲究的，也是礼仪的一部分。有一次，孔子看到有人使用的酒器觚根本不像传统的觚了，就很有意见，他发牢骚说：说是觚，实际不像觚，这是觚吗！这是觚吗！

但孔子的思想绝不教条、僵硬。我们前面讲过，中庸之道之所以很难实现，关键在一个"权"字，而能否做到灵活变通，关键是能否准确把握事物的本质。因此，当弟子林放向孔子询问礼仪本质的时候，他非常高兴，说：你的问题太重要了！典礼的时候，与其在表面上搞得很奢华，不如节俭一些；服丧的时候，与其料理得周全完备，不如从内心感到悲伤。《孔子家语·曲礼子贡问》里记载了这样两个片段，子路的姐姐去世了，已经过了服丧期，子路还穿着丧服，孔子问他：你怎么还穿着丧服呢？子路说：我们兄弟太少，不忍心啊。孔子说：追求道义的人都不忍心，但是圣人制定礼仪，就是让做得过分的人降低一下标准，让做得不够的人努力一下达到标准呀。孔鲤的母亲去世一年以后，孔鲤还穿着丧服哭吊，孔子说：这就过分了，不符合礼制。孔鲤就脱了丧服，不再哭吊了。孔子还说：祭祀祖先时就像祖先在我们面前一样，祭祀神灵时就像神灵在我们面前一样。如果我没有亲自参加祭祀，那么即使是祭祀举行过了也跟没有举行一样。

显而易见，在孔子看来，各种礼仪形式是需要的，但重要的是内心必须真诚恭敬。所以，他才会说：礼呀，礼呀，难道说的仅仅是玉器和丝帛这些礼器吗？乐呀，乐呀，难道说的仅仅是钟鼓和管弦乐器吗？用麻线做帽子，这是符合礼制的；现在用丝线做帽子，更节俭了，我赞成大家的做法。臣下拜见君主的时候，原先从台下磕头，这是符合礼制的；现在大家都登上台去磕头，这就显得傲慢了。虽然会冒犯多数人，我还是赞成在台下磕头。

孔子进入太庙，每一件事都会向人请教。有人就说：谁说这个陬邑大夫的儿子懂得礼仪呢？他进了太庙，就不停地询问。孔子听到后说：这恰恰是礼啊。

孔子在卫国时，卫灵公对他很好，但他始终得不到从政机会。卫国大夫王孙贾就问孔子：与其讨好奥神（隐喻卫灵公），不如讨好灶神（隐喻权臣，指南子、弥子瑕之辈），这是什么意思呀？奥神是主神；灶神也称"灶王爷"，民间供奉于厨房，掌管一家祸福、财气的神。王孙贾的意思大概是劝孔子去讨好南子，通过南子获得职位。孔子回答说：这话不对。如果得罪了上天，那就连祈祷的地方也没有了。言外之意是：走后门的事情，我不干。

后世最不能理解孔子的一句话是这样的：只有女子和没有见识的人是难以相处的，因为亲近他们，他们就无理取闹；远离他们，他们就怨声载道。

这句话到底应该怎么理解呢？其实圣人已经说得很明白了，"近之则不孙，远之则怨"。这不就是做不到"中正"吗？当时多数的女子和普通人因为条件限制，得不到受教育机会，读书很少，没有文化知识，容易走极端，好就好得不得了，坏就坏得厉害；他们即使能做到讲礼节、走正道，也很难做到权变，又怎么能做到通权达变的圣人主张的中正之道呢？即使是今天，大学毕业生是国民中受过高等教育的群体，又有几个人能真正做到中庸之道呢？所以，孔子说的没错。

从 周 篇

【原文】

1. 微子去之，箕子为之奴，比干谏而死。孔子曰："殷有三仁焉。"（《微子》）

2. 子曰："周监①于二代，郁郁乎文哉！吾从周。"（《八佾》）

3. 孔子于乡党，恂恂如②也，似不能言者；其在宗庙朝廷，便便言，唯谨尔。

4. 子之燕居，申申如也；夭夭如也。（《述而》）

5. 席不正，不坐。……寝不尸，居不客。（《乡党》）

6. 子于是日哭，则不歌。（《述而》）

7. 君子不以绀緅饰，红紫不以为亵服。当暑，袗絺绤，必表而出之。缁衣，羔裘；素衣，麑裘；黄衣，狐裘。亵裘长，短右袂。必有寝衣，长一身有半。狐貉之厚以居。去丧，无所不佩。非帷裳，必杀③之。羔裘玄冠不以吊。吉月，必朝服而朝。（《乡党》）

8. 疾，君视之，东首，加朝服，拖绅。（《乡党》）

9. 食不厌④精，脍不厌细。食饐而餲，鱼馁而肉败，不食。色恶，不食。臭恶，不食。失饪，不食。不时，不食，割不正，不食。不得其酱，不食。肉虽多，不使胜食气。唯酒无量，不及乱。沽酒市脯，不食。不撤姜食，不多食。……食不语，寝不言。虽疏食菜羹，瓜⑤祭，必

齐如也。(《乡党》)

10. 君赐食，必正席先尝之。君赐腥，必熟而荐⑥之。君赐生，必畜之。侍食于君，君祭，先饭。(《乡党》)

11. 祭于公，不宿肉。祭肉不出三日。出三日，不食之矣。(《乡党》)

12. 齐，必有明衣，布。齐必变食，居必迁坐。(《乡党》)

13. 乡人饮酒，杖者出，斯出矣。乡人傩，朝服而立于阼阶。(《乡党》)

14. 子食于有丧者之侧，未尝饱也。(《述而》)

15. 入太庙，每事问。(《乡党》)

16. 朋友之馈，虽车马，非祭肉，不拜。……康子馈药，拜而受之。曰："丘未达，不敢尝。"(《乡党》)

17. 升车，必正立，执绥。车中，不内顾，不疾言，不亲指。(《乡党》)

18. 君命召，不俟驾行矣。(《乡党》)

19. 子见齐衰者、冕衣裳者与瞽者，见之，虽少，必作；过之，必趋。(《子罕》)

20. 见齐衰者，虽狎，必变。见冕者与瞽者，虽亵，必以貌。凶服者式之，式负版者⑦。有盛馔，必变色而作。迅雷风烈必变。(《乡党》)

21. 问人于他邦，再拜而送之。(《乡党》)

22. 入公门，鞠躬如也，如不容。立不中门，行不履阈。过位，色勃如也，足躩如也，其言似不足者。摄齐升堂，鞠躬如也，屏气似不息者。出，降一等，逞颜色，怡怡如也。没阶，趋进，翼如也。复其位，踧踖如也。……朝，与下大夫言，侃侃如也；与上大夫言，訚訚如也；君在，踧踖如也，与与如也。(《乡党》)

23. 执圭，鞠躬如也，如不胜。上如揖，下如授。勃如战色，足蹜蹜，如有循。享礼，有容色。私觌，愉愉如也。(《乡党》)

24. 君召使摈，色勃如也；足躩如也。揖所与立，左右手，衣前后，襜

如也。趋进，翼如也。宾退，必复命曰："宾不顾⑧矣。"(《乡党》)

25. 师冕见，及阶，子曰："阶也。"及席，子曰："席也。"皆坐，子告之曰："某在斯，某在斯。"师冕出，子张问曰："与师言之道与？"子曰："然，固相师之道也。"(《卫灵公》)

26. 颜渊死，颜路请子之车以为之椁⑨。子曰："才不才，亦各言其子也。鲤也死，有棺而无椁。吾不徒行以为之椁。以吾从大夫之后，不可徒行也。"(《先进》)

27. 颜渊死，门人欲厚葬之。子曰："不可。"门人厚葬之。子曰："回也视予犹父也，予不得视犹子也。非我也，夫二三子也。"(《先进》)

28. 有子曰："礼之用，和为贵。先王之道，斯为美，小大由之。有所不行，知和而和，不以礼节之，亦不可行也。"(《学而》)

【注释】

①监：借鉴。
②如：……的样子。
③杀：剪裁。
④厌：满足。
⑤瓜：分开，瓜分。
⑥荐：祭祀，用祭品供奉神灵。
⑦式：通"轼"，车前横木。用作动词，抚轼低头，表示敬意。
⑧顾：回头。
⑨椁：外棺。古代套在棺材外面的另一层。

【通解】

孔子非重视仪式，把它看成"礼"的外在形式。

孔子的祖先是殷商后裔。殷商末年，纣王无道，他的长兄微子无奈地离开了他，他的叔父箕子做了他的囚犯，另一个叔父比干因为劝谏而被处死。孔子曾感叹说：殷朝末年有三位仁德之人啊。箕子是一位大贤人，周武王推翻商纣之后，把箕子从监狱里释放出来，并向他请教治国之道，内容载于《尚书·洪范》。据说后来箕子带着几千人从胶州湾渡海逃到朝鲜半岛，建立起朝鲜王国。他晚年曾经回到中原朝见周天子，路经故都朝歌，满目蒿草，一片荒凉，有感而作《黍离》诗篇，载于《诗经》。据说有不少殷商遗民继续往东，渡过白令海峡逃到了北美大陆。微子则在成王时期被周公封在了殷商故地商丘，建立宋国。

殷商部落在选择继承人问题上有"兄终弟及"的习惯，就是国君死后传位给弟弟，依次到最小的弟弟；最小的弟弟死后再传给长兄的儿子，如无则传给次兄之子，如无则以此类推；其中也有传给自己儿子的情况。宋国第一代国君微子死后即传位给弟弟微仲。第五代国君宋湣公死后也是传位给弟弟宋炀公，但其次子鲋祀不服气，杀死了叔父宋炀公，让其兄弗父何继位，弗父何拒绝了，鲋祀就继了位，为宋厉公。这位弗父何就是孔子的十世远祖。

弗父何这一支此后一直做宋国上卿，最著名的有两个：一是孔子七世祖正考父，一是孔子六世祖孔父嘉。正考父曾辅佐宋戴公、宋武公、宋宣公三代国君，地位很高，但他为人谦恭谨慎，留有鼎上铭训曰："一命而偻，再命而伛，三命而俯。循墙而走，亦莫余敢侮。饘于是，粥于是，以糊余口。"[①]被称为圣人。孔父嘉曾担任宋国大司马，被太宰华督陷害，家破人亡，其孙孔防叔逃到鲁国，后为防地大夫，其孙叔梁纥即孔子之父，是著名武士，曾做陬邑大夫。叔梁纥七十岁时，正妻施氏生有九女而无子；妾生一子，曰孟皮，有足疾，不能做继承人（不能主祭）。叔梁纥无奈，娶十七岁颜氏女，生

[①] 《左传·昭公七年》。

孔子。孔子三岁时，其父死，后由颜氏抚养。因受叔梁纥正妻冷落（恐怕是得不到承认），颜氏带着孔丘逃难到曲阜。这里是殷商奄国之地，聚集着众多殷商后裔，重祭祀，敬鬼神，宗教气氛浓厚；同时，这里又是周公受封之地，礼乐文化多有保存。

受到殷商祭祀习俗和周公礼乐文化熏陶，孔子从小就喜欢礼仪，常常摆设礼器做游戏，养成了重视仪式的习惯，长大以后更是乐此不疲。他十五岁时，"有志于学"，决心以周公为人生楷模，以礼乐为毕生职业，同时博览群书，十七岁时就以博学和知礼闻名，三十岁左右授徒讲学，传习礼仪。不过，孔子在对三代礼仪进行了大量研究之后，更倾向于"周礼"。他说：周朝借鉴了夏、商两代的礼乐制度，更加完备而富有文采，我主张遵从周礼。于是，在他的礼乐教学中，"敬鬼神而远之"，摒弃了殷商时期的鬼神观念，更多地继承了周朝"皇天无亲，惟德是辅"[①]的理性精神。

成年的孔子简直就是"礼"的化身，他吃饭、穿衣、睡觉、走路、迎来送往，时时处处都依礼而行。在家乡居住的时候，对人非常恭顺，好像不大能说话；但在宗庙和朝堂的时候，说话既明白又畅达，只是用语非常谨慎。即使闲居在家，他穿着也很整齐，态度很温和。坐席摆得不端正，他就不坐。躺下的时候，从不四仰八开。闲居在家，也不那么拘谨。如果在某一天哭泣过，当天他就不再唱歌。

他不用青里透红或黑里透红的布给衣服镶边，不用红色和紫色做平常家居的便服。暑天，用细葛布或粗葛布做的单衣套在外面。他习惯于用黑色衣服配羔羊皮袍，用白色衣服配小鹿皮袍，用黄色衣服配狐狸皮袍。他在家里穿的皮袄比较长，可是右边的袖子要短一些。睡觉的时候一定要有小被，长度是身高的一倍半。他用厚厚的狐貉皮做坐垫。除了服丧期间，佩戴饰物比较随意。

[①] 《尚书·蔡仲之命》。

如果不是上朝和祭祀穿的礼服，一定要裁掉一些布。他从不穿着羊羔皮袍、戴着黑色礼帽去吊丧。每月初一那天，他一定要穿着上朝的礼服去朝堂。有一次，他生病了，国君来看望他，他就把头朝向东方趴着，把上朝的礼服盖在身上，拖着大带子。

他的饮食不嫌舂得精，鱼肉不嫌切得细。粮食发霉了，鱼肉腐烂了，他就不吃了。食物颜色不好，他不吃；气味难闻，他不吃。烹饪方法不对，他不吃。不到该吃饭的时候，他不吃。不按照正规方法切的肉，他不吃。用的酱醋不合适，他不吃。席面上肉虽然多，他也不会超过主食。只是喝酒不限量，但也不会喝到乱了方寸。从集市上买的酒和果子，他不吃。不在饭菜上撒一些姜末儿，他也不多吃。他吃饭的时候不说话，躺下的时候不说话。即使是粗米饭蔬菜汤，吃饭前也要先分别取一点祭祀一番，而且像斋戒时那样严肃恭敬。

国君赐给食物，他一定会摆正坐席先尝一尝。国君赐给生肉，他一定会煮熟了，先给祖宗上供。国君赐给活物，他一定会养起来。在陪侍国君吃饭的时候，他会趁着国君饭前祭祀之际，先取国君面前的饭菜替他尝一尝。参加朝廷祭祀典礼时分到的祭肉，他会当天吃掉。一般祭肉的保存不会超过三天；一旦超过了三天，就不吃了。斋戒之前沐浴时，一定用麻做的浴衣。斋戒期间，一定不同于日常饮食，而且一定要换一个卧室。

乡里人举行迎神祛邪的仪式时，他穿上朝服，站在东边的台阶上，一言不发，行注目礼。跟乡里人一起饮酒时，等老年人都出去之后，他才跟在后面走出去。在有丧事的人旁边吃饭时，他从来没有吃饱过。他进到太庙时，每件事都详细询问。

孔子对别人赠送礼物这种事也非常讲究。一般朋友赠送的东西，只要不是祭肉，即使贵重如车马，他也不拜。有一次，鲁国执政季康子赠送给他药物，他拜了拜接过来，却说：我不了解这药的功效，我不会贸然吃的。

孔子坐车也有很多礼数。上车之前,他总是先站正了,然后拉着扶手的带子上去。上车以后,他不会看车里有什么东西,也不会大声说话,更不会指指点点。而当国君召见时,他不等车马准备好就先步行上路了。

孔子与穿丧服的人、穿礼服戴礼帽的人和盲人相见的时候,哪怕他们很年轻,也一定会站起身来;经过这些人身边时,他一定快步走过。遇到穿丧服的人,即使是关系亲密的,也一定会改变神色。看见戴着礼帽和失明的人,即使是很熟悉的,也一定很有礼貌。乘车时遇见穿丧服的人,便低头俯身在车前横木上表示同情。遇见背负着国家图册的人,也同样俯身在车前横木上表示尊敬。吃饭时,发现有丰盛的肴馔,他一定会郑重其事地跪起来表示敬意。遇到迅雷和狂风时,他一定改变神色表示敬畏。当托人问候在其他国家的朋友时,他会拜两拜为受托人送行以表示歉意(添麻烦了)。

孔子在朝堂上的时候,更是一板一眼,无可挑剔。他刚走进朝堂的大门,就显出小心谨慎的样子,好像没有容身之地。他不站在门的中间,进门时不踩门坎。经过国君座位时,神色变得庄重起来,脚步也快起来,说话的声音低微得像气力不足似的。他提起衣服的下摆走上朝堂时,小心谨慎,憋住气,好像没有呼吸一样。等走出来,下了一级台阶,他才面色舒展,怡然和乐。等走完了台阶,他就加快脚步,姿态好像鸟儿展翅一样。等回到自己的位置,又是恭敬而谨慎的样子。在朝堂上跟下大夫谈话,温和而愉悦;跟上大夫谈话,庄重而恭敬。君主临朝时,他显得恭敬而不安,走起路来却又安祥适度。出使别国行聘问礼时,他拿着圭,谨慎得好像拿不动一般;向上举圭时好像在作揖,向下放圭时好像在交给别人。他神色庄重,战战兢兢;脚步紧凑,好像在沿着一条线行走。进献礼物时,他和颜悦色。私下里和外国君臣会见时,他就显得轻松愉快。有一次,鲁国君主召孔子去接待使臣宾客,他的面色庄重矜持,步伐轻快。向与他站在一起的人作揖,向左向右拱手,衣裳随之前后摆动,却也很整齐。快步向前时,好像鸟儿舒展开了翅膀。宾客走了之后,他一定向君主回报说：客人已经不回头了。

有一次，鲁国乐师冕（人名）来见孔子，走到台阶边，孔子提醒说：这儿是台阶。走到坐席边，孔子说：这是坐席。大家都坐下后，孔子告诉他：某人在这里，某人在这里。冕告辞后，子张问道：这是和盲人乐师言谈的方式吗？孔子说：是的，这正是帮助盲人乐师的方式啊。在这里，我们可以看到，礼的本质在于尊重人，以达到一种和平共处的境界。乐师虽然是盲人，但到了孔子跟前就像长了眼睛一样。

颜回是孔子最得意的弟子，孔子一直想把自己的事业托付给他。在孔子七十一岁那年，颜回死了，孔子万分悲伤。尽管如此，他还是持"中"守"正"，不感情用事。颜回的父亲颜路（也是孔子的弟子）请求孔子把车卖了给颜回做一个外椁。孔子说：不管有才能还是没才能，说来也都是自己儿子。孔鲤死的时候，也只有棺，没有椁。我不能把车子卖了给他买一个外椁。因为我曾经做过大夫，是不可以徒步出行的，会给国家丢脸。弟子们想厚葬颜回。孔子说：不可以。最终弟子们还是厚葬了他。孔子无奈地说：颜回把我当父亲一样看待，我却不能像对待儿子一样对待他。这不是我的意思呀，是那些弟子们非要这样办啊。

显然，"礼"有大小，"小礼"服从"大礼"，此其一。更重要的是，丧礼的本质在于哀伤，不在于棺椁。穷人甚至连"内棺"都没有，更何谈"外椁"！难道就不出殡了吗？

《孔子家语·曲礼子贡问》记载了一段对话。子路叹息说：贫穷真是太可悲了。父母活着的时候没有钱赡养，死了以后又没有钱送葬。孔子说：这是什么话？父母活着的时候，即使是吃稀饭喝清水，只要让他们感到愉快，这就是尽孝了。给父母送葬的时候，即使仅仅把身体盖起来，没有棺椁，就很快下葬了，只要跟自己的财力相当，也是合乎礼制的。与贫富有什么关系呢？

有子（有若）就很准确地把握了"礼"的形式和本质之间的关系。他说：礼的使用，以实现大家的和谐共处为最高目的①。以前的圣明君主治理国家，最可贵的地方就在这里。他们做事，无论事大事小，都按这个原则去做。但是，如果遇到行不通的情况，绝不能一味地为了和谐而和谐，那就偏离了中正之道，最终也是行不通的。

---

① 杨本解释"礼之用和为贵"为"礼的作用，以遇事都做得恰当为可贵"，似乎与下文"知和而和"不协调。

仁 爱 篇

【原文】

1. 樊迟问仁，子曰："爱人。"①（《颜渊》）

2. 仲弓问仁，子曰："出门如见大宾，使民如承大祭。己所不欲，勿施于人。在邦无怨，在家无怨。"仲弓曰："雍虽不敏，请事斯语矣。"（《颜渊》）

3. 子贡问曰："有一言而可以终身行之者乎？"子曰："其恕乎！己所不欲，勿施于人。"（《卫灵公》）

4. 子贡曰："如有博施于民而能济众，何如？可谓仁乎？"子曰："何事于仁？必也圣乎！尧舜其犹病②诸！夫仁者，己欲立而立人，己欲达而达人。能近取譬，可谓仁之方也已。"（《雍也》）

5. 子曰："人而不仁，如礼何？人而不仁，如乐何？"（《八佾》）

6. 颜渊问仁，子曰："克己复③礼为仁。一日克己复礼，天下归仁焉。为仁由己，而由人乎哉？"颜渊曰："请问其目？"子曰："非礼勿视，非礼勿听，非礼勿言，非礼勿动。"颜渊曰："回虽不敏，请事斯语矣。"（《颜渊》）

7. 子贡问为仁，子曰："工欲善其事，必先利其器。居是邦也，事其大夫之贤者，友其士之仁者。"（《卫灵公》）

8. （樊迟）问仁，曰："仁者，先难而后获，可谓仁矣。"④（《雍也》）

9. 樊迟问仁，子曰："居处恭，执事敬，与人忠。虽之⑤夷狄，不可弃也。"(《子路》)

10. 司马牛问仁，子曰："仁者，其言也讱。"曰："其言也讱，斯谓之仁已乎？"子曰："为之难，言之得无讱乎？"(《颜渊》)

11. 子张问仁于孔子，孔子曰："能行五者于天下为仁矣。""请问之。"曰："恭、宽、信、敏、惠。恭则不侮，宽则得众，信则人任焉，敏则有功，惠则足以使人。"(《阳货》)

12. 子曰："苟志于仁矣，无恶也。"(《里仁》)

13. 子曰："唯仁者能好人，能恶人。"(《里仁》)

14. 子曰："不仁者不可以久处约，不可以久处乐。仁者安仁，知者利⑥仁。"(《里仁》)

15. 子曰："富与贵，是人之所欲也；不以其道得之，不处也。贫与贱，是人之所恶也；不以其道得之，不去也。君子去仁，恶乎成名？君子无终食之间违仁，造次⑦必于是，颠沛必于是。"(《里仁》)

16. （宪问）"克、伐、怨、欲不行焉，可以为仁矣？"子曰："可以为难矣，仁则吾不知也。"⑧(《宪问》)

17. 子曰："刚、毅、木、讷，近仁。"(《子路》)

18. 子曰："我未见好仁者，恶不仁者。好仁者，无以尚之；恶不仁者，其为仁矣，不使不仁者加乎其身。有能一日用其力于仁矣乎？我未见力不足者。盖有之矣，我未之见也。"(《里仁》)

19. 子曰："民之于仁也，甚于水火。水火，吾见蹈而死者矣，未见蹈仁而死者也。"(《卫灵公》)

20. 子曰："仁远乎哉？我欲仁，斯仁至矣。"(《述而》)

21. 子夏曰："博学而笃志，切问而近思，仁在其中矣。"(《子张》)

22. 孟武伯问："子路仁乎？"子曰："不知也。"又问。子曰："由也，千乘之国,可使治其赋⑨也。不知其仁也。""求也何如?"子曰:"求也,千室之邑,百乘之家,可使为之宰也,不知其仁也。""赤也何如?"子曰:"赤也,束带立于朝,可使与宾客言也,不知其仁也。"(《公冶长》)

23. 子钓而不纲,弋⑩不射宿。(《述而》)
24. 厩焚。子退朝,曰:"伤人乎?"不问马。(《乡党》)

【注释】

①杨本该句为两问,前问"仁"后问"智",笔者一分为二,问"智"在《智明篇》3。

②病:指责,指摘其毛病。

③复:履行,践行。

④杨本该句为两问,前问"智"后问"仁",笔者一分为二,问"智"在《智明篇》2。

⑤之:动词,去往。

⑥利:《周易·上经·乾卦》:"利"者,义之和也。各种正当的事物和谐共生。

⑦造次:匆忙,仓猝。

⑧杨本该句为两问,前问"耻"后问"仁",笔者一分为二,问"耻"在《士人篇》11。

⑨赋:军队,军政工作。

⑩弋:本义是带绳子的箭,这里用作动词,射箭。

【通解】

仁,是孔子哲学最重要的概念,孔子对"仁"的解释也是最明确的,就是"关爱他人"。

仁，属于"德"的范畴，从"道"中提炼而来，是孔子借鉴自然法则而为人类社会提出的用以实现"中正和谐"的基本方案。

从"仁"这个字的造字结构即可理解，"仁"是处理人与人关系的原则，就是要时刻想着别人，为对方着想，当然不是失去自我地迎合别人。孔子对这个问题是极其重视的，曾两次说："己所不欲，勿施于人。"一次是仲弓（冉雍）请教什么是"仁"的时候，孔子回答说：出门的时候就好像去迎接贵宾，指使民众的时候就好像去主持重大的祭礼。自己不想要的，就不要强加给别人。在邦国做事不抱怨，在卿大夫家做事也不抱怨。仲弓茅塞顿开，激动地说：我虽然不够聪明，但我愿意努力按照这句话去做。另一次是与子贡交谈时。子贡是一个智商极高的人，他没有直接问"仁"的概念，而是从另一个角度请教孔子：有一个可以终身奉行的字吗？孔子说：大概是"恕"吧！自己不想要的，就不要强加给别人。还有一次，子贡描述了一个现象，请孔子判断。他说：如果一个人能广泛地给民众带来好处，而且能经常地救济众人，这人怎么样？可以说是有仁德了吗？孔子回答说：何止是仁德啊，这一定是圣德了！即使是尧舜那样的圣人大概也挑不出毛病来吧！[1]一个有仁德的人，自己想做成的事情，也一定要帮助别人做成；自己要实现的目标，也一定会帮助别人实现。能从身边做一些类似的事情，就可以说是践行仁德的方法了。于是，后人把"己欲立而立人，己欲达而达人，己所不欲勿施于人"看作是对"仁德"这一概念的外延。

那么，孔子为什么如此重视"仁"德呢？因为他认为"仁"和"礼"是表里关系，"礼"是仁之貌，"仁"是礼之实。而且，天道的本质就是"仁"，即所谓"上天有好生之德"[2]，即《周易·系辞》所谓"成性存存，道义之门"，

---

[1] 杨本解释"尧舜其犹病诸"为"尧舜或者都难以做到哩"，没有把"病"字说清楚。
[2] 《尚书·大禹谟》。

"（道）显诸仁，藏诸用"。

　　本来，孔子认为只要全社会都践行"礼仪"，按照"礼"的规定为人行事，所有人都走正道，社会就会和谐，人民就会幸福安宁。所以他说"礼乎，夫礼所以制中也"，"故圣人以礼示之，则天下国家可得以正矣"。但当他看到天子德衰、诸侯纷起、礼崩乐坏、人心不古的时候，他认识到单靠"礼制"这一外在力量来规范人的行为是不够的，还必须从人的精神层面激发人的内在力量。于是，他提出了"仁"的概念，从而给"礼"的外壳赋予了精神的内涵。他说：一个人如果没有仁德，那他会怎样对待礼仪呢？一个人如果没有仁德，那他会怎样对待音乐呢？言下之意，肯定是不在乎。当颜回向他请教"什么是仁"的时候，他就全面地阐释了"仁"与"礼"的辩证关系：控制自己的言行使之符合礼的要求，就是仁。一旦所有人都做到了这一点，那么整个天下就充满了仁爱。实行仁德要靠自己，难道要依赖别人吗？颜回问：实施仁的具体途径有哪些？孔子坚定地回答：必须做到四个方面，即不合乎礼的事就不看，不合乎礼的事就不听，不合乎礼的事就不说，不合乎礼的事就不做。颜回真诚地说：我虽然不够聪明，但我愿意努力按照这句话去做。

　　基于对自然法则的深刻理解，孔子孜孜以求于建立以仁为内核的人生观和价值观。从普遍的规律"道"到探索研究"道"而形成的"德"，从内容广泛、见仁见智的"德"到具有唯一性和约束性的外在力量"礼"，再到产生于内心深处而且触及人之情感的"仁"，孔子对实现社会"中正和谐"方式方法的探究是越来越深入的，思想脉络也越来越清晰了。本来，如何把自然法则运用于人类社会是一个非常困难的事情。即使到了两千多年之后的今天，也仍然有很多人把"自然法则"和"人类社会"割裂开来。可以说，孔子对于"仁"的发现与挖掘，为中国文化指出了一个符合"道德原理"的人文主义方向，使古代中国成为最早跨进了文明社会的古国之一。

　　关于培养仁德、实行仁德的方式方法，虽然孔子向颜回提出了基本原则，但都是否定性表述，告诉颜回不能做什么，而没有告诉他应该做什么。这对于颜回这样"安贫乐道"的虔诚君子，当然是可以理解并能够做到的，但对于其他弟子来说，则是一头雾水，不得要领。子贡居住在卫国的时候，就向孔子提到怎样培养仁德的问题，孔子非常有针对性地说：工匠要想做好工，必须先把工具打磨锋利。居住在这个国家，就要侍奉贤明的大夫，结交有仁德的士人。大意是说：你要让那些有仁德的贤人经常打磨你，就是现在所谓的"浸泡法"。这样的回答也很高深，也许只有子贡这样高智商的人才能明白。而当樊迟向孔子询问如何培养仁德的时候，孔子回答得就具体多了，他说：仁德啊，把辛苦劳动放在前面，把个人利益放在后面。这样做，就可以说是有仁德了。后来，樊迟又一次问到这个问题，孔子则不厌其烦地说：平时的生活起居要端庄恭敬，做事情的时候要严肃认真，对待他人要忠诚实在。即使是去了边远的文化荒漠之地，也不能废弃这些原则。当性格急躁、快人快语的司马牛向孔子询问如何才能有仁德的时候，孔子则一针见血地说：仁德啊，就是说话要谨慎。这自然让司马牛丈二和尚摸不着头脑，于是他进一步追问道：说话谨慎，这怎么就算是有仁德呢？孔子解释说：做成一件事总是那么难，说话的时候怎么能不谨慎呢？孔子晚年的时候，子张又问起同样的问题。孔子回答说：能够在天下实行五种美德，就是仁了。看来孔子对子张也是寄予厚望的。子张问：请问是哪五种美德呢？孔子说：谦恭，宽厚，诚信，勤奋，乐善好施。谦恭才不会招致侮辱，宽厚才会得到众人拥护，诚信才会得到别人任用，勤奋才会取得业绩，乐善好施才能求别人做事啊。这些回答，都没有提到"礼"的概念，因为仁是本，礼是末，仁的问题解决了，礼的问题自然也就解决了。

在孔子的思想体系里，"仁"是"礼"的精神内核，且应用范围更广泛，不仅是治国之道，而且是做人原则。所以，孔子经常鼓励弟子们培养自己的仁德，努力从自己做起实践仁德。他从处理人际关系的角度说：一个人如果立志于追求仁德，那他就不会做让人讨厌的事情了。只有具备仁爱品质的人才能拥有正向的价值观，也才能恰当地去喜欢一个人，去讨厌一个人。①他从"仁德"的社会价值角度说：没有仁德的人，既不可能长久地经历穷困，也不可能长久地享受幸福（长久困顿就会胡作非为，长久享乐就会傲慢无礼，总会危害社会和谐）；而具备仁德的人会因为实行仁德而心情舒畅，拥有智慧的人会通过推行仁德来实现社会和谐。②对社会上普遍存在的汲汲于富贵的现象，孔子并不回避，只是他更强调一个人的精神追求。他跟弟子们分析说：金钱和地位是每一个人都想得到的，但如果不是通过正当的途径得到它们，君子是不去享受的；贫困和卑贱是每一个人都厌恶的，但如果不是通过正当的途径摆脱它们，君子是不会摆脱的。君子以仁德为追求目标，如果背离了仁德，那他怎么配得上君子之名呢？君子不会有一顿饭的工夫背离仁德，即使在匆忙紧迫的慌乱中也一定不会背离仁德，即使在颠沛流离的困难中也一定不会背离仁德。正人君子是不会苟且度日的，在他们身上总会洋溢着道德的光芒，向人传递着道德的力量。

有一次，弟子原宪询问孔子：控制住自己好胜、自夸、抱怨和贪婪的毛病，可以称得上仁德吗？孔子说：做到这些，可以说是难能可贵的，至于是不是达到了仁德，我说不准。因为控制住这些毛病，只能说是没有错误，并不能证明他具备关爱他人、尊重他人的"仁德"。不过，他也明确地说：具备了刚强、坚毅、质朴、慎言的品质，与仁德很接近了。

孔子对社会上不仁不义的现象非常生气。他曾经说：我从来没有见过喜爱仁德的人，也没有见过厌恶不仁的人。喜爱仁德的人，那就没有什么比这更好的了；厌恶不仁的人，他实行仁德，往往只是为了不让不仁的事物传染到自己身上。有谁能在某一天把他的力量全部都用于追求仁德呢？我没见过能力不够的人。或许有这样的人，只是我没有见过罢了。他还说：人对于仁德的需

---

① 杨本解释"唯仁者能好人，能恶人"为"只有仁人才能够喜爱某人，厌恶某人"，语意模糊，虽在"注释"里引用了《后汉书》"贵仁者所好恶得其中"，但并未明其意。

② 杨本解释"仁者安仁，知者利仁"为"有仁德的人安于仁，聪明的人利用仁"，如此"智者"太猥琐了，绝非孔子所谓"智者"，孔子曾说"择不处仁，焉得知"。

求，远远超过了对水和火的需求。我看见有人死在水与火里面，却从来没见过因为实行仁德而死的。水是生命之源，火是熟食之物。人活着自然离不开水与火，那么，孔子为什么说人对仁德的需求远远超过对水与火的需求呢？当然是因为"仁德"属于人的精神生活，人可以一两天不吃不喝，但一刻也离不开丰富多彩的精神生活，精神和感情才是人活着的真正动力，也是人生幸福的源泉。人不能单靠吃米活着。因此，当他看到那些不追求仁德的人时，常常感叹说：仁德，难道距离我们很远吗？我想拥有仁德，这仁德就来了呀。子夏曾经说：广泛地学习并且坚守自己的志向，恳切地提问并且常常思考身边的事情，仁德就在这个过程中形成啊。可谓深得孔子真义。

对于是不是仁德之人，孔子是不会轻易认定的。除了他敬仰的尧、舜、禹、汤、文、武、周公这几位圣人之外，他也就只是赞许微子、箕子、比干是"三仁"，辅佐齐桓公"九合诸侯一匡天下"的管仲"如其仁"①。所以，当孟武伯向孔子问子路有没有仁德的时候，他回答说：我不知道。孟武伯表示不解。孔子接着说：仲由啊，一个拥有千辆兵车的大国，可以让他去负责军事。至于他有没有仁德，我就不知道了。孟武伯又问冉求怎么样，孔子说：冉求啊，一个千户规模的大邑，或者一个拥有百辆兵车的大夫封地，可以让他去当总管。至于他有没有仁德，我就不知道了。孟武伯继续问公西赤怎么样。孔子说：赤呀，他穿上礼服站在朝堂上，完全能够应对自如，可以让他去接待宾客。至于他有没有仁德，我就不知道了。

孔子本人是一位具有人文情怀和高尚仁德的圣人，这不仅表现在他对待国君、执政、乡人以及不同出身、智力的弟子们身上，也表现在他对待飞禽走兽身上，他对曾经网开一面、德及禽兽的商汤就非常敬佩，把商汤列为跟尧、舜、禹一样的圣王。孔子自己在捕鱼的时候，从来只用鱼竿钓鱼，而不用大网捞鱼；他

---

① 《论语·宪问》。

在用弓箭射鸟的时候，只射飞翔的鸟，而不射栖息的鸟。有一次，他家里的马厩失火了，他退朝回来后，第一句问的是：伤到人了吗？而对价格昂贵且代表身份的马却只字不提。由此可见孔子仁的情怀了。

何谓仁，就是"己欲立而立人，己欲达而达人"，就是"老吾老以及人之老，幼吾幼以及人之幼"[①]。

现在不少人喜欢追求"经济独立"，但是经济独立未必就意味着人格独立，而只有人格独立才是真正的自由。

[①] 《孟子·梁惠王上》。

行 义 篇

【原文】

1. 孔子曰:"见善如不及,见不善如探汤。吾见其人矣,吾闻其语矣。隐居以求其志,行义以达其道。吾闻其语矣,未见其人也。"(《季氏》)

2. 子曰:"当仁,不让于师。"(《卫灵公》)

3. 子曰:"志士仁人,无求生以害仁,有杀身以成仁。"(《卫灵公》)

4. 齐人归①女乐,季桓子受之,三日不朝。孔子行。(《微子》)

5. 子路从而后,遇丈人,以杖荷②蓧。子路问曰:"子见夫子乎?"丈人曰:"四体不勤,五谷不分,孰为夫子?"植其杖而芸。子路拱而立。止子路宿,杀鸡为黍而食之,见其二子焉。明日,子路行以告。子曰:"隐者也。"使子路反见之。至,则行矣。子路曰:"不仕无义。长幼之节,不可废也;君臣之义,如之何其废之?欲洁其身,而乱大伦③。君子之仕也,行其义也。道之不行,已知之矣。"(《微子》)

6. 子曰:"群居终日,言不及义,好行小慧,难矣哉!"(《卫灵公》)

7. 子曰:"贤者辟世,其次辟地,其次辟色,其次辟言。"子曰:作者七人矣。(《宪问》)

8. 逸民:伯夷、叔齐、虞仲、夷逸、朱张、柳下惠、少连。子曰:"不降其志,不辱其身,伯夷、叔齐与!"谓:"柳下惠、少连,降志辱身矣,言中伦,行中虑,其斯而已矣。"谓:"虞仲、夷逸,隐居放言,身中④

清，废中权。我则异于是，无可无不可。"(《微子》)

9. 子绝四：毋意、毋必、毋固⑤、毋我。(《子罕》)

10. 子华使于齐，冉子为其母请粟。子曰："与之釜。"请益。曰："与之庾。"冉子与之粟五秉⑥。子曰："赤之适齐也，乘肥马，衣轻裘。吾闻之也：君子周急不继富。"(《雍也》)

11. 原思为之宰，与之粟九百，辞。子曰："毋，以与尔邻里乡党乎！"(《雍也》)

12. 朋友死，无所归。曰："于我殡。"(《乡党》)

13. 哀公问社于宰我，宰我对曰："夏后氏以松，殷人以柏，周人以栗。"曰："使民战栗。"子闻之，曰："成事不说，遂事不谏，既往不咎。"(《八佾》)

14. 子曰："君子之于天下也，无适也，无莫也，义之与比⑦。"(《里仁》)

15. 子曰："贫而无怨难，富而无骄易。"(《宪问》)

16. 子曰："非其鬼而祭之，谄也。见义不为，无勇也。"(《为政》)

17. 子路曰："君子尚勇乎？"子曰："君子义以为上。君子有勇而无义为乱，小人有勇而无义为盗。"(《阳货》)

18. 陈成子弑简公。孔子沐浴而朝，告于哀公曰："陈恒弑其君，请讨之。"公曰："告夫三子。"孔子曰："以吾从大夫之后，不敢不告也。君曰'告夫三子'者。"之三子告，不可。孔子曰："以吾从大夫之后，不敢不告也。"(《宪问》)

【注释】

①归：通"馈"，赠送。

②荷：扛着，担着，如"荷枪实弹"。

③伦：社会关系。

④中：合乎。

⑤固：固执己见，偏执。

⑥釜、庾、秉：古代计量单位，六斗四升为一釜，一斗相当于今天的十二点五斤；二斗四升为一庾，约合今日的四升八斗；十六斛为一秉，约合今天的九十六升。

⑦比：比照，以……为参照。

【通解】

"仁"作为道德的核心要素，并不是一种天生的禀赋，而是后天学成的素养。也可以说，仁是一种学问，一种源于世界观的人生观念；仁是一种理念，一种关于如何正确处理人际关系而使社会和谐发展的思想体系，所以子夏才说："博学而笃志，切问而近思，仁在其中矣。"

义，不同于"仁"，也不同于"德"，更不同于"道"。义，是把"仁德"落实到实际生活以实现"大道"的具体行动；简单说，就是做合情合理的事情。没有实际行动，就谈不上"义"；没有实际行动，"仁德""道德"就是空话，只能停留在思想和理念的层面，不能惠及社会，也不能成就事业。因为"义"是实现"仁德"和"道德"的实际行动，所以践行仁爱的行动称为"仁义"，追求"大道"的行动称为"道义"，持中守正的称为"正义"，替别人担当的称为"仗义"，专门除暴安良的称为"侠义"。另外，"义举"和"善行"并列，善行就是义举，义举往往也是善行。善，指的是仁义和仁德。其实，多数情况下，仁义、道义、正义、仗义、侠义和善良是一致的。他们的共性是"仁"，即是为他人谋利益，而不是为自己谋利益；只是"仗义""侠义"往往只为少数人或者个别人服务，所以"仗义""侠义"有时候不一定符合正义。

孔子不是一个夸夸其谈的道德空谈家，而是一个身体力行的政治活动家，他对那些把理念停留在口头者是比较厌恶的。他曾经说：见到善的行为就像担心不赶趟似的去努力追求，见到不善的行为就像把手伸进沸水似的立刻避开。我看见过这样的人，也听到过这样的话语。隐居起来以求保全自己的志向，按照义的原则行事以实现自己的主张。我听到过这样的话语，却没见过这样的人。言外之意是通过实际行动去努力实现自己的政治理想的人是有的，而远离社会现实却又梦想实现自己的政治理想的人是没有的，尽管他们还标榜自己是"行义"。这是矛盾的，既然隐居世外，又怎么可能实现救世之道呢？除非他们的"志"不是追求"仁道"，而是洁身自好而已。当然，能洁身自好也不错。

孔子经常鼓励弟子们面对仁德、仁道之事，要积极争取，抢着去做。他说：遇到践行仁德的机会时，即使面对老师也不要谦让。他甚至认为，对于追求"道德"的仁人志士来说，实现仁德和仁道是一种天职和使命，不是为自己获取利益的手段，应当把仁德和仁道看得比自己的生命更重要。他说：志士仁人，不会为了求生而损害仁德，却能够牺牲生命去成就仁德。应该说，这是一种伟大的道德情怀。后来孟子称之为"舍生取义"[1]。

对于仁人志士来说，"义"首先是"以天下为己任"，致力于经世济民，治平天下，为天下人谋利益，正如宋代范仲淹所说"先天下之忧而忧，后天下之乐而乐"[2]。当然，仅仅"忧乐天下"还只是一种"仁德"情怀，只有付之于行动，才成为"义举"。

孔子自己就是一位致力于实践"仁道""仁德"的人。在他担任鲁国司寇并"摄行相事"[3]，几乎要带领鲁国走向复兴的时候，东方近邻齐国使出狠招，给鲁国国君和执政送来了美女歌伎，季桓子欣然接受了，并秘密伙同国君一起去欣赏歌伎，荒废国政，甚至连续多日不上朝理政。孔子非常失望。尽管如此，国君进行郊祭之后，他希望国君能按照常规把祭祀用的牺牲送给当朝卿大

---

[1] 《孟子·告子上》。
[2] 范仲淹：《岳阳楼记》。
[3] 《四书章句集注》。

夫，但他没有等到。他意识到国君和季氏有意疏远自己。他最后的希望破灭了。于是，他毅然决然地离开了生他养他的父母之邦。这一年，孔子五十五岁。这一去，就是十三年。有多少已经五十五岁的人，还漂泊天涯寻求正义呢？

受孔子的影响，他的弟子们大多也勇于"以天下为己任"，子路就是这样。有一次，孔子带着他的弟子赶路，子路落在了后面，遇见了一位老人，用手杖挑着除草工具。子路问他：您看见我的夫子了吗？老人说：四肢不劳动，五谷分不清[①]。谁是你的夫子呢？说完，把手杖插在地上开始锄草。子路拱着手站在一边。当天晚上，老人留子路到他家住宿，杀鸡做饭招待子路，还叫他的两个儿子出来相见。这个情节很有意思，这位老人为什么如此盛情招待子路并让他的儿子认识子路呢？大概是向子路展示隐居世外的天伦之乐。如此，则"四体不勤，五谷不分"就是对孔子的鄙视。但孔子认为当时更重要的事情不是稼穑，不是个人安乐，而是建立文明的社会秩序，造福天下百姓。所以，孔子不以"四体不勤，五谷不分"为耻辱，他认为志向远大的人更应该担当社会责任，而学习稼穑不是最重要的。第二天，子路赶上了孔子，并把这事告诉了他。孔子说：这是位隐士。他叫子路返回去拜访老人。这个情节也很有意思，孔子为什么又让子路回去拜访那个隐士呢？大概是想劝说隐士出山，共同改造社会，但那也是不可能的，"道不同不相为谋"嘛。结果，子路到了那里，老人已经出门了。这位隐士干什么去了呢？大概是"勤四体""分五谷"去了，他乐在其中。于是，子路发了一通感慨：不出来做官是不对的。长幼之间的礼节，不能废弃；君臣之间各自应当承担的责任，又怎么能废弃呢？一味地希望保持自身纯洁，却破坏了最重要的伦理原则，这怎么行呢？君子出来做官，是为了履行应当承担的社会责任。至于我们的政治理想无法充分实现，这是我们

[①] 杨本解释"四体不勤，五谷不分"为"你这人，四肢不劳动，五谷不认识"，把"四体不勤，五谷不分"的恶名扣在了子路身上，有些武断。

早就知道的。此时的子路已经不是当年的"野人"了,他明白了自己的历史使命。

《周易·临卦·象传》说:"大君之宜(义),行中之谓。"意思是,管理者应该做的是走正道。其实,不仅管理者必须"走正道",普通人也应当"走正道",也就是说"义"是做自己应该做的事,至于这件事自己喜不喜欢做、有没有能力做,并不重要。那么,哪些事是自己应该做的呢?这要以是不是"正道"为标准来确定。何谓"正道"呢?这就需要"礼"了,因为"礼"可以确定君臣、上下、长幼位置,可以划分男女、父子、兄弟亲疏关系。《礼记·哀公问》说"非礼无以辨君臣、上下、长幼之位也,非礼则无以别男女、父子、兄弟之亲,昏姻疏数之交也"。岗位确定了,责任也就清楚了。

"义"的本质是担任责任,一个丧失了责任感的民族注定将沦为奴隶之邦。

不过,正如孔子对"狂狷之人"评价很高一样,他对洁身自好、隐居山林的人是理解的,评价也不低。因为他们虽然隐居世外,但心里有家国情怀,是明白事理之人,不同于利己主义者。他曾经说:贤德的人逃避整个败坏的社会,次一等的逃避某个地方,再次一等的逃避某些人的脸色,再次一等的逃避某些人的恶言恶语。他接着说:这样做的人有七位了。这七位贤能之人是:伯夷、叔齐、虞仲、夷逸、朱张、柳下惠、少连。孔子所称的"逸民",就是隐居世外之人。他分别评价说:"不降低自己的志向,不辱没自己的身份,伯夷和叔齐大概是这种人吧!柳下惠和少连降低了自己的志向,辱没了自己的身份,但言语合乎伦理,行为经过深思熟虑,他们俩大概是这样的吧。虞仲和夷逸隐居世外,经常发表一些高谈阔论,立身符合清白的标准,弃官也符合权变之道[①]。我跟他们这些人不一样,对于我来说,没有什么可以,也没有什么不可以。

[①] 杨本解释"身中清,废中权"为"行为廉洁,被废弃也是他的权术",把隐居的高士说得太阴险了。笔者认为"废"是主动的而非被动的,"权"意为权变。

世界是丰富多彩的，生命也绝不是一个模子刻出来的。狂人自做狂人，隐士自做隐士，君子自做君子，这才是"和而不同"。孔夫子是一个通达之人，他不会去钻牛角尖，也不会逃避，所以他说自己"无可无不可"。弟子们评价孔夫子绝没有这四种毛病：主观臆断，极端绝对，固执一念，自以为是。《孔子家语·致思》里记载了一件小事：有一次，孔子跟子路去郯国，路上遇见了当时的名士程先生。孔子和程先生车挨着车攀谈起来，聊了一整天，非常亲密。最后，孔子回头对子路说：取一束布帛送给程先生。子路表示反对，说：士人之间不经过别人介绍就相互交往，跟女子不经过媒妁之言就出嫁一样，不合乎礼制。孔子又说了一遍，子路也重复了一遍。孔子说：仲由呀，《诗》里不是说：有一个美人，眉清目秀，偶然遇到，正是我喜欢的。今天的程先生，是天下有名的贤人，这一次如果不赠送他一点礼物，恐怕这辈子再也见不到他了。你把东西送给他吧。孔夫子就是这样，做自己应该做的事，不拘泥于礼制教条，而这又恰恰符合"礼"的本质：义。

有一次，公西华出使齐国，冉有替他母亲向孔子请求补助一些小米。孔子说：给她六斗四升吧。冉有请求再多一点，孔子说：那就再给她二斗四升。冉有却给了她八十斛[①]。孔子非常生气，说：公西华到齐国去，骑着肥马，穿着又轻又暖的皮袍。我听人家说：君子应该救济有困难的穷人，而不应该去增加富人的财富。孔子不是小气吝啬之人，他有自己的原则，弟子原思做他家总管的时候，他就很大方，给了原思九百斗小米的报酬，原思觉得太多了，就推辞不要。孔子说：别推辞了，你就把多余的送给你的贫穷的乡亲吧！在这里，我们看到了孔夫子"周急不济富"的思想。孔子的一个朋友死了，没有后人负责出殡，孔子就主动说：让我来料理丧事吧。孔夫子用实际行动诠释了什么是

[①] 杨本解释"与之粟五秉"为"给了她八十石小米"，相当于八十斗，应该不会这么多。孔子先说"给她六斗四升"，又说"再给她二斗四升"，加起来不足十斗，冉有却给了她八十斗，这不成抢劫了吗？其他资料也是如此，故从之，但存疑。

仁，怎样践行仁德；什么是义，怎样见义勇为。

有一次，鲁哀公向孔子的弟子宰予询问用什么木料做土地神的神位。宰予回答说：夏代人用松木，殷代人用柏木，周代人用栗木，目的是使百姓战战栗栗。孔子听到这些话，告诫宰予说：已经结束的事就不要再解释了，已经完成的事就不要再劝谏了，已经过去的事就不要再追究了。周代礼乐是孔子最敬仰的，他不愿意有人指摘周礼；而且抓住别人的错误不放，是不义之举，不符合道德原则。

在孔子看来，"做事符合仁德，符合仁道，合情合理"是一个有教养的人应有的品质。他跟弟子们说：君子对于天下的事，不会规定必须怎样做，也不会规定不能怎样做，而只考虑是不是合情合理。到此，我们明白了孔子说自己"无可无不可"的意思，原来是不拘泥于形式和教条，是以合情合理为原则的具体问题具体分析。义者，宜也，合适而已。可见，说话做事就要与自己的身份相适应，与当时的人物、地点、场合、情境相吻合，这才是"义"。我们常看到贫穷的人往往埋怨天、埋怨地，见到谁埋怨谁，而富有的人往往傲慢，看见谁都跟大爷似的，这都是"不义"。但孔夫子说：富有的人不傲慢是比较容易做到的，贫穷的人要毫无怨言则很难做到。这是为什么呢？大概是因为富人顾虑较多，而穷人无所忌惮，光脚的不怕穿鞋的。

有一次，孔子跟弟子们说了句这样的话：祭祀了自己不该祭祀的鬼神，那是谄媚，即"不义"；见到合乎正义的事而不做，那是胆怯。一向天不怕地不怕的子路从来没有认识到"勇敢"跟"正义"会有关系，所以他不解地问：君子也崇尚勇敢精神吗？孔子提醒说：君子的一举一动都把正义作为最高标准。有一定地位的人如果具备勇敢精神却不能坚持正义的话，就会制造叛乱；普通人如果具备勇敢精神却不能坚持正义的话，就会去打家劫舍。他的意思是：勇敢精神是需要的，关键看用在什么事情上。

公元前481年，孔子已经七十一岁了。齐国权臣陈恒派兵杀了国君齐简公，这是大逆不道的罪恶，任何人都有权讨伐他。孔子斋戒沐浴了三天，然后上朝奏请鲁哀公：陈恒杀了他的君主，请出兵讨伐他。哀公说：咱们鲁国被齐国削弱已经很久了。你想去讨伐他，准备怎么做？孔子说：陈恒弑杀君主，齐国人支持他的只有一半。凭借鲁国民众，再加上齐国的一半人，是可以打败陈恒的。[①]鲁哀公说：你去禀告季孙吧！孔子退出朝堂后说：因为我曾做过大夫，不能不提议，这是我的责任。

其实，孔子知道鲁哀公出兵去讨伐陈恒的可能性不大，因为鲁国国君既不掌握政治权力，也不掌握军事权力。孔子当然也知道季孙更不会出兵去讨伐陈恒，因为他们是同类人，只是季孙还没有弑杀国君而已。但孔夫子之所以这么做，是为了伸张正义、担当道义、践行仁义。我们可能弱小，可能打不过强大的敌人，但我们不能放任邪恶、苟且偷生，况且也不一定就毫无胜算。

这就是伟大的圣人孔子，他灵活权变，不拘执念，大义凛然！

---

① 《左传·哀公十四年》。

正 直 篇

【原文】

1. 子曰:"人之生也直;罔①之生也,幸而免。"(《雍也》)

2. 子曰:"孰谓微生高直?或乞醯焉,乞诸其邻而与之!"(《公冶长》)

3. 柳下惠为士师,三黜。人曰:"子未可以去乎?"曰:"直道而事人,焉往而不三黜?枉②道而事人,何必去父母之邦?"(《微子》)

4. 子曰:"臧文仲其窃位者与!知柳下惠之贤,而不与立也。"(《卫灵公》)

5. 子曰:"臧文仲居蔡③,山节藻梲,何如其知也?"(《公冶长》)

6. 子曰:"直哉史鱼!邦有道,如矢;邦无道,如矢。君子哉,蘧伯玉!邦有道则仕;邦无道,则可卷④而怀之。"(《卫灵公》)

7. 子曰:"古者民有三疾,今也或是之亡也。古之狂也肆⑤,今之狂也荡⑥;古之矜也廉⑦,今之矜也忿戾;古之愚也直,今之愚也诈而已矣。"(《阳货》)

8. 子曰:"吾之于人也,谁毁谁誉?如有所誉者,其有所试⑧矣。斯民也,三代之所以直道而行也。"(《卫灵公》)

9. 子曰:"众恶之,必察焉;众好之,必察焉。"(《卫灵公》)

10. 或曰:"以德报怨,何如?"子曰:"何以报德?以直报怨,以德报德。"(《宪问》)

11. 叶公语孔子曰:"吾党有直躬者,其父攘羊,而子证之。"孔子曰:"吾党之直者异于是:父为子隐⑨,子为父隐——直在其中矣。"(《子路》)

【注释】

①罔:欺骗,诬陷。

②枉:弯曲,不正,比喻歪门邪道。

③蔡:占卜用的大龟。

④卷:收敛,收藏。

⑤肆:任性,随意。

⑥荡:无法无天,毫无规矩。

⑦廉:棱角分明。

⑧试:检测,考证。

⑨隐:隐瞒。

【通解】

做人正直,实事求是,是孔子的基本人生观。在他看来,正直是一生平安的基本条件。他说:一个人活在世上所依靠的就是正直,那些凭借坑蒙拐骗活着的人,只是靠着侥幸才能免于灾祸。那么,什么是正直呢?他曾经举过一个微生高的例子。他说:谁说微生高正直呢?有人跟他借点醋,他自己家里没有了,就向邻居要了点送给那个人。

这个例子很耐人寻味。

如果有朋友跟我们借东西,我们一般会怎么办?大概分为两种情况,要看是贵重物品,还是普通物品。如果是贵重的物品,我们自己有,往往会认真确定对方的人品是不是可靠,将来他会不会返还。如果人品可靠,我们往往也愿意借给他；如果人品不可靠，我们就会委婉地拒绝。如果是普通的生活用品，我们自己有，就肯定借给对方。如果自己没有，往往也会跟微生高一样向别人借点送给对方。在这种情况下，我们会认为这是高尚的仁义之举。但从这个故事看，孔子似乎并不这么认为。在孔子看来，自己确实没有，就实话实说，不必为了仁义而仁义，为了高尚而高尚。这就是说，正直就是实事求是。

柳下惠是早于孔子近百年的鲁国著名贤人。在《论语》里记载了他的一个小片段，说他做过鲁国的司法官，实事求是，刚直不阿，多次上任，又屡次被罢免。有人就问他：你难道不能离开这个国家，到别的国家去谋求职务吗？他回答说：如果坚持实事求是的原则为别人做事，到哪里不会被屡次罢免呢？如果通过歪门邪道的方式为别人做事，又何必离开自己的祖国呢？因为他的高风亮节，后来隐遁。孔子对他评价很高，认为他是"逸民"，跟伯夷、叔齐等人并列在一起。更有意思的是，柳下惠屡遭罢免，让孔子对当时的鲁国执政臧文仲颇有微词。他曾经说：臧文仲大概是不称职吧！他明知柳下惠是贤人，却不愿意给柳下惠官职。①言外之意是，要么是臧文仲主持罢免柳下惠，要么是在国君罢免柳下惠的时候，臧文仲没有替柳下惠说好话。柳下惠屡次被罢官，孔子认为有臧文仲的责任。孔子还对臧文仲僭越礼制提出批评，说：臧文仲家里藏着占卜用的大龟，在斗拱上雕刻山峦图案，在梁柱上画着花草装饰（这些都是天子的规格），他的认知能力怎么这样呢？

其实，臧文仲是一位了不起的政治家。据《左传》记载，他生活在五霸纵横、云诡波谲的时代。他参与朝政时，齐桓公开始称霸。受命于危难，辅佐过鲁庄公、鲁闵公、鲁僖公、鲁文公四代国君，历时大约七十年。

当时的鲁国充其量只是一个中等国家，不仅无力称霸，而且经常受到齐国的侵略，保全自己都很困难，更甭说发展壮大了。据《左传·庄公十一年》

---

① 杨本引用俞樾《群经评议》解释"知柳下惠之贤而不与立"的"立"通"位"，"不与立"则为"不给他职务"，也通。

记载，臧文仲曾说："禹、汤罪己，其兴也悖焉，桀纣罪人，其亡也忽焉。"夏禹和商汤习惯于责备自己，他们兴起就很快；夏桀和商纣总是埋怨别人，他们灭亡就很快。臧文仲世袭司寇，博学贤能，在外交、内政中发挥了积极作用。

第一，外交方面。他联合卫国以对抗齐国，后来又联合楚国以抵御齐国，城濮之战后，又结交晋国以抗衡齐国。而对于宋襄公则不予配合，一是因为宋襄公是齐桓公钦定的接班人，并担负齐国的托孤之责；二是因为他知道宋襄公不足以成就霸业，在得知宋襄公要会合诸侯图谋称霸的时候，他说："以欲从人，则可；以人从欲，鲜济。"① 把自己的欲望跟其他人统一起来，是可以成功的，如果让别人服从自己的欲望，是很少能成功的。城濮之战后，他请求晋文公赦免卫国，使得卫国对鲁国感恩戴德；又主动联合与卫国关系和睦的陈国，形成唇齿相依的联盟关系。虽说弱国无外交，也不尽然，臧文仲就做得很出色。

第二，内政方面。臧文仲主张"贤者急病而让夷，居官者当事不避难，在位者恤民之患，是以国家无违"。他认为贤德的人遭遇疾病时，把治好的机会让给别人；执政的人面对困难时勇于担当，在上位的人体谅百姓疾苦，这样国家就不会偏离正道了。他废除关税，发展工商业。遇到饥荒时，他主张以财宝救人命，用珠宝礼器从齐国换取粮食保民。遭遇大旱时，他反对鲁僖公通过烧死巫祝和残疾人，以祛除灾祸的做法，反对人祭。臧文仲还善于采纳不同意见。有一次，一只海鸟停留在鲁国城门外两天，国人都以为是神鸟，他就派人去祭祀它。但当柳下惠劝阻的时候，他欣然接受了，并说：这确实是我的过错，柳下惠的话，是不能不听的。

由于内政外交各项政策比较正确，在五霸纷争的前期，鲁国不仅没有被蚕食，而且还略有发展。这当然不是臧文仲一人的功劳，还有其他名臣的共同努力。不过，臧文仲也的确称得上是很有作为的政治家。鲁文公十七年（公元

---

① 《左传·僖公二十年》。

前610年），臧文仲已经去世七年了，鲁国执政东门襄仲还引用臧文仲的话分析齐国政局，他出使齐国回来后说："我原来听说齐国人想吃鲁国的麦子（想侵略鲁国），但现在看来是不可能的了，齐国国君的话太随便，臧文仲曾经说过：人民的管理者苟且无远志，必然很快死去。"[①] 果然不出所料，不到一年，这个齐懿公就被杀了。可见臧文仲的智慧影响是很大的。从他的谥号"文"这个字，就可以知道鲁国人对他的敬重。按照"谥法"，经天纬地为"文"。季友谥号为"成"，东门谥号为"襄"，到了季孙行父死的时候才得到"文"的谥号，史称季文子。而季友是鲁庄公之弟，东门是鲁庄公之子，只有臧文仲属于远支，这不容易。

应该说，孔子对臧文仲的评价有点苛刻，但也是事实，符合实事求是的原则。

作为一个正直的大臣，谏诤君主是忠于职守的表现，孔子是十分赞赏的。据《孔子家语·三恕》记载，子贡问孔子：儿子听父亲的话，是孝敬父母吗？臣子听君主的话，是忠于君主吗？您对这个问题有什么看法？孔子说：这太浅薄了。过去，贤明的君主治理万乘之国，有七个直言劝谏的大臣，就能没有过失；有五个直言劝谏的大臣，社稷就不会危险；有三个直言劝谏的大臣，家业就不会中断。父亲有直言劝谏的儿子，就不会陷入无礼的困境。士人有直言劝谏的朋友，就不会做不合道义的事情。一味地听从父亲的话，怎么能算孝敬呢？一味地听从君主的话，怎么能算忠诚呢？另据《孔子家语·六本》记载，孔子说：良药苦口利于病，忠言逆耳利于行。商汤和武王因为大臣直言劝谏而崛起，夏桀和商纣因为臣子唯唯诺诺而覆灭。君主没有谏诤之臣，父亲没有谏诤之子，兄长没有谏诤之弟，士人没有谏诤之友，要想没有过错是不可能的。

卫国有一个贤人蘧伯玉，德高望重，却得不到卫灵公的重用。谏议大夫史鱼曾多次劝谏卫灵公起用蘧伯玉，疏远弥子瑕，但卫灵公不为所动。史鱼临

---

① 《左传·文公十七年》。

死的时候对他的儿子说：作为谏议大夫，我是不称职的。我死之后不能按照大夫的规格办理丧事，就把尸体放在窗户下面。他死后，他儿子就把他的尸体放在窗户下面。卫灵公前来吊唁的时候觉得不对头，责怪史鱼之子不懂礼制。史鱼的儿子就把他的话转述给卫灵公，卫灵公惭愧地说：这是我的错啊！回朝后就立刻罢免了弥子瑕，起用了蘧伯玉。这就是历史上著名的"尸谏"。孔子评价说：史鱼真是正直啊！国家政治清明的时候，他像射出的箭一样直；国家政治黑暗的时候，他也像射出的箭一样直。蘧伯玉真是一个君子啊！国家政治清明的时候，他就出来做官；国家政治黑暗的时候，就把自己的才能收藏起来不做官。《孔子家语·困誓》记载，孔子说："古之列谏之者，死则已矣，未有若史鱼死而尸谏，忠感其君者也，不可谓直乎？"古往今来谏议大夫有很多，忠于职守的也不少，但死了也就算了，没有人像史鱼这样，死了还用尸体劝谏君主。他的忠贞感动了他的君主，这难道不是正直吗？应该说，史鱼的正直是令人感动的，颇有古大臣之风。孔子曾经说：古代人有三种毛病，现代人恐怕连这三个毛病都没有了。古代人的狂野是任性随意，现代人的狂野则是无法无天；古代人的矜持是棱角分明，现代人的矜持则是蛮不讲理；古代人的愚笨是实话实说，现代人的愚笨则是口是心非啊。面对当时的社会风气，孔子有一种世风日下的感觉，在他看来，古代君子率性随意、棱角分明、实话实说的气度更可贵。其实，孔子以前的君子风度到底如何，并不重要，他是借三代君子之风表达一种理想人格。

实事求是的做事态度，是孔子一贯的作风。他对古代的人和当时的人多有评价，但没有一个是毫无根据的臆断。他说：我对于别人，诋毁过谁？赞美过谁？如果有所赞誉的话，一定对他有所考察。夏、商、周三代的人都是这样做的，所以能正道直行。又说：众人都厌恶一个人，一定要去考察；大家都喜爱一个人，也一定要去考察。

《论语》中有两段话，常常被后人误解。

第一段话，是有个人问孔子：用仁德来回报怨恨，怎么样？孔子说：那用什么来回报仁德呢？应该用正直来回报怨恨，用仁德来回报仁德。那么，"以直报怨"怎么讲呢？简单说，就是实事求是。既然人家怨恨我们，那说明对方对我们的某些行为不理解，这个时候就应该实事求是地讲清楚、说明白，以求和解。不能说人家有怨恨，他就是坏人，就必须进行攻伐。那不符合中正和谐的道德原理。生活中这样的事情实在太多了，本来仅仅是个误会，却相互不给彼此一个解释的机会，导致矛盾越来越尖锐，最后势如水火，不共戴天。当然，也可以把"直"理解为"正"，就是走正道，做自己该做的事。《周易·夬卦·象传》说"中行无咎"，走正道就不会有人怨恨，即使有也不可怕。《周易》无数次提到"贞吉""利贞"，意思是持中守正，自然吉利。鲁迅先生在《论"费厄泼赖"应该缓行》里主张"以眼还眼，以牙还牙"也是以直报怨。

第二段话，是孔子带着弟子周游列国到楚国叶这个地方的时候，见到叶公沈诸梁。叶公跟孔子说了一件事：我这里有一个正直的人，他父亲偷了别人家的羊，他便出来告发。孔子说：我们那里正直的人与他不同。儿子犯了事，父亲就对他批评教育；父亲犯了事，儿子就对他批评教育。正直的原则就在这里面了。[①]多数人把"隐"字理解成"隐瞒"，其实是不对的，笔者认为"隐"在这里的意思是"隐括"，就是"矫正"。如果理解成"隐瞒"，那怎么是"实事求是"呢？不符合孔子的做人原则。也有人认为孔子这么主张，太没有原则了，简直就是目无王法，是道德的局限性。其实这是宗法社会维持社会秩序的原则。家庭成员犯了错误，家里人进行批评教育，使之悔悟，承认错误，该赔偿的赔偿，该道歉的道歉；只有罪大恶极，必须惩戒，才会交付司法处理，甚至大义灭亲。这才是中正和谐之道，这才是孔子的原则。

---

① 杨本解释"父为子隐，子为父隐"为"父亲替儿子隐瞒，儿子替父亲隐瞒"，笔者有不同看法。

德 政 篇

【原文】

1. 子曰："为政以德，譬如北辰，居其所而众星共①之。"(《为政》)

2. 叶公问政，子曰："近者悦，远者来。"(《子路》)

3. 子曰："道②之以政，齐之以刑，民免而无耻；道之以德，齐之以礼，有耻且格③。"(《为政》)

4. 子适卫，冉有仆。子曰："庶矣哉！"冉有曰："既庶矣，又何加焉？"曰："富之。"曰："既富矣，又何加焉？"曰："教之。"(《子路》)

5. 定公问："一言而可以兴邦，有诸？"孔子对曰："言不可以若是其几④也。人之言曰：'为君难，为臣不易。'如知为君之难也，不几乎一言而兴邦乎？"曰："一言而丧邦，有诸？"孔子对曰："言不可以若是其几也。人之言曰：'予无乐乎为君，唯其言而莫予违也。'如其善而莫之违也，不亦善乎？如不善而莫之违也，不几乎一言而丧邦乎？"(《子路》)

6. 孟氏使阳肤为士师，问于曾子，曾子曰："上失其道，民散久矣。如得其情，则哀矜而勿喜。"(《子张》)

7. 子曰："善人教民七年，亦可以即戎矣。"(《子路》)

8. 子曰："以不教民战，是谓弃之。"(《子路》)

9. 子曰："如有王者，必世而后仁。"(《子路》)

10. 子曰："'善人为邦百年，亦可以胜残去杀矣。'诚哉是言也！"(《子路》)

11. 子之武城，闻弦歌之声。夫子莞尔而笑，曰："割鸡焉用牛刀？"子游对曰："昔者偃也闻诸夫子曰：'君子学道则爱人，小人学道则易使也。'"子曰："二三子！偃之言是也。前言戏之耳。"（《阳货》）
12. 子曰："君子喻⑤于义，小人喻于利。"（《里仁》）
13. 子曰："民可使由之，不可使知之。"（《泰伯》）
14. 子曰："放于利而行，多怨。"（《里仁》）
15. 子罕言利，与⑥命，与仁。（《子罕》）

【注释】

①共：通"拱"，环绕，拱卫。

②道：通"导"，引导。

③格：正，矫正，纠正。

④几：极点，高到极点，深到极点。

⑤喻：明白，知晓，如"家喻户晓"。

⑥与：跟……在一起，结合起来。

【通解】

政治学，是关于国家政治理论、政治制度和政治思想史的学问。现代的管理学概念，与中国古代政治中的治理不同。

那么，孔子是怎样看待社会治理的呢？

据《孔子家语·致思》记载，有一次，子贡请教社会治理的问题，孔子说：像用腐朽的缰绳驾驭马车那样紧张，才行呀。子贡问：为什么这么紧张呢？孔子回答说：四通八达的地方人特别多，马匹容易受惊，如果用正确的方法驾驭马匹，马匹就会听自己的话；如果用不正确的方法驾驭，马匹就像我的仇人一样，不知道会发生什么事故，怎么能不紧张呢？敬畏，是孔子对社会治理的基本态度。

另据《孔子家语·入官》记载，有一次，子张请教社会治理的问题，孔子说：管理者面对百姓，不能不先了解百姓的性情和愿望。不可以高高在上，也不可以用遥不可及的目标引导他们。如果出现百姓不愿做的事情，不要去埋怨他们；如果有百姓做不好的事情，也不要强迫他们。否则，他们就恨你，就疏远你。正确的做法是，百姓做错了事，要耐心地指导他们；仁慈地对待他们，让他们自己发现自己的美德；帮助他们分析事情原委，让他们自己去探究；百姓犯了小错，一定要发现他的优点，争取赦免他；犯了大罪，一定要寻找其中的原因，用仁德来教化他；如果犯了死罪，也要争取让他们活下来。这才是好的治理呀。所以说，执政者的道德是社会治理的前提啊。这是孔子关于社会治理的基本原则。

这样的道德法则应用于政治实践，那是怎样的一种境界呀？所以孔子说：用道德来治理国家，就像北极星安然地处在自己的位置上，别的星辰都环绕着它运行。孔子在楚国叶地的时候，叶公沈诸梁曾经向孔子请教政治问题，孔子没有告诉他应该如何治理，而是告诉他一个结果：让近处的人心悦诚服，让远处的人投奔而来。言外之意当然是"为政以德"的成果。

孔子还对"刑政"方式和"德政"方式的不同结果进行过比较，说：如果用强制政令的方式来要求民众，用刑罚的方式来制约民众，他们可能会为了避免处罚而不犯错误，但不会产生触犯政令的耻辱感；如果用道德来激励民众，用礼教来规范民众，他们不但有触犯政令的耻辱感，而且会主动纠正自己的错误。①

那么，是不是以德治国就不需要政令和律法呢？当然不是。

---

① 杨本在"注释"里对"有耻且格"的"格"字做了详细解说，列举了"来""至""正""恪"等义，最终依据《礼记》"夫民，教之以德，齐之以礼，则民有格心；教之以政，齐之以刑，则民有遁心"中"格心"与"遁心"相对的特点，释为"归附"，欠妥。二字虽然相对，但词义未必恰好相反。笔者取"正"义，百姓端正自己是教化之目的。

据《孔子家语·刑政》记载，有一次，冉雍请教社会治理的问题。孔子说：最好是用道德教育百姓，用礼乐来规范他们的行为。其次是用政令和律法劝导百姓。制定刑法的目的是让百姓知道哪些事情是国家禁止的，而不是动辄就对百姓用刑。冉雍又问：禁止的事情是什么呢？孔子回答说：花言巧语曲解国家律法，这是要禁止的；制作靡靡之音扰乱人心，这是要禁止的；虚伪奸诈蛊惑人心，这是要禁止的；利用鬼神占卜欺骗民众，这是要禁止的。孔子被任命为鲁国大司寇时，据说上任第七天就诛杀了以能言善辩著称的少正卯，原因是他诡诈破坏国家政策，足以扰乱人心，导致民众离心离德。

以德治国不是无限宽容和忍让，而是尊重人性和人情，做到合情合理。《左传·昭公二十年》里记载，郑子产临死前对子大叔说：我死之后，你肯定担任执政。只有具备深厚道德素养的人才能采用宽容的政策治理国家，如果做不到，就应当采取严厉的政策。火因为非常猛烈，人们望而生畏，所以很少有人被烧死。但水非常柔弱，人们喜欢亲近并在水里玩耍，结果被水淹死的人很多。因此，采用宽容的政策治理国家是很难的。可以看出，郑子产的"猛"也是为了爱惜百姓，不使他们被"淹死"。子产死后，子大叔执政，采用宽容政策，结果盗贼蜂起，政治失序，子大叔后悔地说：我如果早一点听从子产的建议，实行严厉政策，就不会这样了。孔子知道后说：子产说得太好了。宽容的政策要用严厉的措施来协助，严厉的政策要用宽容的措施来协助，宽容和严厉相互补充，社会才能和谐呀。在这里，孔夫子和郑子产用的都是"猛"字而不是"严"字，因为"严"有严密之意。国家治理过于严密，百姓就手足无措，社会就会停滞不前，失去活力。后来的明清两朝就有这方面的问题。

孔子认为，社会治理的重要环节是教化。孔子带着弟子到卫国，冉有替他驾车。孔子坐在车上说：这个国家人口真多啊！冉有问：人口多了，然后做什么呢？孔子说：让他们富裕起来。冉有又问：百姓富裕之后，再做什么呢？孔子回答说：教育他们。

为什么要教育民众呢？我们结合孔子和鲁定公的一段对话来认识这个问题。

鲁定公问孔子：一句话就可以使国家兴盛起来，有这样的事吗？孔子回答说：对话语不能这样机械理解。有人说：做国君难，做臣民也不容易。假如知道做国君的艰难了，会认真谨慎地去做，这不就接近于一句话而使国家兴盛起来吗？鲁定公又问：一句话就可以使国家灭亡，有这样的事吗？孔子回答说：对话语不可以这样机械理解。有人说：我做国君没有感到别的快乐，只是我说的话没有人敢违抗。如果国君说的话正确而没有人违抗，这不是很好吗？如果君主说的话不正确却没有人敢违抗，这不就接近于一句话而使国家灭亡吗？

我们从这一段对话看到，孔子认为国家兴盛，必然是同心同德；国家衰败，必然是离心离德。同心同德，必然是人人为同一目标而努力；离心离德，必然是人人都想谋取私利，不一条心。军事家孙武在《孙子兵法·谋攻篇》里甚至把同心同德看作是战役胜利的五大条件之一。他说："知可以战与不可以战者胜，识众寡之用者胜，上下同欲者胜，以虞待不虞者胜，将能而君不御者胜。"

那么，怎样才能实现君臣之间同心同德呢？当然是教化，即孔子说的"七教"。

据《孔子家语·王言解》记载，所谓"七教"指的是：居上位的人恭敬年老之人，下层百姓就会更加孝敬父母；居上位的人尊重年长之人，下层百姓就会更加敬重自己的兄长；居上位的人乐善好施，下层百姓就更加包容；居上位的人亲近贤德之人，下层百姓就会慎重选择朋友；居上位的人推崇仁德，下层百姓就不会文过饰非；居上位的人憎恨贪婪之人，下层百姓就会以自私自利为耻；居上位的人谦虚礼让，下层百姓就会以不讲气节德操为耻。在这里，没有一条是简单说教，更没有强迫命令，有的只是管理者的率先垂范，以身作则；不是做做样子给老百姓看，而是做贴近老百姓实际的事，让老百姓感觉到人性的温暖和道德的光芒。

举个例子，据《孔子家语·致思》记载，孔门弟子高柴在卫国做法官时，曾经依法砍掉了一个人的脚。不久，卫国遭遇蒯聩之乱，高柴逃离卫国，来到城门口时，城门已经关闭了，守城门的正是那个被他砍了脚的人。守城人对高柴说：那边的城墙有个缺口，你可以从那里逃走。高柴说：君子怎么能跳墙呢？守城人又说：那边的城墙有个小洞，你可以从那里逃走。高柴说：君子怎么能钻狗洞呢？守城人又说：这边有个房子，你可以到里面躲一躲。于是，高柴就赶快躲进房子里。过了一会儿，抓捕行动结束了，高柴安全了，对守城人说：我因为执行国家律法而砍掉了你的脚，现在我处于危难时刻，这是你报仇的好时机，你反而给了我三次逃跑的机会。这是为什么呢？守城人说：我被砍脚是罪有应得。但您在处罚罪犯的时候，把我放在最后边，我知道您是想让我的痛苦来得晚一些，希望我可以得到机会赦免。后来，您在对我行刑的时候，脸色很痛苦，我知道您是不忍心执行那样的酷刑。您哪里是偏爱我一个人呀，你是天生的君子，所以才这么善良啊。这就是今天我救你的原因。孔子知道后说：高柴做官做得很好。他秉公执法而能心存仁义。仁义执法就会树立恩德，暴力执法就会引发怨恨。如此公正地执法，恐怕只有高柴吧。

若干年后，曾参授徒讲学时，鲁国三桓之一的孟孙氏聘请曾子的弟子阳肤担任司法官，阳肤来向曾子求教怎样才能做好这份工作。曾子跟他说了这么一句话：在上位的人偏离正道致使民众离心离德，这种情况已经很多年了。如果你在处理案子时洞察到案情真相，要怜悯那些犯罪之人，千万不要因为自己明察而沾沾自喜啊。看来曾子是深刻领悟了孔夫子的德治思想的。

孔子曾说：一个善良的人教化百姓七年时间，就可以让他们去作战了。相反，如果让没有经过训练的人去参战，那相当于让他们去送死。他还说：如果有王者出现，他一定能在三十年之后建立一个仁德社会。古书上说善良的人治理国家一百年，就能够消除残暴和虐杀现象。这句话说得真对啊！孔子认为，通过教化而把民众团结起来，拧成一股绳，既可以共同战胜困难，又可以共同享受快乐。有一次，孔子带着弟子路过武城，听到音乐和唱歌的声音。他微笑着说：杀鸡还需用宰牛刀吗？意思是说这么个小地方，还用得着礼乐教化吗？武城地方长官子游回答说：以前我听夫子说过，治理者如果明白了道理就会关爱他人，老百姓如果明白了道理就容易听指挥。孔子说：弟子们啊，子游的话是对的。我刚才的话只是跟他开个玩笑罢了。

以德治国的核心是教化。其哲学意义在于以人为本，尊重人性，把人当作一个具有主观能动性的个体，是能够自我改造并自我实现的。这种主张中包含平等和博爱，以及民主和自由的思想萌芽。《孔子家语·入官》说："德贯乎心，藏乎志，形乎色，发乎声。若此，而身安誉至，民咸自治矣。"就是此意。

政府如果不负责国民教育，就会导致国民思想混乱，分崩离析，难以组织，政府命令就难以执行，国家政策就难以落实，更不可能建立和谐社会。如果政府只负责司法和征税，那么国民就无法理解法律的合理性、征税的合法性，不懂得法律与自己的关系，就会抵触甚至抵抗，就无法同心同德共同建设国家。

法国思想家魁奈在《中华帝国的专制制度》中提出，中国的政治制度是建立在对于自然法则的认识的基础上的，而这种制度就是研究、认识自然法则的结果。政权的合法性在于遵守并维护自然法则，否则就是非法的篡位者。遵守自然法则就是为百姓办事。

孔子是一位冷静的智者，他十分清楚民众的认知水平和切身需求，要做到同心同德并非易事。他曾说：君子在道义方面很容易明白，普通人容易理解利益。对于老百姓来说，你可以让他们跟着走，却不能让他们什么都清楚。[1]因为理论的东西，普通百姓是不感兴趣的。但有一条是肯定的，那就是：放任民众去追逐个人利益，结果必然是怨声载道。也就是端起碗来吃肉，放下筷子骂娘。因此，孔子平时很少谈论有关利益的话题，他更喜欢将使命或仁德与利益结合起来谈论，也就是把个人利益和集体利益结合起来。[2]

---

[1] 杨本解释"民可使由之，不可使知之"为"老百姓，可以使他们照着我们的道路走去，不可以使他们知道那是为什么"，并引用《史记》西门豹所说"民可以乐成，不可以虑始"和商鞅所说"民不可虑始，而可以乐成"，认为三者"意思大致相同，不必深求"，欠妥。西门豹和商鞅都是法家，未必明白、继承孔子思想。

[2] 杨本解释"子罕言利，与命，与仁"为"孔子很少主动谈到利益、命运和仁德"，笔者有不同理解。

身 正 篇

【原文】

1. 尧曰:"咨!尔舜!天之历数在尔躬,允执其中。四海困穷,天禄永终。"舜亦以命①禹。曰:"予小子履,敢②用玄牡,敢昭告于皇皇后帝:有罪不敢赦。帝臣不蔽,简在帝心。朕躬有罪,无以万方;万方有罪,罪在朕躬。"周有大赉③,善人是富。"虽有周亲,不如仁人。百姓有过,在予一人。"谨权量,审法度,修废官,四方之政行焉。兴灭国,继绝世,举逸民,天下之民归心焉。所重:民、食、丧、祭。宽则得众,信则民任焉,敏则有功,公则说。(《尧曰》)

2. 周公谓鲁公曰:"君子不施其亲,不使大臣怨乎不以④。故旧无大故,则不弃也。无求备于一人。"(《微子》)

3. 曾子曰:"慎终,追远,民德归厚矣。"(《学而》)

4. 子曰:"其身正,不令而行;其身不正,虽令不从。"(《子路》)

5. 子曰:"苟正其身矣,于从政乎何有?不能正其身,如正人何?"(《子路》)

6. 季康子问政于孔子,孔子对曰:"政者,正也。子帅以正,孰敢不正?"(《颜渊》)

7. 季康子问政于孔子曰:"如杀无道,以就⑤有道,何如?"孔子对曰:"子为政,焉用杀?子欲善而民善矣。君子之德风,人小之德草,草上

之⑥风，必偃。"(《颜渊》)

8. 季康子患盗，问于孔子，孔子对曰："苟子之不欲，虽赏之不窃。"(《颜渊》)

9. 子曰："道千乘之国，敬事而信，节用而爱人，使民以时。"(《学而》)

10. 子曰："居上不宽，为礼不敬，临丧不哀，吾何以观之哉！"(《八佾》)

11. 颜渊问为邦，子曰："行夏之时，乘殷之辂，服周之冕，乐则《韶》《舞》。放郑声，远佞人。郑声淫⑦，佞人殆。"(《卫灵公》)

12. 季氏富于周公，而求也为之聚敛而附益之。子曰："非吾徒也。小子鸣鼓而攻之，可也。"(《先进》)

13. 哀公问于有若曰："年饥，用不足，如之何？"有若对曰："盍彻⑧乎？"曰："二，吾犹不足，如之何其彻也？"对曰："百姓足，君孰与不足？百姓不足，君孰与足？"(《颜渊》)

14. 季康子问："使民敬忠以劝⑨，如之何？"子曰："临之以庄，则敬；孝慈，则忠；举善而教不能，则劝。"(《为政》)

15. 哀公问曰："何为则民服？"孔子对曰："举直错诸⑩枉，则民服；举枉错诸直，则民不服。"(《为政》)

16. 齐景公问政于孔子，孔子对曰："君君、臣臣、父父、子子。"公曰："善哉！信如君不君、臣不臣、父不父、子不子，虽有粟，吾得而食诸？"(《颜渊》)

17. 齐景公有马千驷，死之日，民无德而称焉。伯夷、叔齐饿死于首阳之下，民到于今称之。其斯之谓与？(《季氏》)

【注释】

①命：告诫。

②敢：冒昧地。

③赍：赏赐，施与。

④以：任用，如屈原《涉江》"忠不必用兮，贤不必以"。

⑤就：靠近，结交。

⑥之：动词，行走。

⑦淫：本义为大水浸泡物体，引申为过度。这里形容音乐节奏凌乱，类似当今有人把汉字当成英文字母来唱，如同快速背诵课文一样，毫无乐感，让人焦躁不安。

⑧彻：抽税，本指周代田税制度。井田制废弃后，从劳役地租变成实物地租，收税办法随之改成了"彻"，就是按十分之一税率比例抽取。

⑨劝：努力，尽职尽责。

⑩诸：兼词，在句中相当于"之于"，在句尾相当于"之乎"。

【通解】

孔子非常重视对历史经验的总结和借鉴。在《论语》里，记载了尧、舜、禹、汤、文、武、周公的只言片语，虽说凤毛麟角，却也熠熠生辉。

有一段是这样的：尧说：啧啧！你这位舜啊！按照上天安排的次序，帝位要落到你身上了，你要真诚地执守中正之道。如果天下百姓贫困穷苦的话，上天给你的禄位也就永远结束了。舜也这样告诫禹。后来，商汤说：我冒昧地用黑色公牛作祭品，冒昧地禀告伟大而光明的天帝：有罪的人我不敢擅自赦免。您的臣仆的罪过我也不敢隐瞒，这是您心里明白的。我本人如果有罪，不要牵连天下百姓；天下百姓有罪，罪责都在我一个人身上。周朝实行大封赏，善良之人因此富贵起来。周武王说：即使有至亲，也不如有仁义的百姓。百姓有罪过，罪过都在我一人身上。谨慎地确定度量衡器，认真地审查法令制度，恢复废弃的职官，天下政令就畅通了。复兴已灭亡的国家，延续已经中断的宗族，提拔隐居民间的人才，天下的百姓就会诚心归服了。治理天下应当重视的是：民众，粮食，丧礼，祭祀。宽容就会得到众人的拥护，诚信就能得到民众的信任，勤奋就能取得业绩，公平公正就能使大家高兴。这里最重要的治国经验是：走中正之道，罪己不罪人，任用贤人，制定合理的法度，扶弱济贫，重视民生和礼乐。

周公对他的儿子鲁国国君伯禽说：君主不疏远他的亲族，不让大臣怨恨自己不被重用。老臣宿将如果不是犯了大错，就不要罢免他们。不要对一个人求全责备。后来曾参也说：慎重地对待丧事，经常追念那些过去的老人，就能使民心逐渐厚道了。这里最重要的治国经验是：有情有义，宽厚待人，不求全责备。

孔子在古代圣王治理经验里看到的，都是德治。德治，对管理者的要求是很高的。现在的很多管理者不愿意提高自己的道德素养，只喜欢用数学方式进行管理，这也"量化"，那也"量化"，把人的积极性都"量化"没了。这里提醒管理者切记：感情和积极性，是无法进行量化的，而人的创造力都在这无法量化的地方。西方管理学学界一直努力研究中国古典文献，比如《管子》的金融理论、王安石的经济理论等，从中汲取合理成分，建立起自己的新学说。另外，大名鼎鼎的德国哲学家黑格尔在其自传中承认，他创造的正反合辩证逻辑定律来自《易经》的启发；德国诺奖获得者汉森堡（获奖论文《测不准原理》）、丹麦诺奖获得者玻尔（获奖论文《相生相克原理》）和中国诺奖获得者杨振宁、李政道（论文《不对等定律》），他们都称自己的学术思想得益于《易经》的启示；而丹麦人波尔在获得爵士勋章的时候，还特意用太极八卦纪念章赠人，以示纪念。[①]我们不应该妄自菲薄，更不应该数典忘祖。很多人鄙视这些中国古典文献，一是因为他们受西方中心论影响，对中国传统文化怀有偏见，另一个原因是他们不愿意虚心钻研。借鉴数学方法研究社会现象是必要

[①] 傅国华：《分层次管理》，经济科学出版社 2013 年版，第 180 页。

的，但完全依赖数学方法进行管理，就过于简单了。

以德治国，特别强调政治家的自身修养。政治家的自身修养既是道德教化的前提，也是道德教化的一种形式，而且是最好的形式，即身先士卒，率先垂范。用现在的话说就是：榜样的力量是无穷的。孔子认为：如果执政者自身走正道，即使不发布命令，他想做的事情也能推行下去；如果执政者自身不走正道，即便他发布了命令，百姓也不会按他的要求去做。又提出：如果执政者端正了自己的行为，那对于治理国家来说还有什么困难呢？如果他不能端正自己行为，又怎么能去端正别人呢？

在孔子的晚年，鲁国执政季康子曾多次向孔子请教治国之道。由于孔子对长期把持朝政的季氏家族没有好感，因此他对季康子很不客气，他说："政"的意思就是走正道，你自己在前面走正道，后面的人还有谁敢不跟着你走正道呢？季康子又问：如果杀掉那些不走正道的人，并结交那些走正道的人，怎么样？孔子回答说：你作为执政，怎么能用杀戮的办法治理国家呢？您只要做好，百姓就能做好。执政者的品德就像风一般，老百姓的品德就像草一般。风在草上一吹，草就会跟着倒下。有一段时间，季康子为盗贼横行的事情所困扰，专门向孔子请教如何治理盗贼的问题。孔子说：如果你自己不过分贪求财物，即使你奖励人们去盗窃，他们也不会去做啊。哈哈，老夫子真够直接的。

率先垂范，以身作则，成为后世中国政治的优良传统，这与孔子的提倡分不开。那么，什么才是走正道呢？尧、舜、禹、汤、文、武、周公，他们的治国之道就是正道，也就是：有情有义，扶弱济贫，任用贤人，罪己不罪人，制度合情合理，待人宽容和善，不求全责备。

另外，孔子还说过这样的话：治理一个拥有千辆兵车的大国，做事要尽职尽责，讲求信用，控制消费，关爱百姓，征用民力的时候要按照时令，合理调配，不误农时。这些也都是走正道。可见，正道也包含尊重自然法则，按照客观规律办事。对于那些位高权重却不走正道的人，孔子是很无语的。他曾经说：居于上位的人却不能宽厚待人，举行礼仪的时候却不恭敬，主持丧事时而不哀伤，我还能从他身上看什么呢？有一次，颜渊向孔子请教治理国家的方略，孔子说：实行夏朝的历法，乘坐殷朝的车子，头戴周朝的礼帽，音乐就用《韶》和《武》，舍弃郑国乐曲，远离谄媚之人。郑国乐曲节奏太乱，谄媚之人会带来危险。[①] 借鉴历史上有价值的东西，抛弃历史上没有价值的东西，取其精华，去其糟粕，这也是走正道。

孔子特别关心民生，反对执政者横征暴敛，竭泽而渔。当时，季氏家族比周天子的卿士家族还富有，可是担任他家臣的冉有还替他增加赋税，搜刮财富。孔子怒不可遏，甚至鼓动其他的弟子们去讨伐冉有，他说：冉求不再是我的弟子了，你们可以大张旗鼓地去攻打他。受孔子的影响，他的弟子们大多也非常关心民生疾苦。有一次，鲁哀公向孔子弟子有若提出这么一个问题：今年收成不好，国家的费用恐怕不够，该怎么办呢？有若回答说："为什么不实行十抽一的税率呢？哀公说：十抽二我都不够用，怎么还能十抽一呢？有若回答说：如果百姓的费用充足了，国君的费用怎么可能不够呢？如果百姓的费用不充足，国君的费用又怎么可能充足呢？就是说，先让老百姓富裕起来，国家才能有足够的费用。孟子提出的"民贵君轻"原则与这种思想是有关联的。

有时候，对治理国家的某些具体问题，孔子也解释得很清楚。有一次，季康子来拜访孔子，请教：我怎么做才能使百姓尊敬我，而且忠于职守，努力做事呢？孔子回答说：你面对他们的时候很庄重，他们就会尊敬你；你孝敬父母、关爱他人，他们就会忠于职守；你提拔那些德高望重的善良之人，帮助那些能力低下的人，他们就会努力做事。有一次，孔子上朝的时候，鲁哀公也提

---

① 杨本解释"郑声淫"与多数注本相同，为"郑国的乐曲靡曼淫秽"，且以明人杨慎和清人陈启源之训为据，笔者不认同。"淫"字在此断不可释为"淫秽"，郑国并无"淫秽"故事，更无"淫秽"风气。事实上，郑国在春秋诸侯国中立国较晚，且地处南北要冲，政治、经济、军事都受制于晋、楚、秦、齐等大国，文化上没有形成稳定的风格。由此出发，笔者认为应把"淫"理解为"杂乱""纷杂"，在本句中翻译为"节奏凌乱"，即缺少从容风度，不适合做教化之用，故孔子要"放"之。

出差不多同样的问题：我怎么做才能使百姓服从国家政令呢？孔子回答说：如果把正直的人提拔上来，使他们的地位高于那些不正直的人，百姓就会服从您的政令；相反，如果把不正直的人提拔上来，让他们的地位高于那些正直的人，百姓就不会服从您的政令。这似乎暗示鲁哀公废掉季氏。

关于国家政治，孔子有一句话让后世耿耿于怀。齐景公问孔子如何治理国家，孔子只给出了八个字，就是著名的"君君、臣臣、父父、子子"，齐景公听了之后，哈哈大笑，说：太对了，太对了！不然的话，即使有粮食，我能吃得上吗？

现代人大多把这句话理解为孔子维护封建等级制度的证据。其实不然，"君君，臣臣，父父，子子"的意思是：君主要像个君主，臣子要像个臣子，父亲要像个父亲，儿子要像个儿子。各自忠于职守，做自己应该做的事情，配得上自己的名分。从本质上来说，这就是"正"，走正道。齐景公对这句话的理解太肤浅，他认为有了这种等级，自己才得以作威作福，结果导致后人也随之肤浅理解了。从当时的情况看，孔子对齐景公的所作所为是不满意的，认为他没有做好自己该做的事情，而居心叵测的陈氏却正在做国君该做的事。

我们来看看这位齐景公。首先，春秋时候的齐国君主姓姜，是姜子牙的后代；战国初田氏代齐，君主是陈国公子陈完的后代。齐桓公时，陈国公子陈完在国内受到排挤，逃到了齐国，担任工正之职。齐景公是春秋时期齐国君主。应该说，齐景公是一个有理想的君主，企图再次称霸。但他有四个致命缺点：第一奢侈，第二好战，第三厚赋，第四废长立幼。由于他奢侈好战，长期横征暴敛，人民怨愤；而且对田氏过于宽纵，致使田氏有机会收买人心。齐景公去世，田乞发动政变，立齐悼公，田氏专制齐政。据《史记·田敬仲完世家》记载田乞，"事齐景公为大夫，其收赋税于民以小斗受之，其禀予民以大斗，行阴德于民，而景公弗禁。由此田氏得齐众心，宗族益强，民思田氏。晏子数谏景公，景公弗听。"晏婴出使晋国的时候，曾与晋国大夫叔向悄悄地说："齐政卒归田氏。田氏虽无大德，以公权私，有德于民，民爱之。"①更可怕的是，齐景公的行为就是不"正"，不知道自己应该干什么。齐景公废长立幼，为叛乱埋下祸根。田乞就发动政变，弑杀了年幼的国君吕荼，另立跟自己私交甚好的公子阳生齐悼公。当齐国公族进行反击的时候，齐国人都一边倒地拥护田氏，齐国公族纷纷溃逃。齐国从此进入田氏专权时代。公元前391年，田氏篡位，自立为君，姜氏齐国变成了田氏齐国。

所以，孔子对齐景公的评价是很低的。《论语》上说：齐景公有兵车千乘，是一位大国国君，但他死的时候，百姓找不到他有什么德行值得称颂，而伯夷和叔齐饿死在首阳山上，人民到现在还在赞美他们。大概就是这个道理吧！②

据《史记·伯夷列传》记载：伯夷、叔齐是孤竹君的两个儿子，伯夷是老大，叔齐是第三子。父亲想立叔齐为君，等到父亲死后，叔齐让位给长兄伯夷。伯夷说：立叔齐是父亲的意愿。于是他就逃走了。叔齐也跟着逃走了。国人只好拥立孤竹君二子做了国君。伯夷、叔齐听说西伯侯姬昌敬养老人，便商量着说：我们何不去投奔他呢？可等他们到周地的时候，西伯侯已经死了，其子姬发用车载着他的灵牌，正在东征讨伐纣王。伯夷、叔齐拉住姬发的战马劝阻说：你父亲死了尚未安葬，就动起干戈来，能说得上是孝吗？以臣子的身份去攻伐君王，能说得上是仁吗？姬发身边的人想杀死他们，姜太公说：他们是义士！就把他们送走了。姬发（周武王）推翻商纣王后，天下人都归顺了周朝，伯夷、叔齐以之为耻，坚决不吃周朝赏赐的粮食，隐居在首阳山上采集野菜充饥，最后饿死在那里。

孔子说的"这个道理"是什么呢？似乎应该有上文，但《论语》没有记载。不过，既然《论语》编者把伯夷、叔齐兄弟这两个一无所有的人，跟拥

---

① 《史记·齐太公世家》。
② 杨本解释"其斯之谓与"为"大概就是这个意思吧"，并无不妥，但在注释中却依据朱熹观点，认为该句上下皆无着落，类似衍文，值得商榷。

有千辆兵车且在位长达半个世纪的齐景公进行对比，要表达的意思就不言而喻了。伯夷、叔齐虽然没有做什么惊天动地的大事，但他们相互让国、劝阻武王、保存名节，做了自己应该做的，而齐景公却不知道自己应该做什么，岂不悲哉！

但也有人对伯夷、叔齐颇有微词，说他们逃避的不是君位，而是责任。这可真是见仁见智，各有角度。首先，以当时情况，伯夷必须离开，否则就有觊觎君位之嫌疑。其次，叔齐的离开，是以行动拒绝了本该属于长兄的君位，如果不离开，就是口是心非，居心叵测，让他二哥怎么看？如果他留在国内继承君位，"让位"就成为闹剧而被国人耻笑。所谓"君子一言，驷马难追"是也。如果叔齐是第二子，就不会有这样的问题了。古人重视个人名声，名声永远是成就事业的基石。一个蝇营狗苟的人，很难号召群众一起做事。伯夷、叔齐做了他们该做的事，无可厚非。唐代韩愈在《伯夷颂》里甚至说："微二子，乱臣贼子接迹于后世矣。"如果没有这两位先生，乱臣贼子就会一个接一个地出现。南宋民族英雄文天祥曾写过一首《和夷齐西山歌》："小雅尽废兮，出车采薇矣。"《申氏家谱文存》记叙，元兵统帅劝降说："国已亡矣，杀身以尚，谁复书之？"文天祥正言以答："商非不亡，夷齐自不食周粟。人臣自尽其心，凯问书与不书？"并咏诗抒怀："饿死真吾事，梦中行采薇。"可见，伯夷、叔齐的气节早已成为中华民族精神的重要组成部分了。

历史经验一再告诉我们，一个人必须忠于职守，做自己该做的事情，这就是孔子主张的"正其身"。《周易·节卦》说"中正以通"，只有走正道才能畅通无阻。《周易·乾卦》说："知进退存亡而不失其正，圣人也。"

大 臣 篇

【原文】

1. 子张问于孔子曰:"何如斯可以从政矣?"子曰:"尊五美,屏①四恶,斯可以从政矣。"子张曰:"何谓五美?"子曰:"君子惠而不费,劳而不怨,欲而不贪,泰而不骄,威而不猛。"子张曰:"何谓惠而不费?"子曰:"因②民之所利而利之,斯不亦惠而不费乎?择可劳而劳之,又谁怨?欲仁而得仁,又焉贪?君子无众寡,无小大,无敢慢,斯不亦泰而不骄乎?君子正其衣冠,尊其瞻视,俨然人望而畏之,斯不亦威而不猛乎?"子张曰:"何谓四恶?"子曰:"不教而杀谓之虐;不戒视成谓之暴;慢令致期谓之贼;犹之与人也,出纳之吝,谓之有司③。"(《尧曰》)

2. 子张学干禄,子曰:"多闻阙疑,慎言其余,则寡尤;多见阙殆④,慎行其余,则寡悔。言寡尤,行寡悔,禄在其中矣。"(《为政》)

3. 子曰:"事君,敬其事,而后其食。"(《卫灵公》)

4. 子路问政,子曰:"先之,劳之。"请益⑤。曰:"无倦。"(《子路》)

5. 子路问事君,子曰:"勿欺也,而犯之。"(《宪问》)

6. 子曰:"爱之,能勿劳乎?忠焉,能勿诲乎?"(《宪问》)

7. 子张问政。子曰:"居之无倦,行之以忠。"(《颜渊》)

8. 季氏将伐颛臾。冉有、季路见于孔子曰:"季氏将有事于颛臾。"孔子曰:"求!无乃尔是过与?夫颛臾,昔者先王以为东蒙主,且在城邦之中矣,是社稷之臣也。何以伐为?"冉有曰:"夫子欲之,吾二臣者皆不欲也。"孔子曰:"求!周任有言曰:'陈力就⑥列,不能者止。'危而不持,颠而不扶,则将焉用彼相矣?且尔言过矣,虎兕出于柙,龟玉毁于椟中,是谁之过与?"冉有曰:"今夫颛臾,固而近于费。今不取,后世必为子孙忧。"孔子曰:"求!君子疾夫舍曰欲之而必为之辞。丘也闻有国有家者,不患寡,而患不均;不患贫,而患不安。盖均无贫,和无寡,安无倾。夫如是,故远人不服,则修文德以来之;既来之,则安之。今由与求也,相夫子,远人不服,而不能来也;邦分崩离析,而不能守也;而谋动干戈于邦内。吾恐季孙之忧,不在颛臾,而在萧墙之内也。"(《季氏》)

9. 季子然问:"仲由、冉求,可谓大臣与?"子曰:"吾以子为异之问,曾由与求之问。所谓大臣者,以道事君,不可则止。今由与求也,可谓具⑦臣矣。"曰:"然则从之者与?"子曰:"弑父与君,亦不从也。"(《先进》)

10. 子曰:"鄙夫可与事君也与哉?其未得之也,患得之。既得之,患失之。苟患失之,无所不至矣。"(《阳货》)

11. 子路曰:"卫君待子而为政,子将奚先?"子曰:"必也正名乎!"子路曰:"有是哉,子之迂也!奚其正?"子曰:"野哉,由也!君子于其所不知,盖阙如也。名不正,则言不顺;言不顺,则事不成;事不成,则礼乐不兴;礼乐不兴,则刑罚不中;刑罚不中,则民无所错手足。故君子名之必可言也,言之必可行也。君子于其言,无所苟而已矣。"(《子路》)

12. 季康子问:"仲由可使从政也与?"子曰:"由也果,于从政乎何有?"曰:"赐也可使从政也与?"曰:"赐也达,于从政乎何有?"曰:"求

也可使从政也与？"曰："求也艺，于从政乎何有？"（《雍也》）
13. 子谓子夏曰："女为君子儒，无为小人儒。"（《雍也》）
14. 子夏为莒父宰，问政。子曰："无欲速，无见小利。欲速则不达，见小利则大事不成。"（《子路》）
15. 仲弓为季氏宰，问政。子曰："先有司，赦小过，举贤才。"曰："焉知贤才而举之？"曰："举尔所知。尔所不知，人其舍诸？"（《子路》）
16. 子曰："君子不以言举人，不以人废言。"（《卫灵公》）

【注释】

①屏：摒弃，排除。

②因：根据，依据。如"因势利导"。

③有司：具体部门，这里引申为"小家子气"。

④殆：疑惑的，困惑的。

⑤益：增加，再进一步。

⑥就：担任职务，如"就职""就任"。

⑦具：才能，才干。"具臣"指有某种才能的人。

【通解】

仕，出仕，就是做官。那么，具备了哪些条件才能出仕呢？出仕之后，又应该怎样与自己的上级合作共事呢？

《论语》里记载了孔子和子张的一段对话，明确告诉我们出仕做官应该具备的条件。

子张向孔子请教：怎么样才能从事治理工作呢？孔子说：尊崇五种美德，摒弃四种恶行，就可以去从事治理工作了。子张问：五种美德指的是什么呢？孔子说：君子给百姓好处却不破费，让百姓劳作却没有怨言，有合理的欲望却不贪财好利，①庄重矜持却不傲慢，威仪整肃却不凶恶。子张接着问：给百姓好处自己却没有损失是什么意思呢？孔子说：顺应民情，让他们真正地得到利益，这不就是给百姓好处，自己却没有损失吗？选择百姓能做的事让他们去做，谁会有怨言呢？君子追求的是仁德，你想得到仁德就能得到，又怎么可能去贪恋财物呢？无论人口多少，势力大小，都不怠慢他们，不掉以轻心，这不就是庄重矜持而不傲慢吗？整齐自己的衣冠，端正自己的目光（不斜视，不顾盼），态度从容镇定，人家一看见你就自然产生敬畏之情，这不就是威仪整肃而不凶恶吗？子张说：那么，四种恶行又是什么呢？孔子说：不事先教育百姓，百姓犯错就去诛杀，这是虐待；百姓做事过程中从不提醒，不告诫，却要求人家做出成绩，这是残暴；安排事情的时候漫不经心，却又突然提出限期完成，这是坑人；已经答应给人家东西了，可到出手的时候却舍不得，这是小气。孔子认为做官的核心是走正道，这是基本原则。具体办法则是多听、多看、谨言慎行。有一次，子张请教谋官求禄的方法，孔子说：多听，把暂时弄不明白的事情先放在一边，对于已经明白的事情谨慎地说出来，就能少犯错误；多看，把暂时不明白的事情先放在心里，谨慎地做已经明白的事情，就能减少事后懊悔。说话少犯错误，行动很少后悔，官职和俸禄自然就有了。

  出仕之后，怎样做好自己的本职工作，又怎样与上级共事呢？孔子认为有三点：第一要勤奋，第二要正直，第三要举贤。

  先讲第一点：勤奋。

  孔子经常跟弟子们说：做官侍奉君主，一定要先尽心尽力地把自己该做的事做好，然后再考虑自己的俸禄。子路做季氏家宰的时候，曾向孔子请教

---

① 杨本解释"惠而不费，劳而不怨，欲而不贪"为"给百姓带来好处，而自己却无所耗费；劳动百姓，百姓却不怨恨；自己欲仁欲义，却不能叫做贪"，笔者不认同：把"惠而不费"的"而"理解成并列关系，把"不贪"理解为"不能叫做贪"。

治理之道，孔子说：无论做什么事，都要自己带头，然后再让百姓去做。就是说要身先士卒。子路请孔子说得详细点，孔子就又加了一句：不知疲倦。子路又专门请教如何跟自己的上司共事，孔子说：不能欺骗他，但要敢于当面冒犯他。他还解释说：你既然关心他，能不为他勤奋工作吗？你既然忠于职守，能不经常提意见、开导他吗？那就不可避免地会冒犯他了。后来，子张请教治理之道的时候，孔子把这个意思概括为：在位时不知疲倦，执行任务要尽心尽力。

第二点：正直，就是走正道。包含两层意思：守正，扶正。

在孔子的政治思想里，一个人可以不做官，但一旦做了官，有了行政职务，那就必须忠于职守，勤勤恳恳，尽心尽力，甚至不惜与领导发生分歧，冒犯领导。《论语》记录了一个故事。在孔子担任鲁国大司寇时，子路和冉有担任季氏家臣，季氏想攻打一个小诸侯——颛臾。子路和冉有跟孔子说：季氏想攻打颛臾。孔子说：冉求啊！这难道不是你的过错吗？颛臾这个邦国，从前的时候，先王曾让他主持东蒙山的祭祀，而且他就在我们鲁国境内，是维护鲁国安全的藩属，为什么要攻打它呢？冉有说：是季孙大夫想去攻打，我们两人本来都不同意。孔子说：冉求！周任有句话说：根据自己的能力去担任职务，如果不能胜任的话就辞职走人。现在，主人遇到危险却不去保护，主人跌倒在地却不去搀扶，那还用你们这样的助手干什么呢？再说，你的话本身就有问题。老虎、犀牛从笼子里跑出来，龟甲和美玉在匣子里被毁坏，这是谁的过错呢？冉有说：现在颛臾那个邦国，城墙坚固，而且离季孙大夫的采邑费地又很近。如果现在不去攻占它，将来一定会成为子孙的祸患。孔子一听就明白了，攻打颛臾不仅仅是季孙氏的主意，冉有也赞同，就生气地说：冉求啊！君子痛恨那些不说自己想做，却一定要另找借口的人。我听说作为诸侯或者大夫，不怕贫穷而怕财富不均，不怕人口少而怕不安定。如果财富均衡，就无所谓贫穷；上下和睦了，就不会觉得人口少；国家安定了，就不会有覆灭的危险。如果做到这些，远方的人还不来归附，那就再通过仁义礼教来招揽他们。他们一旦来归附了，就想办法让他们安心生活。现在，你们俩辅佐季孙大夫，远方的人不归附，你们却没有办法招揽他们，国家分崩离析，你们却不能保全，反而谋划在国内动用武力。我恐怕季孙忧虑不在颛臾，而在宫墙之内呢。言外之意是，他想做大做强，凌驾于君主之上吧。

显而易见，在孔子看来，担任官职，辅佐君主，必须走正道。第一，自己要走正道，忠于职守；第二，规劝君主走正道，否则就是不称职。在这里，孔子把辅政比作"关老虎的笼子，放美玉的匣子"，作为辅政官员不能放任君主的错误行为，有规劝、匡正之责。

孔子还提出了"大臣"概念。当季孙氏族人季子然问到仲由和冉求能不能称得上"大臣"时，孔子说：我还以为你要问别的事呢，想不到你是问仲由和冉求呀。所谓的"大臣"呀，一般是指用自己的道德学问来辅佐君主，得不到认可就辞职离开的人。现在仲由和冉求这两个人呀，只能说是具备了某种才能的辅臣吧。后来的事实证明了孔子的判断，冉求不能"以道事君"，帮助季氏搜刮财富，曾一度被孔子逐出师门；仲由不能"不可则止"，在卫国被残害致死。季子然又问：那么，他们肯听话吗？孔子说：如果是杀父弑君这样的事，他们也是不会听的。这一点，仲由和冉求是值得信赖的，孔子的其他弟子也是值得信赖的。

"大臣"，是具备深厚的道德修养和伟大的独立人格的人，他们既有"以道事君"的坚守，又有"不可则止"的明达。古往今来，这样的"大臣"可谓凤毛麟角，屈指可数。历史上大多数官僚，要么没有自己的道德理想，随俗沉浮，碌碌无为；要么趋炎附势，唯唯诺诺，都缺少独立人格。所以，孔子曾经尖锐地指出：那些没有见识的人，能跟他们一起做事吗？他们在得到职位之前，总是害怕得不到；得到职位之后，又总是担心失去。如果一个做官的人总是担心失去职位，那他就没有什么干不出来的。可谓一针见血。首先，这样的人会唯唯诺诺；其次，这样的人会结党营私，不惜抛弃国家利益；再者，这样的人会陷害忠良，直接摧毁国家栋梁。如此卑劣之人恐怕跟仲由、冉求那样的"具臣"还差得十分遥远吧。把职位当作自己谋取私利的便利条件，而不是把职位当作施展才能的平台，实在是太可怕了。

还有一个故事：公元前496年，卫灵公太子蒯聩因与庶母南子有仇，与家臣谋划刺杀她，结果被告发了，他就跑到晋国投靠了赵氏。公元前493年夏天，卫灵公去世，蒯聩之子卫辄继位，即为卫出公。这年六月，赵简子想派送蒯聩回国夺位，卫出公派军队阻止了。蒯聩跑到宿地自保，准备随时回国夺位。孔子从楚国返回卫国的路上，听说卫出公有意请孔子担任要职。子路问孔子：如果卫君请夫子执政的话，您想从哪里入手呢？孔子说：如果我执政的话，一定先正名分。子路说：这怎么可能呢？您太迂腐了。卫国都这样了（儿子在位，父亲在国外流亡），还怎么正名分呀？孔子说：仲由你真粗野啊！君子对于不明白的事情，总是采取存疑的态度，而不是胡说八道。名分不正，说起话来就不合理，说话不合理，事情就办不成。事情办不成，礼乐教化就不能盛行。礼乐教化不盛行，刑罚的执行就不会得当。刑罚不得当，百姓就不知如何是好。所以，君子的名分必须讲得通，而且必须能执行。君子对自己说的话，是丝毫都不能马虎的。

那么，孔子这里所谓"正名"指的是什么呢？大概是确定卫出公和他父亲蒯聩的关系，如果这个关系不能确定，那卫出公治理国家就很难，而且很危险。果不其然，在出公十二年，蒯聩潜回卫国夺位成功，卫出公逃到鲁国去了。

虽然孔子认为自己的弟子还算不上"大臣"，但对他们的执政能力还是十分有信心的。季康子问孔子：仲由可以从政吗？孔子说：仲由呀，他办事果断，从政毫无问题。季康子又问：端木赐可以从政吗？孔子说：端木赐呀，他通情达理，从政也毫无问题。季康子又问：冉求可以从政吗？孔子说：冉求呀，他多才多艺，从政也毫无问题。

　　子夏是孔子晚年招收的得意弟子，勤奋好学，孔子在他身上寄予了很高希望。《孔子家语·弟子行》里子贡说："学之深，送迎必敬，上交下接若截焉，是卜商之行也。孔子说之以《诗》曰：'式夷式已，无小人殆。'（持中守正，以身作则，就不会有小人制造危险）若商也，其可谓不险矣。"但在孔子看来，子夏仅仅没有危险是不够的，还应该有很大的成就。所以他对子夏说："女为君子儒，无为小人儒。"那么，什么是"君子儒"，什么是"小人儒"呢？《孔子家语·儒行》记载了一段孔子与鲁哀公的对话，详细地讲述了儒士的六大品质：仁义宽厚，忠诚守正，独立自主，刚毅坚定，忧国忧民，大公无私。其核心是持中守正。"君子儒"大概就是这样的人，而"小人儒"则大概就是那些碌碌无为且患得患失的鄙陋之人吧[①]。显然，孔子是希望子夏要做一个"大臣"，要"以道事君"，要"不可则止"，要超过他的学长仲由、冉求。当子夏去担任莒父（今山东高密市东南）地方长官的时候，向孔子讨教治理之道，孔子语重心长地叮嘱他说：不要急于求成，不要贪图小利。急于求成就无法实现目标，贪图小利就办不成大事。这里包含着快与慢、大与小的辩证关系，如果没有一定的道德修养和人生智慧，根本做不到。可见，此时的孔子相信子夏，通过努力可以做到。

　　子夏也没有辜负夫子的希望。孔子去世后，子夏到魏国聚徒讲学，据《史记》记载，在孔门弟子中，他较全面地掌握了孔子的学说。据说他寿命也最长，活了一百岁。子夏的弟子中有田子方（曾任齐国相国）、段干木（曾任魏国上卿）、吴起（著名政治家、军事家）、禽滑釐等，甚至包括魏国国君魏文侯。著作方面，据说《论语》就是子夏及门人主持编辑的，《毛诗》之学，是由子夏传下。子夏对于传播孔子学说贡献至伟。

[①] 杨本解释"女为君子儒，无为小人儒"为"你要做君子式的儒者，不要做小人式的儒者"，似无不妥，但语意不明。

第三，举贤。

孔子认为这是"大臣"的重要职责。也许是因为自己长期不被任用，渴望有人引荐自己出仕吧，孔子对举贤十分看重。《孔子家语·贤君》记载了子贡和孔子的一段对话。子贡问孔子：当今世界，谁算得上贤臣呢？孔子说：我没看见过贤臣。从前齐国有鲍叔牙，郑国有子皮，他们都是贤臣。子贡疑惑地问：齐国的管仲，郑国的子产，难道不是贤臣吗？孔子说：赐呀，你只知其一，不知其二啊。你去打听打听，是具体干事的是贤臣呢，还是推荐人才的是贤臣呢？子贡说：能推荐人才的是贤臣。孔子高兴地说：这就对了。我听说鲍叔牙使管仲成功了，子皮使子产成功了，却没有听说管仲和子产让比他们更贤能的人成功。

另据《吕氏春秋·去私》记载，晋平公咨询国老祁奚：南阳缺一个县令，谁能去担任这个职务呀？祁奚说："解狐可以。"晋平公问：解狐不是您的仇人吗？祁奚回答说：君主问的是谁能担任南阳县令，不是问我的仇人是谁。晋平公说：说得好。于是就任命解狐担任了南阳县令，国人都说合适。过了一段时间，晋平公又问祁奚：国内缺少一个武官，谁能担任这个职务呀？祁奚说：祁午可以。晋平公问：祁午不是您的儿子吗？祁奚回答说：君主问的是谁能担任武官，不是问谁是我的儿子。于是就任命祁午担任了武官，国人都说合适。孔子听说后，赞美祁奚说：祁老先生说得太好了。举荐外人不回避自己的仇人，举荐家人不回避自己的儿子。祁奚老先生，真是持中守正的高尚君子呀！

有一次，弟子仲弓被任命为季氏家总管，临行的时候向孔子请教治理之道，孔子说：要先给下属部门主管作表率，原谅他人的小错误，举荐贤能之人。仲弓说：我怎么知道哪些人是贤人而去举荐他们呢？孔子说：举荐你所知道的人，那些你所不知道的人，别人难道会埋没他们吗？

说话总有言不由衷的时候，同时又有人微言轻的问题。因此孔子说：君子不会因为一句话就举荐他,也不会因为一个人的地位卑微,或者犯了错误就放弃他说的有价值的话。

总之,孔子提出的道德人格:要做一个忠于职守、勤勉正直的"具臣",最好能做一个"以道事君,不可则止"的"大臣"。忠于职守可以帮助君主获得成功,以道事君则可以提升君主的境界。

出 仕 篇

【原文】

1. 齐景公待孔子曰:"若季氏,则吾不能;以季、孟之间待之。"曰:"吾老矣,不能用也。"孔子行。(《微子》)

2. 子曰:"晏平仲善与人交,久而敬之。"(《公冶长》)

3. 子曰:"为命,裨谌草创之,世叔讨论之,行人子羽修饰之,东里子产润色之。"(《宪问》)

4. 子谓子产:"有君子之道四焉:其行己也恭,其事上也敬,其养民也惠,其使民也义。"(《公冶长》)

5. 阳货欲见孔子,孔子不见,归孔子豚。孔子时[①]其亡也,而往拜之,遇诸涂[②]。谓孔子曰:"来!予与尔言。"曰:"怀其宝而迷其邦,可谓仁乎?"曰:"不可。""好从事而亟失时,可谓知乎?"曰:"不可。""日月逝矣,岁不我与。"孔子曰:"诺,吾将仕矣。"(《阳货》)

6. 公山弗扰以费畔,召,子欲往。子路不悦,曰:"末之也,已,何必公山氏之之也?"子曰:"夫召我者,而岂徒[③]哉?如有用我者,吾其为东周乎?"(《阳货》)

7. 子曰:"加我数年,五十以学《易》,可以无大过矣。"(《述而》)

8. 子曰:"苟有用我者,期月而已可也,三年有成。"(《子路》)

9. 佛肸召,子欲往。子路曰:"昔者由也闻诸夫子曰'亲于其身为不善者，君子不入也'。佛肸以中牟畔，子之往也，如之何？"子曰："然。有是言也。不曰坚乎，磨而不磷；不曰白乎，涅而不缁。吾岂匏瓜也哉？焉能系而不食？"(《阳货》)

10. 子贡曰："有美玉于斯，韫椟而藏诸？求善贾而沽④诸？"子曰："沽之哉！沽之哉！我待贾者也。"(《子罕》)

11. 色斯举矣，翔而后集。曰："山梁雌雉，时哉时哉！"子路共之，三嗅而作。(《乡党》)

12. 子在陈，曰："归与！归与！吾党之小子狂简，斐然成章，不知所以裁之。"(《公冶长》)

13. 或谓孔子曰："子奚不为政？"子曰："《书》云'孝乎惟孝，友于兄弟，施于有政，'是亦为政，奚其为政？"(《为政》)

【注释】

①时：伺机，等待机会。
②涂：通"途"，道路。
③徒：白白地，徒劳。
④沽：卖出去。

【通解】

在孔子的政治哲学里，君主应该"为政以德"，用自己的学识、能力、思想和品德治理国家，教化百姓，建立同心同德的社会关系。君主应当走正道，办正事，有情有义，扶弱济贫，任用贤人，严于律己，宽以待人，制定的法度科学合理。大臣应当忠于职守、勤勉正直，"以道事君，不可则止"，要做君子儒，不做小人儒。很显然，无论是君主还是大臣，孔子对从政的人的要求都很高。之所以这样，是因为在孔子看来，政治管理关系到百姓的身家性命，关系到社稷存亡，不可以苟且从事，随随便便。由于要求太高，孔子才到处碰壁，四处漂泊，实在是没有几个人能达到老夫子的标准啊。

那么，孔子本人在从政的时候，是怎么做的呢？

公元前 517 年，鲁国发生内乱，鲁昭公被迫出走齐国。孔子也没有心思授徒讲学了。因为他特别敬重鲁昭公，同时他对几年前见过面的齐景公存有侥幸心理，于是也来到了齐国。孔子为了通过高氏引荐去接近齐景公，竟然去做了他的家臣。

但孔子在齐国并不如意。首先，齐景公一心想与晋国争霸，所以他不愿意帮助鲁昭公回国复位，就把他安置在齐国所侵占的鲁国领地上。鲁昭公不甘心接受这样的羞辱，就无奈地去了晋国。季氏又贿赂晋国六卿，阻止晋国护送鲁昭公回国，晋国便安排鲁昭公居住在晋国的乾侯。公元前 510 年，鲁昭公卒于此地。其二，当时齐国正卿虽然是晏婴，但国家政权基本掌握在田乞手里，孔子投靠的高氏是田乞排挤的对象，他想通过高氏获得从政机会几乎是不可能的。

不过，齐景公对孔子还是很欣赏的，也想借助他来建立政治秩序并抑制其他权臣的势力。他准备重用孔子，对孔子说："如果让我像鲁国对待季氏那样对待你，我做不到；比季孙氏差一点，比孟孙氏好一点，我能做到。"[①] 大概是想让孔子担任仅次于正卿晏婴的职务，但晏婴反对说：儒者能言善辩，无法用法度规范，还很傲慢；他们主张的礼节很繁杂，不容易被百姓接受。于是齐景公就打消了重用孔子的念头，他扯了个理由对孔子说：我老了，不能重用你了。孔子又听说齐国大夫要陷害他，就急匆匆地回国了。

关于这件事，有人认为是晏子使坏，有人认为是孔子太迂腐，有人认为是齐景公不能知人善任。其实都不是。齐国的国政由田乞掌握，高氏和国氏都受排挤，连正卿晏婴都小心翼翼，即使齐景公重用了孔子，又能怎么样？田氏

---

① "以季孟之间待之"似乎有言外之意，尚未有注者留意，笔者做适当探索。

家族、国君、卿大夫之间的关系盘根错节，田氏的权力和地位炙手可热，而孔子作为一个外国人，没有根基，没有资源，不也同样被田氏排挤吗？所以，这种情况不是齐景公不知人善任这么简单。其二，孔子主张的"君臣父子"之道，是对的，当时齐国也只有这样才能压制田氏，也才真正有出路，所以也不能说孔子迂腐。其三，孔子到齐国，投靠高氏而不投靠田氏，显然是对田氏怀有成见，这必然让田氏憎恨。那田乞可是杀人不眨眼的角色，因此孔子当时万分危险，必须赶快离开。晏子说那些话不是使坏，相反是为了保护孔子，他是不想让年轻有为、前途无量的孔子蹚齐国的浑水，陷入危险。不知道当时孔子对晏子这么做有什么意见，但从后来他对晏子的评价看，是心存感激的，他说：晏平仲善于与人交往，时间久了，人家会更加尊敬他。

孔子在齐国待了两年，回国后继续从事教育工作。这一年孔子三十七岁，直到他五十一岁从政担任中都宰，中间隔了十四年。

我们了解一下这一时期的相关事件，可以更好地理解孔子的治国之道。

吴国公子季札，品德高尚，智慧明达，通晓礼乐，擅长外交，有三次让国之举，被称为贤人。公元前544年，吴王派季札出访各国。他曾出使中原五国齐、鲁、郑、卫、晋，与各国士大夫如郑国子产、齐国晏婴、卫国蘧伯玉、晋国叔向等关系良好。他路经徐国的时候，徐君看上了他的宝剑，却难以启齿。季札看出来了，但因为还要访问其他国家，不便立即赠送。等他回来再次路过徐国，徐君已经去世。季札就慨然解下佩剑，挂在徐君墓旁的树上，说：我内心早已答应把宝剑送给徐君，难道因为他死了就违背我的心愿吗？这件事成为一时佳话。在齐国时，他曾对晏子说：您赶快交出封地和权力，没有采邑和权力，才能免于祸患。齐国之政不知落入何人之手，祸乱很难平息。晏子照季札说的做了，果然在栾、高二氏火并中置身事外，幸免于难。

公元前522年，郑国执政子产去世。子产是郑国贵族，他在执政期间进行了多项改革。经济上限制贵族的土地占有量，政治上主张宽猛相济，司法上铸刑鼎，公布成文法。外交上平衡晋、楚，他还重视民意而不毁乡校。孔子对他评价很高：郑国使用的公文，都是由裨谌起草，由世叔提意见，由子羽加以修改，由子产做最后润色。子产具备君子的四个素质：待人处世很谦恭，侍奉国君很认真，养护百姓有恩惠，役使百姓合情理。这是说子产以德治国，宽仁爱民。后来，听到子产去世的消息，孔子伤心地说：他是古代留给我们的仁德之人呀！这一年，孔子三十岁。

晋国从晋文公时代设置三军六卿制度，均由宗室贵族担任。到孔子时代，六卿之间勾心斗角，相互排挤，完全依靠宗法关系已经无法进行有效管理了。

阳虎原为鲁国季氏家臣，通过控制季孙氏把持了鲁国朝政。他不断拉拢一些不得志的公族和名士，包括孔子。他让人叫孔子去拜见他，孔子不愿去，他就给孔子送来一头煮熟的小猪，想以这种方式逼着孔子回访。孔子就趁他不在家的时候去回访，不料在路上遇见了他。阳虎对孔子说：来！我跟你说句话。孔子把车子靠过去，他说：一个人身怀绝技却听任国家迷失方向，这能叫仁德吗？孔子说：不能。阳虎又问：渴望从政而屡次错失机会，这能叫聪明吗？孔子说：不能。时光飞逝，时不我待啊。孔子说：好，我要去做官了。但他最终也没去。

公山弗扰在费地谋反，派人请孔子去跟他们一起干。孔子想去，子路生气地说：没有地方去就算了，何必到他们那里去呢？孔子说：那请我的人，还能让我白去一趟吗？如果有国君任用我的话，我能在东方复兴文武之道。但最终也没去。

从这些故事看，春秋时代可以说礼崩乐坏。孔子就是在这样的背景下出仕的。

公元前501年，孔子五十一岁，担任了鲁国的中都宰。孔子担任中都宰后，用礼乐教化民众，仅一年时间，就将一切治理得井井有条。第二年就被提升为大司寇。这年夏天，孔子以相礼（相当于现在司仪）身份陪鲁定公参加了齐鲁夹谷之会。临行前，孔子考虑到"有文事，必有武备"，请鲁定公带上了左右司马。整个盟会都被齐人掌控，充满杀气。他们先让野人手握凶器舞蹈"四方之乐"，企图劫持鲁君。孔子就走上去怒斥道："夷不乱华。国君相会，怎么能用夷狄之乐呢？"齐景公心知失礼，挥手把他们斥退了。后来，齐人又安排倡优舞蹈"宫中之乐"，戏弄鲁君，孔子就走上去严肃地说："匹夫迷乱国君，罪当诛。"他随即命令主事官员上去抓住几个倡优，杀掉了。孔子举止得体，义正词严，令人敬畏；齐景公做贼心虚，无可奈何，他为了显示盟主形象，还归还了过去侵占的三块鲁国土地。这次会盟鲁国大获全胜。[1]

回国后，孔子声望更高了。他便趁机抑制"三桓"，扶持公室，决定"堕三都"，就是拆除三桓家臣盘踞的三个城堡，借以削弱三桓势力。季孙氏由于阳虎、公山弗扰叛乱，叔孙氏由于侯犯叛乱，都觉得采邑里的城堡太大了对自己没有好处，就同意了。于是就把季孙氏的费城和叔孙氏的郈城拆除了，但轮到孟懿子的时候，被拒绝了，理由是"成（孟孙氏采邑）乃鲁国北大门"。此时，季孙氏和叔孙氏在孟懿子的诱导下也后悔了，就联合起来反对孔子。这样，孔子与三桓的合作破裂了。[2]第二年春天，齐国君臣为了让鲁国执政疏远孔子，给鲁国送来了八十名美女，季氏沉迷其中，连续多日不上朝理政。孔子非常失望地离开了鲁国。这是公元前497年，孔子五十五岁。

孔子的政治生涯就这么几年。治理地方，他实行礼乐教化，以德服人；对待强敌，有礼有力；辅佐国君，他抑制权臣，扶持公室，应该算得上杰出的政治作为。

但他自己对这段政治履历并不满意。他后来曾说：假如给我几年时间，让我在五十岁学习《易》的话，就不会犯大错了。显然，他认为自己在这几年是犯了大错的。那么，这个大错是什么呢？不得而知。估计应该是"堕三都"

---

[1] 《史记·孔子世家》。
[2] 《左传·定公十二年》。

这件事，太急躁冒进，处理得太简单了，缺少点灵活性。如果事先跟孟懿子商量留下成邑，作为鲁国防御工事，或者干脆联合孟懿子抑制季孙氏和叔孙氏，也许就成了。毕竟孟懿子是孔子的弟子，对孔子非常尊敬而且佩服。这件事也证明，持中守正、通权达变是多么难以践行。

经历了这几年的从政生涯，孔子对自己的政治才能更加自信了，他常跟弟子们说："假如有人用我主持国政，一年就见效，三年就成功。"但他离开鲁国后，周游列国十三年，却没有再次从政。其间也有机会，但他绝不苟且，不会为了从政而放弃原则。佛肸担任中牟宰。赵简子进攻范中行，佛肸是范中行的家臣，因此依据中牟来对抗赵简子。佛肸想叫孔子去跟他一起干，孔子也打算去。子路说："以前我听夫子说'长官都亲自做坏事的地方，君子是不会去的。'①佛肸依据中牟作乱，您却要去，这怎么说？"孔子说："是的，我说过这样的话。但不是也说过坚硬的东西，再磨也不会变薄；不是说过洁白的东西，染也染不黑吗？我难道是一只葫芦吗？怎么能光悬挂在那里而不给人吃呢？"但最终也没去。也幸亏没去，否则孔子陷入晋国卿大夫之间的争斗之中。真去了，那可就真狼狈了！从这件事看，孔子是幸运的。

非常了解孔夫子心理的子贡对孔子说："这儿有一块美玉，是把它放在匣子里珍藏起来呢，还是找位识货的人卖了呢？"孔子说："卖了它吧！卖了它吧！我在等待识货的人啊！"可是，识货的人在哪儿呢？于是，孔子又带着他的弟子们踏上了寻找希望的漫漫长路。一天，他们行走在山谷中，看见一群野鸡突然飞起，孔子脸色为之一变，他静静地看着，野鸡慢慢降落在山顶上，他感慨说："山顶上的野鸡，真是生逢其时啊！真是生逢其时啊！"随行的子路向那些野鸡拱拱手。野鸡啄了一会儿身边的食物之后又飞了起来，换地方觅食去了。

在陈国时，孔子就说："回去吧，回去吧。我家里那些弟子已经多年没见

---

① 杨本解释"亲于其身为不善者，君子不入也"为"亲自做坏事的人那里，君子不去的"，语意模糊。

面了，他们志向远大而行为散漫，文采飞扬却不懂得如何节制自己。"①子贡听出了夫子的言外之意，就跟冉求说：夫子想家了。一旦有机会就想办法请夫子回去吧。公元前 484 年，冉求率领鲁军，调度得体，表现突出，战胜了齐国军队，得到季康子赞赏，他趁机推荐孔子。季康子便派人到卫国请回了孔子。这时孔子已经六十八岁了。回到鲁国后，孔子虽然还想亲自从政，但未能如愿。不过，他在另一方面得到了心理补偿，此时他的弟子遍及诸侯各国，尤其像子路、高柴这样出身卑贱的弟子也获得了从政机会，老夫子是欣慰的。所以当有人问他为什么不从政的时候，他从容地说："《尚书》里说'孝呀，只有孝敬父母，友爱兄弟，把这种风气影响到政治上去。'我把自己的政治思想传递给执政的人，这也是从政啊。为什么一定是亲自做官才算从政呢？"其实，这么说也有些无奈。

---

① 杨本解释"不知所以裁之"为"我不知道怎样去指导他们"，笔者不认同。与"归与归与"联系不上，笔者认为"不知所以裁之"的主语不是"我"而是"吾党之小子"。

士 人 篇

【原文】

1. 子路问曰:"何如斯可谓之士矣?"子曰:"切切偲偲,怡怡如也,可谓士矣。朋友切切偲偲,兄弟怡怡。"(《子路》)

2. 子贡问曰:"何如斯可谓之士矣?"子曰:"行己有耻,使于四方,不辱君命,可谓士矣。"曰:"敢问其次。"曰:"宗族称孝焉,乡党称弟①焉。"曰:"敢问其次。"曰:"言必信,行必果,硁硁然小人哉!抑亦可以为次矣。"曰:"今之从政者何如?"子曰:"噫!斗筲之人,何足算也?"(《子路》)

3. 子曰:"三军可夺②帅也,匹夫不可夺志也。"(《子罕》)

4. 子曰:"岁寒,然后知松柏之后凋也。"(《子罕》)

5. 子曰:"士而怀居,不足以为士矣。"(《宪问》)

6. 周有八士:伯达、伯适、伯突、仲忽、叔夜、叔夏、季随、季骊。(《微子》)

7. 仲弓问子桑伯子,子曰:"可也。简。"仲弓曰:"居敬而行简,以临其民,不亦可乎?居简而行简,无乃大简乎?"子曰:"雍之言然。"(《雍也》)

8. 子曰:"不逆诈,不亿③不信,抑亦先觉者,是贤乎!"(《宪问》)

9. 子曰:"奢则不孙④,俭则固。与其不孙也,宁固。"(《述而》)

10. 子曰:"笃信好学,守死善道。危邦不入,乱邦不居。天下有道则见,无道则隐。邦有道,贫且贱焉,耻也;邦无道,富且贵焉,耻也。"(《泰伯》)

11. 宪问耻,子曰:"邦有道,谷;邦无道,谷,耻也。"(《宪问》)

12. 曾子曰:"士不可以不弘⑤毅,任重而道远。仁以为己任,不亦重乎?死而后已,不亦远乎?"(《泰伯》)

13. 子路问成人,子曰:"若臧武仲之知,公绰之不欲,卞庄子之勇,冉求之艺,文之以礼乐,亦可以为成人矣。"曰:"今之成人者何必然?见利思义,见危授命,久要⑥不忘平生之言,亦可以为成人矣。"(《宪问》)

14. 子张曰:"士见危致命,见得思义,祭思敬,丧思哀,其可已矣。"(《子张》)

15. 子曰:"臧武仲以防求为后于鲁,虽曰不要君,吾不信也。"(《宪问》)

16. 子曰:"孟公绰为赵、魏老⑦则优,不可以为滕、薛大夫。"(《宪问》)

17. 子张问:"士何如斯可谓之达矣?"子曰:"何哉,尔所谓达者?"子张对曰:"在邦必闻,在家必闻。"子曰:"是闻也,非达也。夫达也者,质直而好义,察言而观色,虑以下人。在邦必达,在家必达。夫闻也者,色取仁而行违,居之不疑⑧。在邦必闻,在家必闻。"(《颜渊》)

18. 子夏曰:"仕而优⑨则学,学而优则仕。"(《子张》)

19. 子曰;"知及之,仁不能守之,虽得之,必失之;知及之,仁能守之,不庄以莅⑩之,则民不敬。知及之,仁能守之,庄以莅之,动之不以礼,未善也。"(《卫灵公》)

20. 子路使子羔为费宰。子曰:"贼夫人之子。"子路曰:"有民人焉,有社稷焉,何必读书,然后为学?"子曰:"是故恶夫佞者。"(《先进》)

21. 子使漆雕开仕，对曰："吾斯之未能信。"子说。(《公冶长》)
22. 子曰："三年学，不至于谷，不易得也。"(《泰伯》)
23. 子曰："苗而不秀者有矣夫，秀而不实者有矣夫！"(《子罕》)
24. 季氏使闵子骞为费宰，闵子骞曰："善为我辞焉！如有复我者，则吾必在汶上矣。"(《雍也》)

【注释】

①弟：通"悌"，尊敬兄长。

②夺：强行更换，强行改变。

③亿：通"臆"，猜测，臆断。

④孙：通"逊"，谦逊。

⑤弘：强大，伟岸。

⑥要：胁迫，引申为困顿。

⑦老：卿大夫家的家臣。

⑧疚：内心感到惭愧。

⑨优：充足，有余。

⑩莅：莅临，面对。

【通解】

"士"原是一种政治身份。在周朝，社会等级分为天子、诸侯、大夫、士、平民、奴隶。"诸侯"又称"公""公侯"或"伯"，是周天子赐封的，如齐桓公、晋文公；如陈侯、蔡伯。大夫是天子、诸侯国内的行政官。"士"是最低一级贵族，诸侯家族因血缘关系疏远而导致无法继承爵位的人，皆为"士"。"士"平时作卿大夫的家臣，有禄田。士以下即为庶民。但在孔子的思想体系里，"士"开始从政治身份向人格身份转变，代指那些为出仕做官而努力求道的人，即学士。春秋战国时代，随着社会剧变，士阶层也急剧膨胀了，如策士、武士、侠士、方士、术士等，几乎凡有一技之长的人皆可称"士"。后世主要还是指读书人，大致相当于儒士。

子路和子贡都曾经问过孔子这个问题："怎么做才可以算得上'士'呢？"孔子回答子路说："能努力帮助别人，能与别人和睦相处，就可以算作'士'了——朋友之间互相勉励帮助，兄弟之间和睦相处。"回答子贡说："做人做事有羞耻感，奉命出使不辜负君主委托，就可以称为'士'了。"孔子对同一个问题的两个回答是很有针对性的，子路比较鲁莽粗野，所以孔子教育他注意人际关系，要仁义；子贡经常参与商业活动且能言善辩，所以孔子提示他要有羞耻感和使命感。子贡接着说："我冒昧地问一下，比这差一等的呢？"孔子说："宗族的人称赞他孝敬父母，乡里的人称赞他友爱兄弟。"这里的核心也是仁义。子贡又说："我再冒昧地问一下，更差一等的呢？"孔子说："说话一定要守信用，做事一定要有结果，这虽然是一些机械、死板的小人物，但也许能算得上差一等的'士'吧。"① 或许孔子不赞成"言必行，行必果"，大概是因为这种行为太过于看重表面形式了。子贡又问："现在那些执政的人怎么样？"孔子说："唉！那是一帮既无胸怀又无眼界的家伙，能算什么呢！"

在孔子看来，"士"的基本素质，除了仁义、孝悌、羞耻感和使命感之外，还必须信念坚定，意志坚定。他曾说："一个国家的军队可以被强行更换统帅，但一个真正的士人是不可能被强制改变志向的。"② 还说"士可杀不可辱"。孔子还用比喻表达"士"具备坚定的精神品质：冬天到来的时候，才知道松柏的叶子是最后凋谢的。另外，"士"还必须厉行节俭，尤其是经济条件允许奢华的时候。孔子认为，生活奢华就会显得不谦逊，生活节俭就会显得鄙陋，与其

---

① 杨本解释"言必信，行必果"为"言语一定信实，行为一定坚决"。笔者认为，把"信"释为"信实"，模糊不清；把"果"释为"坚决"，不如释为"结果"更切题。

② 杨本解释"三军可夺帅，匹夫不可夺志也"的"夺"为"丧失"，不妥，不如理解为"更换"和"改变"，如李密《陈情表》中"行年四岁，舅夺母志"。

因奢华而被看作不谦逊，宁愿坚持节俭而被看作鄙陋。这也需要有坚定的信念和意志。孔子认定周朝有八个人具备"士"的品格，他们是：伯达、伯适、伯突、仲忽、叔夜、叔夏、季随、季骃。

孔子还从反面讲过"士"的人格内涵，他认为"士"不能有两个毛病：第一，留恋安逸生活；第二，消极遁世，以清高自得。孔子曾说："一个士人，如果留恋安逸的生活，那他就配不上'士'的身份。"这就是说，士人应当积极进取，担当天下，愿意为社会做贡献。前面在《行义篇》讲过的荷蓧老人既满足于天伦之乐，又逃避于社会之外，当然算不上"士人"。《说苑》记载了这样一个小故事：孔子去拜会子桑伯子，子桑伯子衣冠不整地接待了孔子。出来后，随行的弟子就问孔子："您怎么来见这么一个人呢？"孔子说："这个人本质很好，只是缺少一些礼仪修养。我是想劝说他重视一下礼节。"孔子离开之后，子桑伯子的弟子也不高兴，问："您为什么会见孔子这样的人呢？"子桑伯子说："这个人本质很好，只是太过于重视礼仪形式。我是想劝说他减少一些礼节。"看来，孔子和子桑伯子虽然道不同不相为谋，但彼此是相互尊重的。有一次，冉雍跟孔子谈到子桑伯子，冉雍问子桑伯子这人怎么样。孔子说："这人不错，生活特别简单。"冉雍说："如果内心恭敬，行为简单，这样对待别人，不是更好吗？如果平时很随意，对待别人又这么随意，这不太简单了吗？"孔子说："你说的很对。"其实，冉雍和孔子对子桑伯子的评价不是同一个角度，孔子是从普通人格的角度，冉雍是从士人的人格角度。从普通人的人格角度，子桑伯子无可挑剔，应该算得上一位君子，也不失为一位贤人。但从士人的人格角度讲，子桑伯子缺少积极入世的责任担当，类似于魏晋时期的竹林七贤。

孔子认为士人内在品质是贤能，孔子说："不预先怀疑人家的欺诈，也不臆断人家的诚信，但可以凭借自己的智慧洞察对方的动机，这样的人就是贤人吧。"没有才能的话，那就是庸人，无所谓出世入世。

士人必须承担社会责任。第一，要担负正义的责任。积极入世，参与社会变革，用自己的道德学问造福社会。第二，要担负道义的责任，就是当环境险恶、不便于入世为官的时候，也要敢于捍卫真理，不能为了做官而做官，更不能为了谋求私利而做官。孔子说："坚定信念，努力学习，誓死守护正义之道。不进入危险的国家，不居住在动乱的地方。天下走在正道上就出仕为官，天下偏离了正道就隐居不仕。国家政策符合正义而自己却贫穷卑贱，是可耻的；国家政策不符合正义而自己却富贵显赫，也是可耻的。"有一次，原宪问什么是耻辱，孔子又把这个意思讲了一遍："国家政治符合正义，就做官领俸禄（这是正常的，也是应该的）；如果国家政治不符合正义，也去做官领俸禄的话，那就是耻辱。"培养士人，参与社会治理，是孔子创办私学的本意。他希望更多的人求道求学，就是为了有机会去开创清平世界，给民众带来公平正义。后来曾参说得更为坚决："作为'士'，必须伟岸而坚毅，因为他责任重大而道路漫长。他把在天下实现仁德作为自己的使命，这难道不重大吗？直到死才停下自己的脚步，这难道不漫长吗？"这里说的就是士人的道义责任。

　　比较激进的子张则认为士人应当追求完人的境界。那么，什么是完人呢？《孔子家语·颜回》记载了孔子给完人作的定义："达于情性之理，通于物类之变，知幽明之故，睹游气之原。若此可谓成人矣。"大意是：熟悉人情事理，通晓万物变化规律，了解阴阳互动原因，洞察事物来龙去脉，这样的人就可以称之为完人了。这几乎跟圣人差不多了。有一次，子路问孔子："什么是完人？"孔子就举了几个具体例子："像臧武仲那样聪明，像孟公绰那样克制，像卞庄子那样勇敢，像冉求那样有才，再用礼乐来让自己文雅一些，就可以算个完人了。"这确实太完美了。但他接着解释说："现在要成为完人何必要达到这么高的标准呢？只要在看见利益的时候能想到正义，遇到危险的时候能不惜生命担当责任，即使长期困顿也不忘毕生信念，就可以算是完人了。"后来，子张就把"见利思义，见危授命"这样的完人标准提升为士人标准，他说："作为'士',遇到危险的情况能不惜生命担当责任,看见利益的时候能想到是否符合正义,祭祀的时候能表情恭敬,服丧的时候能表情悲哀,这就可以了。"这标准很高啊,怪不得孔子说他有点"过"。

其实成为一个完人是不现实的,孔子提到的那些人也都是只具备某一方面的特长。这个臧武仲是臧文仲的孙子,封邑在防,曾担任鲁国司寇,因与孟孙氏有仇,受诬陷,被驱逐,跑到齐国。齐庄公赐给他土地,他敏锐地发现齐庄公本身的地位并不牢固,便没有接受。不久齐庄公被杀,他幸免于难。臧武仲逃到齐国之前,以封地防为条件请求国君继续立他的后代为世卿。他逃跑到国外,其封地极可能被没收归公,其爵禄被剥夺,子孙为庶民。——他确实很精明啊!孔子针对这件事说:"臧武仲凭借防邑封地请求君主立他的后人为鲁国大夫,即使有人说他不是要挟君主,我不相信啊。"孟公绰是鲁国大夫,清心寡欲,廉洁奉公,孔子评价他说:"孟公绰担任晋国赵氏或者魏氏的家臣,是绰绰有余的。但却做不了滕或者薛这种小地方的大夫。"也就是说,他可以做辅臣,不能做主管独当一面。卞庄子则是鲁国勇士,而且是大孝子,母亲活着的时候在战场上不卖力,或许是有高堂,不敢以身许人,而母亲去世之后他就特别勇敢了。冉求作为自己的弟子,能在这里与其他贤人并举,可见孔子是非常欣赏冉求的才干的。要集合四个人的优点,还要加上礼乐,才算是完人,这是很难的。完人嘛,古今中外能有几人?所以孔子降低了标准:一见利思义,二见危授命,三坚持信念。其实这标准也很高。

显而易见,要成为完人是不大可能的,于是,子张又关心怎样成为达人。他曾经问孔子:"作为士人,怎么做才能说得上是达人呢?"孔子就问他:"你说的达人是怎样的呢?"子张回答说:"就是在国家(诸侯封地)一定要有名声,在地方(卿大夫采邑)也一定要有名声。"孔子说:"你说的这是'有名',不是通达,可以叫'名人'。通达之人,应该是本性正直而追求道义,能体会别人说的话,能观察别人的表情,能从他人的角度考虑问题。这样的人在国家一定通达，在地方也一定通达。你说的这些名人，往往表面上实行仁德而行动上却相反，以仁人自居而毫不惭愧。他们在国家一定有名，在地方也一定有名。"正如孔子所评价的那样，子夏就比较现实，他说："出仕为官如果有余力的话就要学习知识，学习知识如果有余力的话就要出仕为官。"显然是说士人可以在工作中学习，在学习中工作，边学习边工作。

不过，孔子并不主张士人边学习边工作，而是主张先学习必要的知识，尤其是礼乐知识基础，然后才可以为官从政。他认为，凭借知识学问获得某个职位，如果仁德不足以守住它，即使得到了，也一定会丧失。凭借知识学问获得某个职位，仁德也足以守住它，如果不以庄重的态度来行使职权，那么民众就不尊敬。靠知识学问获得某个职位，仁德也足以守住它，也能以庄重的态度来行使职权，如果不能按照礼的方式来激发民众，也是不完美的。有一次，子路安排高柴去做费地的长官。孔子说："你这是坑害人家的孩子啊。"子路说："那里有民众百姓，有土神谷神，（上任之后边工作边学习），为什么一定要读书才算是学习呢？"子说："所以我讨厌那些强词夺理的人。"有一次，孔子让漆雕开去做官，漆雕开说："我在这方面还没有自信。"孔子听了很高兴，并且说："读了三年书，还不想去出仕为官，这是难得的。"关于士人出仕不出仕的问题，孔子曾打比方说："有的庄稼只长苗而不开花，有的庄稼只开花却不结果啊。"以孝闻名的闵子骞就不愿意去出仕为官，有一次，季氏派人请闵子骞去担任费地的长官，闵子骞对来人说："请你替我好好跟季大夫说，我干不了啊。如果再来找我的话，那我一定去汶水上游了（逃到齐国）。"大概闵子骞是不愿意与季氏合作吧，他不肯去为虎作伥。

关于士人的人格身份，我们不能不提到孟子提出的"大丈夫"。

有一种说法认为，孟子是孟懿子六世孙，是孔子的孙子孔伋（子思）的再传弟子，孔伋又是曾参的弟子。所以，孟子当然是孔门嫡系。春秋末年，三家分晋是东周历史上重要转折点。晋国灭亡后，与周天子同姓的大国只剩下了地处偏远、无所作为的燕国，周王朝失去了最基本的政治支撑。周公开创的宗法制度衰微。田氏代齐之后，中原地区进入了激剧的兼并时代。晋国的灭亡又为秦国的东进创造了条件。魏国任用李悝实行法制，楚国任用吴起废除世袭，齐国任用邹忌革除时弊，率先强盛起来。各国变法，成了一时风尚。商鞅、张仪、苏秦、孙膑、庞涓纷纷登上历史舞台，风云际会，纵横捭阖。孟子就生活在这一时期。面对宗法制度已经衰落，以法治理又过于简单的政治困局，他继承孔子的道德学说，高举仁政的大旗，带着弟子周游列国，宣传仁政思想。他先来到齐国，向齐威王宣讲"仁者无敌"，齐王不以为然，他只好回家继续授徒讲学。滕文公继位后，孟子来到滕国，向滕文公宣讲"井田制"，只是滕国太过弱小，不足以成气候。孟子又来到魏国，向魏惠王宣讲"王道"，魏惠王不以为然。后来，孟子再次来到齐国，向齐王宣传"仁政"，齐宣王不以为然。孟子又来到宋国，宋康王虽然没有授予什么职务，但倒是很欣赏他，并实行了他的"仁政"，结果迅速强大起来，连续打败齐、楚、魏三个大国，并把滕国给灭了。齐、楚、魏三国联合反扑，把宋国给瓜分了。笔者认为宋康王对"仁政"的理解太肤浅了。孟子的经历与孔子相比，最大的共同点是颠沛流离而不得其志；最大的区别是孟子在各国都能得到很丰厚的赏赐，衣食无忧，甚至比较优渥，这是因为此时的诸侯国君都急于招贤纳士，为了标榜礼贤下士，当然不能亏待大名鼎鼎的孟夫子了。

孟子的哲学贡献主要有三个。

第一，性善学说。《孟子·公孙丑》篇说："恻隐之心，仁之端也；羞恶之心，义之端也；辞让之心，礼之端也；是非之心，智之端也。"这就为孔子的仁德思想找到了人性的根基。有人说这太理想了，不现实。可是，如果都像韩非子那样现实，人类还有什么希望呢？

第二，仁政学说。《孟子·梁惠王》篇说："不违农时，谷不可胜食也；数罟不入洿池，鱼鳖不可胜食也；斧斤以时入山林，材木不可胜用也。谷与鱼鳖不可胜食，材木不可胜用，是使民养生丧死无憾也。养生丧死无憾，王道之始也。"《孟子·滕文公》说："夫仁政，必自经界始，经界不正，井地不均，谷禄不平；是故暴君污吏必漫其经界。"这样，孔子的德治就有了经济的基础。虽然从管仲时代甚至更早，中国先哲就把经济和政治结合了起来思考，但明确将"养生丧死"作为"王道之始"的，恐怕孟子是第一个，所以孟子思想中具有早期政治经济学的萌芽。

第三，人格学说。在孔子学说里有很多人格概念，比如士人、贤人、成人、圣人、君子等，孔子分别给予了不同解释，但很多内涵是交叉的，难以区分。孟子则从中提炼出"大丈夫"概念，《孟子·滕文公下》篇说："居天下之广居，立天下之正位，行天下之大道。得志，与民由之；不得志，独行其道。富贵不能淫，贫贱不能移，威武不能屈，此之谓大丈夫。"至此，理想人格有了标准定义，那就是"富贵不能淫，贫贱不能移，威武不能屈"。这是何等高贵的自由啊！只不过这种自由的背后是道德而不是性格，是社会责任而不是个人利益。孟子对理想人格定义是孔子关于"士"的人格内涵的延续和发展。

天 命 篇

【原文】

1. 伯牛有疾,子问之,自牖执其手,曰:"亡之,命矣夫!斯人也而有斯疾也!斯人也而有斯疾也!"(《雍也》)

2. 公伯寮愬①子路于季孙。子服景伯以告,曰:"夫子固有惑志于公伯寮,吾力犹能肆②诸市朝。"子曰:"道之将行也与,命也;道之将废也与,命也。公伯寮其如命何?"(《宪问》)

3. 子曰:"吾十有五而志于学,三十而立,四十而不惑,五十而知天命,六十而耳顺,七十而从心所欲,不逾矩。"(《为政》)

4. 子畏于匡,曰:"文王既没,文不在兹乎?天之将丧斯③文也,后死者不得与于斯文也;天之未丧斯文也,匡人其如予何?"(《子罕》)

5. 子曰:"天生德于予,桓魋其如予何?"(《述而》)

6. 孔子曰:"不知命,无以为君子也;不知礼,无以立也;不知言,无以知人也。"(《尧曰》)

7. 子路、曾晳、冉有、公西华侍坐。子曰:"以吾一日长乎尔,毋吾以也。居则曰:'不吾知也!'如或知尔,则何以哉?"子路率尔而对曰:"千乘之国,摄乎大国之间,加之以师旅,因之以饥馑。由也为之,比及三年,可使有勇,且知方④也。"夫子哂之。"求,尔何如?"对曰:"方六七十,如⑤五六十,求也为之,比及三年,可使足民。如其礼乐，以俟君子。""赤，尔何如？"对曰："非曰能之，愿学焉。宗庙之事，如会同，端章甫，愿为小相焉。""点，尔何如？"鼓瑟希，铿尔，舍瑟而作，对曰："异乎三子者之撰⑥。"子曰："何伤乎？亦各言其志也。"曰："莫⑦春者，春服既成，冠者五六人，童子六七人，浴乎沂，风乎舞雩，咏而归。"夫子喟然叹曰："吾与点也！"三子者出，曾皙后。曾皙曰："夫三子者之言何如？"子曰："亦各言其志也已矣。"曰："夫子何哂由也？"曰："为国以礼。其言不让，是故哂之。""唯求则非邦也与？""安见方六七十，如五六十，而非邦也者？唯赤则非邦也与？""宗庙会同，非诸侯而何？赤也为之小，孰能为之大？"（《先进》）

8. 颜渊、季路侍。子曰："盍各言尔志？"子路曰："愿车马，衣轻裘，与朋友共，敝之而无憾。"颜渊曰："愿无伐善，无施劳。"子路曰："愿闻子之志。"子曰："老者安之，朋友信之，少者怀之。"（《公冶长》）

9. 达巷党人曰："大哉孔子！博学而无所成名。"子闻之，谓门弟子曰："吾何执？执御乎，执射乎？吾执御矣。"（《子罕》）

10. 子曰："莫我知也夫！"子贡曰："何为其莫知子也？"子曰："不怨天，不尤人，下学而上达，知我者其天乎？"（《宪问》）

【注释】

①愬：通"诉"，告诉，控告，说人坏话。

②肆：罪犯处死后，暴尸街头以示众。

③斯：这，这些，这种，这样。

④方：规矩。

⑤如：或者。

⑥撰：掌握，具备；引申为想法，理想。

⑦莫：通"暮"。

【通解】

在中国传统文化里,"天"是重要的概念。那么,中华民族的古圣先贤是怎样认识人类头顶上这湛蓝深邃的"天"的呢?从远古时期的典籍看,我们的先哲对"天"的认识是多元的、丰富的,也是非常深刻的。

第一,天有意志,主持公道。如《尚书·皋陶谟》说"天叙有典""天秩有礼""天命有德""天讨有罪";《尚书·盘庚》说"先王有服,恪谨天命"。有人据此认为"天"在传统文化里是一种"人格神"。

虽然"天"具有人格,有意志,但"天"并非喜怒无常,居心叵测,而是有稳定的价值取向。如《尚书·咸有一德》说"命靡常,常厥德"。《汤诰》说"天道福善祸淫"。《孔子家语·在厄》解释说:"为善者天报之以福,为不善者天报之以祸。"《周易·系辞》里说:"天之所助者,顺也。人之所助者,信也。"这就是说,天帝的意志是主持公道。于是,先民把"天"看作判断人世间是非善恶的大总管,代表正道、正义。

"天"和"命"连在一起,意思是上天之意旨,由天主宰的命运;也指自然规律、自然法则。有一些人类无法解释、无法把握的事情,尤其是远古时期,与马克思所谓"必然王国"有相通之处。把这些情况解释为"天意"。"天意"虽然暂时不能解释,但"天"毕竟属于人类继续探究的对象,将来也许会得到合理的解释。在孔子时代,这种无法解释的事情自然是很多的。冉耕是孔子最早的弟子之一,以德行著称。孔子在担任鲁国大司寇时,他曾担任鲁国的中都宰。后来,他病了,孔子带着其他弟子去他家看望他,因为是传染病,他没有让孔子进屋。孔子就在窗户棂子间握着他的手说:"完了,这就是命呀!这样的好人却得了这样的病!这样的好人却得了这样的病!"这里的"命"就是无法解释的"天意"。在他担任鲁国大司寇期间,子路做了季氏家的家务总管,协助孔子"堕三都"。另一位弟子公伯寮却在背后向季氏说子路的坏话,不利于孔子削"三桓"的行动,颇有正义感的鲁国大夫子服景伯打抱不平,把这件事告诉给孔子，并说："季大夫已经被公伯寮迷惑住了（你的理想怕是无法实现了），我现在的能力还足以让他（公伯寮）横尸街头（你就发话吧）。"孔子当然不忍心杀害自己的弟子，即使他背叛了自己，即使他破坏了复兴鲁国的大业。他说："我的治国之道能推行下去，是天意；不能推行下去，也是天意。公伯寮能改变天意吗？"孔子异常冷静，不被情绪所左右。

第二，天行有常，无为而治。"有常"就是有规律，即"天道"。《孔子家语·大婚解》里解释"天道"说："日月东西相从而不已也，是天道也。不闭而能久，是天道也。无为而物成，是天道也。已成而明之，是天道也。"其中天道"无为"并不是无所事事，而是做好自己，即《周易·乾卦》所描述的："云行雨施，品物流形。大明终始，六位时成。""乾道变化，各正性命。"就是说，上天按照自己的规律运行，宇宙万物顺应天道而实现自我，成就事业。同时，"天道"还有一个特性，即阴阳交替，刚柔相济，就是《易·丰卦》所说的"日中则昃，月盈则食"。所以《孔子家语·六本》说"天道成而必变，凡持满而能久者，未尝有也"。总之，在中华文化里，"天"不仅指人类头顶上的苍天，还包括整个宇宙，宇宙万物运行规律。

第三，以天为师，天道在仁。伏羲氏观天察地发明"八卦"，这是目前所知，中华民族观察自然、探究规律的最早事迹。尧帝时期，据《尚书·尧典》记载："乃命羲和，钦若昊天，历象日月星辰，敬授人时。"这是以部落组织的力量探究自然规律，建立生活秩序的典型案例。古圣先贤正是在探究自然规律的过程中，发现了上天有"好生之德"[①]。《孔子家语·五帝德》里说："治民以顺天地之纪，知幽明之故，达生死存亡之说。""仁以威，惠而信，以顺天地之义。"并赞美尧帝"其仁如天，其智如神"，赞美舜帝"敦敏而知时，畏天而爱民"。所以《周易·系辞》里说："成性存存，道义之门。"其实，中华先

[①] 《尚书·大禹谟》。

哲所阐发的道德伦理，充满智慧。《孔子家语·五仪解》里说："所谓圣者，德合于天地，变通无方，穷万事之终始，协庶品之自然（本性），敷其大道而遂成其情性。"天道就成了中华民族的信仰，自然也就有了祭祀天地日月的文化，其本质就是崇尚公道。持中守正的中庸之道就是这样发展而来的。

第四，以民为天，民为邦本。古圣先贤的真正伟大之处在于他们没有局限于"上天"的高远深邃，把"上天"完全当作一个令人畏惧的客体，而是把"上天"和万民统一起来，把"天意"和"民意"统一起来。《尚书·皋陶谟》里说："天聪明，自我民聪明，天明畏，自我民明威。"《尚书·泰誓》里说："天视自我民视，天听自我民听"，"天矜于民，民之所欲，天必从之"。这样，"天意"就有了许多人情味儿，不是令人恐惧，而是令人敬仰，令人信赖。而民众，千千万万的普通大众，则比天更高贵，成为社会治理的根本依据。这是《尚书·五子之歌》里的"民惟邦本"、《孟子》提出的"民贵君轻"、《荀子》里的"水则载舟，水则覆舟"等政治理论的思想基础。

在对"天命"的认识上，孔子的伟大之处在于他把"天意"和事业统一起来，把自己的事业当作自己的历史使命。他在晚年总结一生履历时说："我十五岁时树立了学习的志向，三十岁时有了自己的事业，四十岁时就不再感到困惑，五十岁时明白了上天赋予我的使命，六十岁时听什么都可以分别真假，七十岁时顺着自己的心思去做就完全合乎礼仪规矩了。"① 正因如此，孔子五十岁以后，虽然年过半百但意气风发，精神昂扬，颠沛流离而始终不渝。正因如此，在被困匡地的时候，他能异常自信地说："自从周文王死后，礼乐文化不都在我这里吗？如果上天要灭掉这些文化的话，那就不应该让我掌握这些文化。如果上天不想灭掉这些文化的话，匡人又能把我怎样呢？"后来在宋国，

---

① 杨本解释"五十而知天命"为"五十岁得知天命"，并在"注释"里说"孔子不是宿命论者，但也讲天命"，另在《试论孔子》一文里又对孔子的天命观进行了详细分析，基本思想是：天主要是天理，命基本是天意。未提及"使命"之义，不妥。

宋司马桓魋想擅权专政，担心孔子一旦被宋国任用会搅了他的好事，就想杀了孔子。弟子们催促孔子快跑，他镇定地说："上天把道德学问集中到我身上，他桓魋能把我怎么样？"这是何等的自信呀！伏尔泰读到《论语》这句话的时候，曾感叹说："我们的最伟大的圣徒也没有说过比这更为精辟的格言。"①大多数人不知道自己的使命，甚至从未想过这样的问题，稀里糊涂过日子。在孔子看来，这些人算不得君子，他说："不明白自己的使命，就没有办法成为君子。不通晓礼仪规范，就没有办法立身行事。不懂得说话的艺术，就没有办法了解别人。"②

因为把传承文化当作自己的天赋使命，所以孔子毕其一生都在致力于文化研究、文化整理和文化传播，用诗书礼乐来化育弟子，培养人才，希望通过提升人们的文化程度来改善社会的文明状态，把文化传承下去。从这一角色出发，他胸怀天下，仁爱苍生，从不计较个人得失。在他看来，他个人的成功与社会的成功是统一的，与文明的进步也是统一的，或者说，只有天下太平，社会文明，人民幸福，他的个人价值才能体现出来，他就是上天派来完成这一伟大事业的。

有一次，子路、曾皙、冉有、公西华四个弟子围坐在孔夫子身边，曾皙弹奏着琴瑟。夫子说："我比你们大几岁，请你们不要因为我的缘故就不好意思说呀。你们平时常说：'没有人了解我。'那么请问，如果有人了解你，重用你，那你会怎么做呢？"子路不假思索地说："一个拥有一千辆战车的国家，夹在几个大国之间，外面有军队攻打，国内又发生灾荒。如果我去治理的话，只需三年，就可以让那里的人有勇气，而且懂规矩。"孔夫子微微一笑，说："冉求，你怎么做呢？"冉有说："一个方圆六七十里的小国家，或者再小一点，也

---

① 伏尔泰著；梁守锵译：《风俗论》，商务印书馆1994年版，第89页。
② 杨本解释"不知命无以为君子"为"不懂得命运，没有可能成为君子"，笔者认为不妥。何谓"命运"？谁能懂得？让人摸不着头脑。

就五六十里，如果我去治理的话，只需三年，我就能使那里百姓富足。至于礼乐教化，那得等贤人、君子去做。"孔子又问公西华："公西赤，你怎么做呢？"公西华说："我不敢说能做到，只是愿意学吧。宗庙祭祀这些事，还有与其他国家会盟之类的，我可以穿着礼服，做一个小小的司仪官。"孔子又问曾皙："曾点，你怎么做呢？"此时，奏瑟的声音渐渐稀疏了，最后"铿"的一声停住了，曾皙放下琴瑟立起来，说："我的想法跟他们三位不一样。"孔子说："那有什么呢？不过是各自说一说自己的理想罢了。"曾皙说："暮春时节，人们已经穿上了夏天的衣服，有五六个成年人，带着六七个儿童，在沂水河里洗浴，在舞雩台上吹风，然后唱着歌儿回家。"孔子听完后长叹一声，说："我赞同曾点的想法。"一会儿，子路、冉有、公西华出去了，曾皙走在后面，跟夫子说："他们三人的想法怎么样？"孔子说："没什么，也就是各自谈谈自己的理想。"曾皙问："那你怎么笑仲由呢？"夫子说："治理国家要依靠礼乐，他说话毫不谦让，所以我笑他（而冉求和公西赤，就谦虚得过头了）。冉求说的难道不是国家事务吗？（他却刻意地把邦国说得很小）怎么能说方圆六七十里甚至五六十里就不是邦国呢？公西赤说的难道不是国家事务吗？宗庙祭祀、诸侯会盟这样的事，不是国家事务又是什么呢？（他却特意说自己只做小司仪）如果他只做小司仪，那么谁做宰辅呢？他们没必要这么谦虚。"

　　这段对话非常有名，其中子路表现出的军事才能，完全可以胜任三军统帅；冉有表现出的理财能力，完全可以胜任财政大臣；公西华表现出的礼乐才华，完全可以胜任宰辅或者司徒。孔夫子对他们都是肯定的，只是觉得子路态度过分张扬，而冉有和公西华则过分内敛。因为他们的理想都在政治方面，不是为非作歹，也不是稼穑之计，孔子都是支持的，所以没有表态；如果表态，反而成标准答案了，那不是孔夫子的风格。那么，孔夫子为什么单单对曾皙的理想表示赞叹呢？

　　曾皙小孔子六岁，子路小孔子九岁，他们属于同一代人。曾皙的话描绘了一幅太平祥和的盛世景象：大人怀着愉快的心情带着孩子在河里嬉戏，到岸上吹风，回家时欢乐地唱着歌，这里没有饥饿，没有战争，没有尊卑，没有隔阂，只有天伦之乐。这不就是大同世界吗？这不就是礼乐教化的最终结果吗？这正是孔夫子梦寐以求的理想社会！他怎么能不脱口赞叹呢？与曾皙的理想相比，子路、冉有、公西华的理想就显得狭隘了些，或者说，他们的理想只是他们自己能做什么，而不是天下人怎么样；他们想的是施展才能的舞台，而曾皙和孔子想的是施展才能所要实现的目的，是通过自己努力所达到的与民同乐的文明境界。所以孔夫子最后表示"赞同曾点"。

　　子路还参与了另外一次关于理想的谈话。当时是和颜渊坐在孔子身边，孔子说："你们何不谈谈自己的理想呢？"也是子路率先发言："我希望朋友之间，车马、衣服都可以共同使用，即使用坏了也不遗憾。"颜渊说："我希望人们不夸耀自己的优点，也不宣扬自己的功劳。"子路说："我们想听听老师的志向。"孔子说："我希望老年人安乐舒适，朋友之间相互信任，孩子们都怀着远大理想。"[①]与夫子相比，弟子们的格局还是小了点，尤其是子路，他想到的只是几个人之间的事情，颜回想到的多一些，而孔夫子想的是天下。

　　那么，"老年人安乐舒适，朋友之间相互信任，孩子们都怀着远大志向"是一种什么状态呢？就是人人幸福的状态。自古以来，各民族世世代代都在探讨"什么是幸福"的问题，但得出的结论千奇百怪，大多局限在物质享受方面。如果以物质财富为"幸福"的标准或条件，那么，与富有的人相比，贫穷的人就没有幸福了吗？与现代人相比，古代人就没有幸福了吗？与未来的人相比，今天的人就没有幸福了吗？可是，富有的人有多少是幸福的呢？现代人有多少是幸福的呢？未来也一样。显然，物质财富并不是"幸福"的主要标准，在基本温饱的情况下，"幸福"是一种精神状态。在这种状态下，老人们安全、健康、舒适、惬意；中青年人在外工作，同事之间相互信任，能坦诚相待，心里踏实，

---

① 杨本解释"少者怀之"为"年轻人使他怀念我"，如此理解，孔子就太自私而狭隘了吧。

无忧无虑，无所顾忌；孩子们从小就心怀理想，喜欢做梦，即便是生活艰苦点儿，他们又有谁去在乎呢？无拘无束的嬉戏才是他们生活的本色呀！也是他们永存心底的最纯粹的幸福！现在很多人把"快乐"当成幸福，甚至把"快感"当成幸福，其实这不过是口体之奉、肌肤之趣而已，距离真正的精神生活很遥远，而真正的幸福反而被"快乐""快感"给破坏了。

总之，以传承文化为使命，以实现文明为己任，这就是孔夫子的伟大人格。

在路过达巷这个地方的时候，有个当地人赞美孔子说："真是伟大呀，孔夫子！这么博学多识却不凭借这些东西求取虚名。"这个评价，既有对孔子一无所成的贬低，也有对孔子务实的褒奖。孔子听了后对在场的弟子说："我能做什么呢？是驾车呢，还是射箭呢？我驾车吧。"孔子这句话也非常有内涵。据史料记载，古代战车上一般乘坐三个人，居中者负责驾车，居左者用箭射击敌人，居右者用枪刺杀敌人。孔子选择驾车，一是说自己不图战功，二是说自己持中守正，追求大道，是为全天下人追求利益，而不是为一个人或几个人追求利益，更不是为自己追求名声。达巷之人怎么理解得了呢？

所以，孔子跟子贡叹息说："没有人理解我的心情呀！"子贡问："您说没有人理解您是什么意思呢？"孔子说："我不埋怨上天，也不责怪别人，所以能掌握各种文化知识，能明白上天赋予的使命。恐怕只有老天才知道我担负的历史责任是多么重要吧！"[①]

[①] 杨本解释"知我者天乎"为"知道我的，只是天吧"，表意模糊。既然"使命"来自上天，自然只有上天才知道它为什么赋予我这样的使命。

君 子 篇

【原文】

1. 子曰:"君子不器①。"(《为政》)

2. 子曰:"君子贞而不谅②。"(《卫灵公》)

3. 子曰:"君子矜而不争③,群而不党。"(《卫灵公》)

4. 子曰:"君子病无能焉,不病人之不已知也。"(《卫灵公》)

5. 子曰:"君子疾没世而名不称焉。"(《卫灵公》)

6. 子路问君子,子曰:"修己以敬。"曰:"如斯而已乎?"曰:"修己以安人。"曰:"如斯而已乎?"曰:"修己以安百姓。修己以安百姓,尧舜其犹病诸?"(《宪问》)

7. 司马牛问君子,子曰:"君子不忧不惧。"曰:"不忧不惧,斯谓之君子已乎?"子曰:"内省不疚,夫何忧何惧?"(《颜渊》)

8. 子贡曰:"君子亦有恶乎?"子曰:"有恶。恶称人之恶者,恶居下流而讪上者,恶勇而无礼者,恶果敢而窒者。"曰:"赐也亦有恶乎?""恶徼④以为知者,恶不孙以为勇者,恶讦以为直者。"(《阳货》)

9. 子曰:"恶紫之夺朱也,恶郑声之乱雅乐也,恶利口之覆邦家者。"(《阳货》)

10. 子曰:"君子坦荡荡,小人长戚戚。"(《述而》)

11. 子曰:"君子怀德,小人怀土;君子怀刑⑤,小人怀惠。"(《里仁》)

12. 子曰:"君子上达,小人下达。"(《宪问》)
13. 子曰:"君子泰而不骄,小人骄而不泰。"(《子路》)
14. 子曰:"躬自厚而薄责于人,则远怨矣。"(《卫灵公》)
15. 子曰:"君子周而不比,小人比而不周。"(《为政》)
16. 子曰:"君子和而不同,小人同而不和。"(《子路》)
17. 子曰:"君子求诸己,小人求诸人。"(《卫灵公》)
18. 子曰:"君子而不仁者有矣夫,未有小人而仁者也。"(《宪问》)
19. 子曰:"君子不可小知⑥而可大受也,小人不可大受而可小知也。"(《卫灵公》)
20. 子夏曰:"虽小道,必有可观者焉,致远恐泥⑦,是以君子不为也。"(《子张》)
21. 子曰:"君子易事而难说也。说之不以道,不说也;及其使人也,器之。小人难事而易说也。说之虽不以道,说也;及其使人也,求备焉。"(《子路》)
22. 子曰:"君子成人之美,不成人之恶。小人反是。"(《颜渊》)
23. 棘子成曰:"君子质而已矣,何以文为?"子贡曰:"惜乎,夫子之说君子也!驷⑧不及舌。文犹质也,质犹文也,虎豹之鞟,犹犬羊之鞟。"(《颜渊》)
24. 子夏曰:"君子有三变:望之俨然,即之也温,听其言也厉。"(《子张》)
25. 子夏曰:"小人之过也必文。"(《子张》)
26. 子贡曰:"君子之过也,如日月之食焉。过也,人皆见之;更也,人皆仰之。"(《子张》)

【注释】

①器：具体事物，形而下者。

②谅：小节，拘泥于小节。

③争：抗争，对抗。

④徼：抄袭，剽窃。

⑤刑：通"型"，铸造器具的模子，引申为榜样。

⑥知：主持，掌管。

⑦泥：拘泥。

⑧驷：四匹马一齐拉的战车，在当时是速度最快的交通工具，相当于现代高铁。

【通解】

正如"士"在孔子思想体系里不再是一种社会身份而是一种道德身份一样，"君子"也不再是贵族男子的通称，而是不同地位、不同身份的人共同追求的一种理想人格。关于君子的概念，我们先看《孔子家语·六本》里孔子的一段话："行己有六本焉，然后为君子也。立身有义矣，而孝为本。丧纪有礼矣，而哀为本。战阵有列矣，而勇为本。治政有理矣，而农为本；居国有道矣，而嗣为本。生财有时矣，而力为本。……是故返本修迩，君子之道也。"显然，孔子说的是"做人有六本"不是"君子有六本"，就是说，一个人做到其中的一项就可以称得上君子，而不是说做到全部这六个方面才是君子，因为这六个方面分别属于不同社会角色的人。

那么，到底什么样的人是君子呢？《孔子家语·五仪解》里解释说："所谓君子者，言必忠信而心不怨，仁义在身而色不伐（炫耀），思虑通明而辞不专（强横）。笃行信道，自强不息。"从这里我们看出，君子就是持中守正、走正道的人。

我们有必要认识一下"君子"这种人格的丰富内涵。如果把"走正道"作为君子人格的总体特征，我们发现，君子恰好处在社会的中间，低于"君子"的人格身份有三类，即"小人""庸人"和"士人"，其中"小人"不学无术，专靠损害别人来保存自己；"庸人"虽然也不学无术，但他们无意做坏事，有时也会在无意之间做好事，偶尔有君子之行；"士人"是有志于学，争取使自己成为君子的人，他们常有君子之行。高于君子的人格身份也有三类，即"贤人""成人（完人）"和"圣人"，其中"贤人"是经常走正道且才干突出的人，他们一定是君子；"成人"是各个方面都很优秀的人，他们也一定是君子；"圣人"是发明道德的人，即哲学家，他们当然是君子。从社会占比来说，"圣人"几千年出一个，"成人"几百年出一个，"贤人"几十年出一个，"君子"经常出现，社会上绝大多数是"庸人"，如果"庸人"有志于学就是"士人"，真正的"小人"是极少的。

前面讲过，持中守正是很难做到的，那么，要成为"君子"不是很难实现吗？其实这是两个概念，持中守正确实是一种很高的境界，大多数人可能确实达不到。但正如孔子本人那样，始终不放弃希望，始终努力去实现理想，这就是君子呀！即使理想不能最终实现，但却成就了君子之名。理想本来就是用来激发人的生命活力的，不一定能实现的；如果一定能实现，那就是目标，而不是理想了。一个人如果只有目标而没有理想，那他的生命就索然无味了，也就没有幸福了。

那么，以持中守正为理想的君子在日常行为中有哪些表现呢？太多了，比如：通达而不局限于形式[①]；守正但不拘泥于小节；庄重但不与人对抗，团结众人但不搞小圈子；担心自己没有能力而不担心别人不了解自己；担心自己死的时候配不上君子之名；知天命，知道自己的历史责任和天赋使命，等等。

---

① 杨本解释"君子不器"为"君子不像器皿一样，只有一定的用途"，有歧义，"有一定用途"难道不对吗？"君子不像器皿一样"，那孔子怎么把子贡比作"瑚琏"呢？

这样，一个人要成为君子，就不是一件特别难的事情了。《孔子家语·三恕》曰："君子有三恕：有君不能事，有臣而求其使，非恕也；有亲不能孝，有子而求其报，非恕也；有兄不能敬，有弟而求其顺，非恕也。"就是说君子要公正，自己做不到，就不能要求别人做到，这才公平。又说："君子有三思，不可不察也。少而不学，长无能也；老而不教，死莫之思也；有而不施，穷莫之教也。"就是说君子要担当，不同社会角色的人要主动去做自己应该做的事。《孔子家语·好生》里说："君子有三患：未之闻，患不得闻；既得闻之，患弗得学；既得学之，患弗能行。"就是说君子要自我完善，要学以致用，主动把知识应用于实践。这些事情，做起来并不难。

有一次，子路问到怎样做才能成为君子的问题。孔子说："提高自己的修养，尊敬别人。"子路不解地问："这样就行了吗？"孔子说："提高自己的修养，让别人安宁快乐。"子路又问："这样就行了吗？"孔子说："提高自己的修养，让百姓安宁快乐。即使是尧舜又能指责他什么呢？"司马牛也提出过同样的问题，孔子则说："君子啊，既不担心什么，也不害怕什么。"司马牛也很不解，说："不担心什么，不害怕什么，这就是君子了吗？"孔子说："经常反省自己，做到问心无愧，那还有什么可担心的，有什么可害怕的呢？"在这里，孔夫子强调的是"修己"和"反省"，其实就是努力学习，经常思考；知识丰富了，思想深刻了，眼界就高远了，性情就通达了，也就有道德了。

那么，一个通达的人，一个什么事情都看得很明白的人，不就成老油条了吗？这样的人有做人做事的原则吗？所以，子贡问孔子："君子有讨厌的人吗？"孔子说："有。君子讨厌到处宣扬别人缺点的人，讨厌居于下位却总是诽谤上位的人，讨厌遇事有勇气却没有礼貌的人，讨厌做事果断却不通情理的人。"又接着问子贡："你有讨厌的人吗？"子贡说："我讨厌剽窃别人的言论却自以为聪明的人，讨厌把不谦虚当成勇敢的人，讨厌把揭人之短当成正直的人。"孔子感叹说："我最讨厌的是紫色占据了红色的位置，郑声扰乱了纯正的旋律，利用伶牙俐齿颠覆国家的人。"显然，君子不是没有原则的"乡愿"，而是有高尚是非观的有德之人。从子贡的是非观看，他是一个了不起的正人君子。而孔子，更是一个忧国忧民的大圣人，他讨厌的都是走邪路的人。

在孔子的思想体系里，君子是一种理想人格，是每一个人的人生追求。所以，孔子经常引导、鼓励弟子们博学日省，追求"君子人格"，扬弃自身存在的鄙陋之见，成为君子。为此，他对性情通达的君子与见识浅薄的小人进行过多方面比较。

在性情方面，他说："君子往往心地宽广，小人常常自寻烦恼。""君子心里装的是道德学问，小人心里装的是安逸的生活；君子心里想的是人生的榜样①，小人心里想的是别人的赏赐。""君子能明白形而上的抽象的道理，小人只明白形而下的具体的事物。"②"君子态度安详但不会傲慢待人，小人傲慢待人却不可能态度安详。"其实，不傲慢待人也不容易做到，生活中之所以有很多人招致怨恨，就是因为傲慢，动辄别人怎样怎样，唯独自己完美无缺。傲慢待人就是不尊重人，没有平等意识。孔子给出的解决方法是严于律己而宽以待人，他说："对自己要求多一些，对别人责怪少一些，就能远离怨恨了。"

在做人方面，孔子说："君子对所有人都很好，但不搞小圈子。小人总是搞小圈子，而不可能对所有人都好。""君子能与人和平共处，但不要求别人与自己一样。小人总是要求别人与自己一样，却不会与人和平共处。""遇到困难时，君子总是发掘自身潜力，小人总是等着依赖别人。遭遇失败时，君子总是从自己身上寻找原因，小人总是从别人身上寻找原因。"君子以"仁德"作为追求目标，而小人是不会追求仁德的。所以他说："达不到仁德标准的君子是有的，但达到仁德标准的小人是没有的。"③

---

① 杨本解释"君子怀刑"为"君子关心法度"，与"道之以德，齐之以礼"的主张相悖。
② 杨本解释"君子上达，小人下达"为"君子通达于仁义，小人通达于财物"，未免太浅了。
③ 杨本解释"君子而不仁者有矣夫，未有小人而仁者也"为"君子之中不仁的人有的吧，小人之中却不会有仁人"，表意含糊，令人费解。

在做事方面，孔子说："君子不可以管理小事情但可以承担大责任，小人不可以承担大责任却可以管理小事情。"①像张良、韩信、陈平这样的人做小事就很费劲，常常受累不讨好，但做大事，则往往举重若轻。子夏也说："即使是小技艺，其中也一定包含着一些大道理，但追求远大理想的人总担心被这些小事情所限制，所以君子不做这些事。"孔子还说："在君子手下做事很容易，但却很难让他高兴；通过不正当方式让他高兴，他是不会高兴的；等到他使用手下人的时候，他能够量才而用。如果在小人手下，做事很难却容易让他高兴；即使通过不正当途径让他高兴，他也很高兴；等到他使用手下人的时候，他往往求全责备。""君子总是成全别人的好事，不成全别人的恶行。小人则与之相反。"

如此把君子和小人并列对举，我们应该做什么，怎么做，就很清楚明白了。

君子往往表里如一，小人往往口是心非。有一次，卫国大夫棘子成问子贡："作为君子，有美好的品性就可以了，为什么还要有华美的文采呢？"子贡说："太遗憾了，您这么看待君子。一言既出，驷马难追呀（你说的话如果不好听，人家就会对你产生反感，即使你有美好的品质也来不及了）。表面的文采跟内在的品质是统一的，内在的品质跟表面的文采也是统一的。举个例子吧，如果褪了毛皮，虎、豹跟狗、羊还有区别吗？"子贡的这个比喻，实在是太形象而准确了。关于表里如一的重要性，孔子也有深刻论述。据《孔子家语·好生》记载，有一次，鲁哀公问孔子说："绅、委、章甫，有益于仁乎？"他问：腰上系着带子，头上戴着礼帽，对发扬仁德有意义吗？孔子怎么也没有想到鲁哀公作为一国之君竟然问这样的问题，所以脸色突然严肃起来，回答说："君胡然焉？衰麻苴杖者，志不存乎乐，非耳弗闻，服使然也。黼黻衮冕

---

① 杨本解释"君子不可小知而可大受也"为"君子不可以用小事情考验他，却可以接受重大任务"，好像"君子"如花瓶一般，碰不得。

者，容不亵慢，非性矜庄，服使然也。介胄持戈者，无退懦之气，非体纯猛，服使然也。"您怎么说这种话呢？穿丧服、拿丧棒的人无心欣赏音乐，不是他耳朵听不见，而是他穿的丧服让他这样的。穿礼服、戴礼帽的人表情不轻佻随意，不是他本性庄严，而是他穿的礼服让他这样的。穿铠甲持刀兵的战士没有怯懦退缩之色，不是他本身勇猛，而是他穿的戎装让他这样的。通过子贡和孔子的论述，我们应该明白"表"和"里"为什么必须要一致了。也许我们自己不觉得，但在别人眼里，我们的"表"就是我们的"里"，我们说怎样的话，穿怎样的衣服，都向世人表明我们是怎样的人。所以，实在不能大意呀。

子夏则说："君子给人的直观感觉会有三种：远远望去，你会觉得他很庄重；靠近以后，你会觉得他很温和；听他说话时，你会觉得他很严肃。"庄重、温和、严肃的状态都是君子守正、律己、宽人等内在品质的外在表现。而小人由于缺乏内在涵养，没有定性，表现出来就是巧言令色，装腔作势，言不由衷，故作姿态，麻木呆板，游移不定。最明显的是，君子和小人在犯错误之后的表现往往差异很大。子夏说："小人犯了错误一定会加以掩饰。"君子不会去文过饰非。子贡也曾说："君子的过错，就像发生日食、月食一样。他犯错误的时候，别人都能看得见。他改正错误的时候，别人都会仰望他。"不像小人总是遮遮掩掩。

关于君子，我们有必要谈一谈"慎独"的问题。

《中庸》里说："道也者，不可须臾离也，可离非道也。是故君子戒慎乎其所不睹，恐惧乎其所不闻。莫见乎隐，莫显乎微，故君子慎其独也。……致中和，天地位焉，万物育焉。"多数时候，我们把"慎独"理解成"即使自己独处的时候也要谨慎从事"，这是有点肤浅的。这里，我们需要重视文字中的"是故"和"故"这两个地方。首句说"道"无处不在，无时不有，"不可须臾离也"，这样"是故"后面就是让我们面对"所不睹""所不闻"的事物时一定要"戒慎"，心怀敬畏，认真对待，因为虽然我们不熟悉，但其中同样隐含着某种规律性（道）。与之形成因果关系的就是，"道"无不隐藏在事物背后，无不表现于细节之中，求道之士必须慎重对待自己的独特发现和个人理解。这便是"慎独"。因为每个人都有自己的独特理解，所以要保留自己的看法，尊重别人的看法，这才有后面的"致中和"。朱熹对"道"的理解也是对的，但他归结为"遏人欲于将萌"，这就偏了。后文还有"天下国家可均也，爵禄可辞也，白刃可蹈也，中庸不可能也"，这句话的意思是：天下国家可以分出去（指君主），爵位俸禄可以让出去（指卿大夫），个人生命也可以献出去（指士人），但中庸之道是拒绝不掉的，因为道"不可须臾离也"。而朱熹把"不可能"理解成"不可能实现"，于是他说："三者都很难做到，且不必合乎中庸之道；中庸之道虽然不是这么难，却非'无一毫人欲之私者不能及也'。"[1]总是向"灭人欲"方向硬扯，致使后世君子抛弃了独立思考的"慎独"。岂不愚哉！

---

[1] 朱熹《四书章句集注》。

智 明 篇

【原文】

1. 子曰:"知者不惑,仁者不忧,勇者不惧。"(《子罕》)

2. 樊迟问知,子曰:"务民之义,敬鬼神而远之,可谓知矣。"(《雍也》)

3. (樊迟)问知,子曰:"知人。"樊迟未达。子曰:"举直错①诸枉,能使枉者直。"樊迟退,见子夏曰:"乡②也吾见于夫子而问知,子曰'举直错诸枉,能使枉者直',何谓也?"子夏曰:"富哉,言乎!舜有天下,选于众,举皋陶,不仁者远矣。汤有天下,选于众,举伊尹,不仁者远矣。"(《颜渊》)

4. 子张问明,子曰:"浸润之谮,肤受之愬,不行焉,可谓明也已矣。浸润之谮,肤受之愬,不行焉,可谓远也已矣。"(《颜渊》)

5. 卫灵公问陈③于孔子,孔子对曰:"俎豆之事,则尝闻之矣;军旅之事,未之学也。"明日遂行。(《卫灵公》)

6. 冉有曰:"夫子为卫君乎?"子贡曰:"诺,吾将问之。"入曰:"伯夷、叔齐何人也?"曰:"古之贤人也。"曰:"怨乎?"曰:"求仁而得仁,又何怨?"出曰:"夫子不为也。"(《述而》)

7. 子曰:"邦有道,危④言危行;邦无道,危行言孙。"(《宪问》)

8. 子曰:"事君尽礼,人以为谄也。"(《八佾》)

9. 子游曰:"事君数,斯辱矣;朋友数,斯疏矣。"(《里仁》)

10. 子曰:"可与言而不与之言,失人;不可与言而与之言,失言。知者不失人,亦不失言。"(《卫灵公》)
11. 子曰:"视其所以⑤,观其所由,察其所安,人焉廋哉?人焉廋哉?"(《为政》)
12. 阙党童子将命。或问之曰:"益者与?"子曰:"吾见其居于位也,见其与先生并行也。非求益者也,欲速成者也。"(《宪问》)
13. 子曰:"其言之不怍,则为之也难。"(《宪问》)
14. 子曰:"论笃是与,君子者乎?色庄者乎?"(《先进》)
15. 子曰:"色厉而内荏,譬诸小人,其犹穿窬之盗也与?"(《阳货》)
16. 子曰:"巧言令⑥色,鲜矣仁。"(《学而》)
17. 子曰:"巧言令色,鲜矣仁。"(《阳货》)
18. 子曰:"巧言、令色、足⑦恭。左丘明耻之,丘亦耻之。匿怨而友其人,左丘明耻之,丘亦耻之。"(《公冶长》)
19. 子曰:"由,诲汝知之乎!知之为知之,不知为不知,是知也。"(《为政》)
20. 子曰:"人之过也,各于其党⑧。观过,斯知其仁矣。"(《里仁》)
21. 子曰:"智者乐水,仁者乐山;知者动,仁者静;智者乐,仁者寿。"(《雍也》)
22. 子曰:"好勇疾贫,乱也。人而不仁,疾之已甚,乱也。"(《泰伯》)
23. 子曰:"如有周公之才之美,使骄且吝,其余不足观也已。"(《泰伯》)
24. 子曰:"后生可畏,焉知来者之不如今也?四十、五十而无闻焉,斯亦不足畏也已。"(《子罕》)
25. 子曰:"年四十而见⑨恶焉,其终也已。"(《阳货》)
26. 子曰:"已矣乎!吾未见能见其过而自讼者也。"(《公冶长》)
27. 子曰:"不患人之不己知,患不知人也。"(《学而》)

28. 子曰:"不患人之不己知,患其不能也。"(《宪问》)

29. 子曰:"不患无位,患所以立。不患莫己知,求为可知也。"(《里仁》)

30. 子曰:"攻乎异端,斯害也已。"(《为政》)

31. 子曰:"里仁为美。择不处仁,焉得知?"(《里仁》)

【注释】

①错:通"措",放置,安排,如"手足无措"。

②乡:通"向",向来,一直以来,以前。

③陈:通"阵",战阵,行阵,借指军事行动。

④危:正直的,端正的。

⑤以:凭借,使用。

⑥令:美好。

⑦足:充分,完美无缺。

⑧党:古代地方组织单位,引申为类属,所属。

⑨见:介词"被"。

【通解】

智,简单说就是聪明,见识;不同于天赋或才华,是后天学习而成的通达明白。智明是君子追求正义、实现人生理想的重要素质,《中庸》把"智明"与"仁爱""勇敢"并称为实现一切理想的基本条件,说:"智、仁、勇三者,天下之达德也。"孔子解释说:"智明的人没有困惑,仁爱的人没有忧虑,勇毅的人无所畏惧。"但要成为一个明白人是很难的,很多人总认为自己很明白,其实很糊涂。"明白"是对法则的透彻理解,是对人情事理的通晓明达,是认识并掌握事物的规律,不容易做到。

在《论语》里,孔子论述过四种"智":为政之智,见机之智,知人之智，知己之智。

第一，为政之智。

为政之智就是从事政治治理的智慧，在前面诸篇里多有论述，这里只作一点补充。

樊迟曾两次请教关于"什么是智"的问题。一次是单独问"智"，另一次是在问"仁"的时候，顺便问到"智"。第一次，樊迟问孔子："怎么样才能算是明白呢？"孔子说："努力去做百姓认为合理的事，敬奉鬼神但又远离它们，这就算是明白了。"第二次，还是这个问题，孔子的回答是："明白就是了解别人。"樊迟有点发蒙，孔子解释说："把正直的人提拔上来，使他们的地位高于那些不干正事的人，就能使不正直的人变得正直。"樊迟还是一头雾水，退出来之后又问子夏："刚才我去见老师，问他什么是明白，他说'把正直的人提拔上来，使他们的地位高于不正直的人'，这是什么意思？"子夏说："这句话内涵很丰富啊！帝舜得了天下之后，在众人中选拔人才，把皋陶提拔了上来，那些不仁德的人就走了。商汤得了天下之后，也从众人中选拔人才，把伊尹提拔了上来，那些不仁德的人就走了。"

子夏的话很容易让人想起孟尝君和他的门客。王安石在《读孟尝君传》里说："世皆称孟尝君能得士，士以故归之，而卒赖其力以脱于虎豹之秦。嗟乎！孟尝君特鸡鸣狗盗之雄耳，岂足以言得士？不然，擅齐之强，得一士焉，宜可以南面而制秦，尚何取鸡鸣狗盗之力哉？夫鸡鸣狗盗之出其门，此士之所以不至也。"孟尝君手下有六千多门客，作为东方大国的相国，面对秦国的崛起却无所作为，反而被扣在秦国，原因当然是多方面的，但王安石认为，最重要的原因是孟尝君并没有得到真正的人才，他的门客不过是一些鸡鸣狗盗之徒，恰恰是由于这么多鸡鸣狗盗之徒充斥于门下，真正的人才就不来了，来了也没有机会。正所谓"君子德风，小人德草"，上位者喜欢鸡鸣狗盗，鸡鸣狗盗之徒自然闻风而来，即使本不是鸡鸣狗盗之徒也会学一些小伎俩来混碗饭吃。上位者不喜欢走正道的大臣，那么，天下走正道的士子就归隐山林，耕种农田去了。清朝时候就是这样，看不到一个顶天立地的政治家。

作为政治家，最忌讳的是耳朵根子太软，理智被情感所迷惑，对人的评价、对事的认识因为亲近的人提出不同意见就发生改变，历史上很多冤假错案、亡国败家的故事，大多因此而发生。有一次，子张问孔子："怎样才算是明白呢？"孔子说："日积月累的谗言，急迫切身的诬告，在你这里都行不通，就算是看得很明白啊。日积月累的谗言，急迫切身的诬告，在你这里都行不通，就算是看得很长远啊。"孔子之所以重复了两次，是因为这种情况实在是太多了，危害太大了，必须高度警惕。

晋文公重耳流亡的故事广为人知，其原因就是他的父亲晋献公耳朵根子太软，迷惑于宠妃骊姬，在骊姬的谋划下逼死了世子申生，驱逐了公子夷吾和重耳。晋献公死后，骊姬的儿子继位，晋大夫里克杀死了骊姬的两个儿子，致使晋国多年动乱不定。骊姬自然是糊涂不堪，晋献公也昏聩得可以呀。西周最后一代天子周幽王也是如此，偏信谗言，执意废除太子宜臼，立褒姒之子伯服为太子，导致朝廷大乱，戎人入侵，城毁国破，生灵涂炭，王室被迫东迁洛阳。这一切都是由于执政者抵挡不住"日积月累的谗言，急迫切身的诬告"。

第二，见机之智。

《周易·系辞》里说："知几，其神乎！"接着解释说："几者，动之微，吉之先见者也。"所以"君子见几，不俟终日"，意思是君子一旦洞察吉凶苗头就要立刻采取行动，不可错过时机。又说："君子安其身而后动，易（平静）其心而后语，定其交而后求。"都在说君子要见机行事。发现事物的奥秘，洞悉事物的规律，尤其是时机的把握，这是非常高深的学问。《周易》里多次提到"时机"问题，《豫卦》《随卦》《颐卦》《大过卦》《坎卦》《遯卦》《睽卦》《解卦》《姤卦》《革卦》《旅卦》都告诫人们：时机的把握非常重要。而《损卦》和《益卦》更明确告诉我们：与时偕行。事物发展千变万化，此时正确的措施到彼时就是错误的，此时错误的行为到彼时则可能是正确的。因此唐人王勃在《滕王阁序》里把能"见机""知命（规律）"的人称为"君子"和"达人"。

既坚持原则，又灵活变通，见机行事，是孔子的一贯作风。公元前497年，孔子离开鲁国来到卫国，就是因为看好卫灵公，希望有机会得到重用，实现自己的鸿鹄之志。据《孔子家语·贤君》记载：孔子晚年回到鲁国之后，鲁哀公曾经问他："当今诸侯国君谁最贤能？"孔子回答说："没有。如果勉强说一个的话，就是卫灵公，因为他能知人善任。"孔子为了获得从政机会，甚至违心地接受了卫灵公夫人南子的召见。但他从不钻牛角尖，在一棵树上吊死。当卫灵公向他请教"（战）阵"的时候，他说："礼仪方面的事情，我曾经听说过；军事方面的事情，我从来没学过。"之后他就打算离开了卫国。因为他知道，卫灵公已行将就木。卫灵公之子蒯聩企图弑杀其庶母，叛逃到晋国，在卫晋交界一个叫"宿"的地方虎视眈眈，随时有可能回国夺位。卫灵公问到军事，这就说明距离战争不远了。离开这是非之地是对的，君子不处危墙之下。果不其然，几个月后，卫灵公就死了，蒯聩之子卫出公继位，晋国上卿赵鞅就派家臣阳虎护送蒯聩回国夺位，只是他这次并没有成功，被卫军打回去了。

卫出公继位后，想召回孔子并重用他。于是孔子回到卫国。在路上，仲由问他，如果受到重用的话，应该从哪里入手，孔子说"正名"。但回到卫国之后，孔子并没有得到重用。冉有问子贡："夫子会辅佐卫出公吗？"子贡说："好，我去问问他。"子贡来到孔子房间，问道："伯夷和叔齐是怎样的人呢？"孔子说："他们是古代贤人啊。"子贡说："他们心里有怨恨吗？"孔子说："他们追求仁德便得到了仁德，又怨恨什么呢？"子贡走出来，对冉有说："夫子不会辅佐卫出公。"伯夷、叔齐在面对君位时是相互礼让的，甚至不惜双双放弃君位而远走高飞。而现在的卫国，却发生了与之相反的事情，卫灵公死了，儿子流亡国外，孙子继承君位（卫出公）。蒯聩在晋国赵鞅支持下回国夺位，卫出公武力抵抗。孔子是明白人，他当然知道此时的卫国是一个陷阱，并不是他从政的机会。子贡通过询问孔子对伯夷、叔齐的看法，洞察到夫子的内心追求，也是聪明之至。

出仕为官是士人梦寐以求的理想，但到底是出仕还是避世，要具体问题具体分析。孔子认为："国家走在正道上的时候，行为要正直，说话也要正直；国家偏离正道的时候，行为仍然要正直，但说话要谦逊谨慎。"做人做事不能太教条和机械，不能一根筋。

不仅把握机会要"具体问题具体分析"，侍奉君主也要"具体问题具体分析"。孔子说："侍奉君主的时候什么事情都按照礼节，别人就会认为你这是在讨好君主。"无论什么事情，都有个分寸，这才是智慧，也才是"中正"。后来子游也说过类似的话："劝谏君主过于频繁，就会遭受侮辱；劝告朋友过于频繁，反而会被疏远。"无论是侍奉君主，还是交往朋友，说话的时机、分寸总是非常重要。孔子说："可以跟他说的话却没有跟他说，这是没有把他放在眼里；不能跟他说的话却跟他说了，这是没有把心里话放在心上。明白人既不会不把对方放在眼里，也不会不把心里话放在心上。"[①] 就是要既"知人"又"知话"，这真是豁达透亮的人呀。现实生活中常常有这种情况，一个人跟另一个人说："我告诉你呀，这话可不能跟别人说呀。"被告知的人又告诉了别人，还是这句："我告诉你呀，这话可不能跟别人说呀。"其实是既不"知人"也不"知话"。

第三，知人之智。

作为政治家，知人善任是政治管理的第一原则，而"知人"是"善任"的前提。所以，"知人"是非常重要的素质。那么，怎样才能做到"知人"呢？

[①] 杨本解释"可与言而不与言，失人；不可与言而与之言，失言"为"可以同他谈却不同他谈，这是错过人才；不可以同他谈却同他谈，这是浪费言语"。笔者认为，杨本对"失"字的理解不够清晰。

当然是通过察言观色。孔子说:"观察一个人做事的依据,考察他做事的过程,了解让他安心的事情。那么,这个人的内心又怎么能掩盖得了呢?这个人的内心又怎么能掩盖得了呢?"

孔子自己当然是很善于"知人"的,所以他能因材施教,而这种能力来自他对人情事理的深刻理解。有一次,阙地的一个童子来传递信息,有弟子问孔子:"这孩子是一个追求上进的人吗?"孔子说:"我看见他坐在大人的席位上,看见他和长辈并肩而行,就可以断定,他不是个追求上进的人,而是一个急于求成的人。"他告诫弟子们说:"如果一个人说话大言不惭,那么他要履行诺言就很难,几乎是不可能的。"还说:"当然要赞许说话稳重的人,但也要看明白这个人是真正的君子呢,还是仅仅从表面上看起来庄重呢?"他举例说:"外表严厉而内心怯懦的人,如果用下贱人打比方的话,难道不像是穿洞爬墙的盗贼吗?"如果这样的人身居高位,就极有可能窃国篡位。

这让我突然想起皇太极招降洪承畴的故事。1642年,洪承畴在松山被俘,皇太极想劝其投降,但派了若干人都无济于事,洪承畴以绝食抗拒。后来派范文程去试探洪承畴是否有必死之意。范文程见到洪承畴后,洪承畴咆哮不止,范文程也不敢提招降之事,就跟他谈论古今往事,洪承畴情绪渐渐平静下来。这时,从屋顶上落下一抹尘土,掉在了洪承畴身上,他一面谈话,一面不住地弹拭衣服上的尘土。范文程看在眼里,记在心里,回去后跟皇太极回报说:洪承畴没有必死之意,他对自己的旧衣服尚且如此爱惜,何况他自身呢。于是,皇太极使用非常礼遇招降了洪承畴。[①]这范文程不愧为清初著名谋略家,拥有知人之智呀。像这样的智明之士,哪里还用得着安装摄像头呢?其实,很多人即使装了摄像头也什么都看不见。

萧何知人,协助刘邦招揽人才,才有了韩信的崛起。从这时起,楚汉战

[①]《清史稿·洪承畴传》。

争的结果已经确定了。项羽不善于知人善任，即使自己"力拔山兮气盖世"[①]又能若何？知人的重要性就在这里。

对于"巧言令色"的人，孔子是深恶痛绝的，因为巧言令色的背后是欺骗行诈，居心叵测。所以他反复跟弟子们说："花言巧语、表情伪善的人，很少有仁德的。""花言巧语、表情伪善的人，很少有仁德的。"又说："花言巧语，表情伪善，谦恭得无可挑剔，左丘明认为是可耻的，我也认为是可耻的。隐藏自己的怨恨，虚情假意地跟人家交朋友，左丘明认为是可耻的，我也认为是可耻的。"在这里，孔子不仅传授了"知人"的经验，也是告诫弟子们永远不要靠蒙骗侥幸过日子，对自己也是如此。他曾经对子路说："仲由啊，我告诉你什么是'明白'吧。知道就是知道，不知道就是不知道，实事求是，这就是真正地明白！"

要"知人"，除了善于察其言、观其行之外，还要懂得一些基本常识。比如，孔子说："人们所犯的错误往往分别属于不同类型（有的是根本性错误，有的只是一般性错误），所以观察他们所犯错误的性质，就可以知道他是不是有仁德了。""聪明的人往往喜欢变化无穷的流水，仁德的人往往喜欢包罗万象的大山。聪明的人灵动，仁德的人稳重。聪明的人快乐，仁德的人长寿。""喜欢勇敢却厌恶贫困，则很容易制造祸乱。对不仁不义的人憎恶太过，也很容易导致祸乱。"孔子还说："即使有周公那样优秀的才能，如果傲慢而吝啬的话，那其他方面也就不值得一提了。"这样的人都不是明白人。还有，孔子认为"年轻人是值得敬畏的，怎么能断定他们将来赶不上现在的人呢？一个人如果到了四五十岁的时候还没有什么名望，这样的人也就不值得敬畏了。"他还进一步说："一个人年龄到了四十岁，如果还被众人厌恶的话，他这一辈子也就算完了。"当然，这是孔子时代的说法，如果放在今天的话，四十岁还不算晚，

[①] 《史记·项羽本纪》。

六十岁也还可以有所作为，不是说"六十小弟弟，七十正当年"嘛！现代人的寿命长了，发展的机会也多了。

第四，知己之智。

知人为智，知己为明。认识别人不容易，认识自己就更难了。人很多时候犯糊涂就是因为不认识自己，既不了解自己的角色和责任，也不了解自己的才能和特长，以及自己的资源和环境，对自己与别人的关系更是模模糊糊，闭着眼睛瞎撞，结果往往是碰得头破血流，甚至失败了还不知道是为什么，只一味怨天尤人。针对这种情况，孔子也很痛心，他说："算了吧，我从来没有见过发现了自己的错误而能够自我批评的人。"

孔子鼓励弟子们努力学习各方面知识，他反复告诫弟子们："不必担心人家不了解我们，而应当担心我们是不是了解别人。""不必担心人家不了解我们，而应当担心自己有没有让别人知道的贤德。""不必担心有没有职位，而应当担心自己有没有获得职位的条件。不必担心别人不了解我们，而应该努力去追求能让别人了解的贤德。"他还希望弟子们要尊重不同意见，他说："指责、攻击与自己不同的言论，是极其有害的啊。"[①]因为这样违背了阴阳一体的自然法则，也与和而不同的君子之道相左，"道不同不相为谋"嘛，何必指责、讨伐，置之死地而后快呢？在孔子看来，明白人应该多跟仁德之人交往，最好是能长期生活在一起，接受其熏陶与感化。他说："居住在有仁德风气的地方是最好的。如果选择住处却不选择有仁德风气的地方，那怎么能算是明白人呢？"

---

① 杨本解释"攻乎异端，斯害也已"为"批判那些不正确的议论，祸害就可以消灭了"，并做了适当分析，但这与"毋意、毋必、毋固、毋我"的孔子无法统一。

孝 敬 篇

【原文】

1. 子夏问孝，子曰："色难。有事，弟子服①其劳；有酒食，先生馔②，曾是以为孝乎？"（《为政》）

2. 子游问孝，子曰："今之孝者，是谓能养。至于犬马，皆能有养；不敬，何以别乎？"（《为政》）

3. 有子曰："其为人也孝弟，而好犯上者，鲜矣；不好犯上而好作乱者，未之有也。君子务本，本立而道生。孝弟也者，其为仁之本与！"（《学而》）

4. 曾子曰："吾闻诸夫子，人未有自致③者也，必也亲丧乎。"（《子张》）

5. 子游曰："丧致乎哀而止④。"（《子张》）

6. 孟懿子问孝，子曰："无违。"樊迟御，子告之曰："孟孙问孝于我，我对曰'无违'。"樊迟曰："何谓也？"子曰："生，事之以礼；死，葬之以礼，祭之以礼。"（《为政》）

7. 子曰："父母在，不远游，游必有方⑤。"（《里仁》）

8. 孟武伯问孝，子曰："父母唯其疾之忧。"（《为政》）

9. 子曰："父母之年，不可不知也。一则以喜，一则以惧。"（《里仁》）

10. 子曰："事父母几⑥谏，见志不从，又敬不违，劳而不怨。"（《里仁》）

11. 子曰："父在，观其志；父没，观其行；三年无改于父之道，可谓孝

矣。"(《学而》)
12. 子曰:"三年无改于父之道,可谓孝矣。"(《里仁》)
13. 曾子曰:"吾闻诸夫子,孟庄子之孝也,其他可能也;其不改父之臣与父之政,是难能也。"(《子张》)

【注释】

①服:承担,担负。
②馔:吃,食用。
③致:极点,充分(表达)。
④止:停止,引申为极点,最高标准。
⑤方:方向,方位。
⑥几:委婉地,巧妙地。

【通解】

晚清时有一副著名的对联,上联是:"百善孝为先,论心不论迹,论迹贫家无孝子。"下联是:"万恶淫为首,论迹不论心,论心世上少完人。"大意是:孝敬父母是第一美德,主要是心里要想着父母,惦着父母,经常去看望父母,陪伴父母,不一定非要送给父母物质财富,有就给,没有就不给;如果看物质财富的话,穷人家里就没有孝子了。淫色之心是第一恶德,但不是说人不可有爱美之心,而是不可发展为占有美的奸淫之行;如果要求连爱美之心都不能有,那人世间也就没有完人了。别说完人,就是君子,恐怕也没有了。

孝是孔子学说的核心内容,被看作是伦理体系的基础。

那么,怎样做才是"孝"呢?

在孔子看来,"孝"的关键是"尊敬"。有一次,子夏问"什么是孝",孔子说:"(如果子女面对父母)总是脸色很难看,①即使有事的时候主动去做,有丰盛的食物先让父母享用,这难道就是'孝'吗?"到子游问"什么是孝"的时候,孔子的回答就更明确了:"现在人们所谓的'孝',其实只能说是养活父母而已(算不上'孝')。但即便是狗和马,也都有人去养活的呀。如果没有发自内心的尊敬,拿什么来跟养狗、养马的行为区别开来呢?"受孔子影响,曾参也说:"孝有三,大孝尊亲,其次弗辱,其下能养。"②大意是:孝敬父母有三种,最好的是尊敬父母,其次是不让父母蒙羞,最差是能养活父母。

实际上,孔子主张的"孝"是"仁"的一部分。我们讲过,"仁"从本质上讲就是为对方着想,心里有别人,简单说就是尊重别人。而父母不是一般的别人,而是生育我们的亲人,抚养我们的恩人,启蒙我们的导师。如果对别人都能做到尊重,那么对父母的尊敬,不是更应该首先做到吗?现在,有不少人能做到尊重别人,却做不到尊敬父母,这是因为他们有意无意地把自己的父母当作"圣人"来要求,希望父母做事公正,治家高明,有钱财、有地位,而且能一心一意为儿女做牛马。如此贪婪之人怎么可能真正尊重别人呢?无非是虚情假意,以图利益罢了。

有若便发现了"仁"与"孝"之间的关系,认为"孝"是"仁"的基础。他说:"那种孝敬父母、尊敬兄长却喜欢顶撞上级的人,是很少见的;不喜欢顶撞上级却喜欢造反的人,是从来没有的。有修养的人总是力求抓住事物的根本。根本抓住了学问就容易掌握了。孝敬父母、尊敬兄长,大概便是仁道的根本吧!"

尊敬父母和兄长不仅是"仁"的第一步,也是我们自己内心的情感需求。他们活着的时候,我们当然应该从内心里尊敬他们;他们去世的时候,我们自

---

① "色难。有事,弟子服其劳;有酒食,先生馔,曾是以为孝乎"一句中,"色难"是后面两种行为均算不上"孝"的原因。杨本解释"色难"为"儿子在父母面前经常有愉悦的容色是件难事",与后文失去了联系。

② 《礼记·祭义》。

然会发自内心地悲伤。曾参曾经跟他的弟子说:"我从夫子那里听说,人一般情况下不会充分流露出内心的情感,如果有的话,那一定是父母去世的时候。"子游也说:"居丧之时,能充分表达内心的悲伤就可以了。"

那么,尊敬父母有哪些具体要求呢?《论语》提到过五个方面。

第一,依礼行事。有一次孟懿子问"什么是孝",孔子说:"不要违背礼制。"后来樊迟给孔子驾车的时候,孔子对樊迟说:"之前,孟懿子问我什么是孝的问题,我回答他说'不要违背礼制'。"樊迟问:"这是什么意思呢?"孔子说:"父母健在时,按照礼制侍奉他们;父母去世后,按照礼制安葬他们,并按照礼制祭祀他们。"依礼行事是表达敬意的最佳方式。

第二,不让父母太操心。孔子说:"父母健在的时候,不要到远方去交游。如果一定要到远方去,也必须有确定的去处。"目的是避免父母担心和挂念。不让父母为自己过于操心,这才是真正尊敬父母啊。同样的,孟懿子之子孟武伯问"什么是孝"的时候,孔子说:"让父母只担心你身体上的疾病,而不必担心思想上、行为上的问题,这就是孝。"

第三,知道父母的年龄。孔子说:"父母的年龄是不能不知道的,一方面因他们长寿而高兴,另一方面因他们年老而担忧。"知道了父母的年龄,做子女的就要有孝敬父母的紧迫感。"树欲静而风不止,子欲孝而亲不待"[1]。事业是无限的,而父母的寿命是有限的,如果因为所谓"事业"而耽误了孝敬父母,一旦父母去世就后悔莫及了。

知道父母年龄的同时,也要知道父母的生日,作为子女要主动给父母过生日。父母年老以后,是特别希望子女给他们过生日的;如果子女忘记了或者根本不知道父母的生日,他们会感到孤独、凄凉和失望。虽然当代的父母都说"无所谓""不过生日",但他们心里还是希望孩子们来到身边热闹热闹的。这

---

[1] 《韩诗外传》。

是他们的天伦之乐，是他们渴望的幸福生活。

第四，给父母提意见。很久以来不少人认为"孝"就是"顺从"，所以也叫"孝顺"。有人因此认为孔孟之道保守、落后，压制年轻人。其实这是程朱理学的主张，不是孔子的意思，孔子是主张子女要给父母提意见的。他说："侍奉父母的时候，对父母的缺点要委婉地提出意见；如果自己的意见不被接受，仍然要尊敬他们，而不要顶撞他们。应该为他们的错误忧心，但不要怨恨他们。"我们在《正直篇》讲过，孔子主张"儿子有错误，父亲要矫正儿子；父亲有错误，儿子要矫正父亲"。这才是"正直"，才是"正道"，也才是健康的父子关系。《孝经·谏诤章》也说："当不义，则子不可以不争于父。……从父之令，又焉得为孝乎？"就是说，面对不仁不义的事情时，作为子女要敢于劝谏父母，如果一味地服从父母之命，以至于父母做了他们不该做的事情，那又怎么算得上"孝"呢？那不是坑害父母吗？《孔子家语·六本》里记载了一个生活片段：曾参跟着他父亲曾皙在瓜地里除草，不小心除掉了一根瓜茎，曾皙就用手中的棍子打曾参的脊梁，打得不轻，以致曾参长时间昏迷不醒。后来曾参醒了，到父亲房间里谢罪说："刚才我做错了，父亲用力教训我，没有累着吧。"回到自己房间后，又弹起琴瑟，边弹边唱，希望父亲听到后知道他身体没有问题，不必挂念。孔子听说后跟弟子们说："曾参来的时候，你们不要让他进来。"曾参本以为自己做的没错，就让人来请教被拒之门外的原因。孔子对来人说："从前舜帝的父亲瞽瞍用小棍子打舜的时候，舜就在那里等着，用大棍子打他的时候，他就跑得远远的。因此瞽瞍没有犯下偏离父道的罪过，舜也没有犯下不孝、不敬的大罪。现在，曾参的父亲用大棍子打他，他却不躲避，这不是让他父亲犯罪吗？这是没有打死，如果打死了，他就陷父亲于不义了！还有比这更不孝的吗？"就是说曾参的行为给他父亲提供了犯罪的机会，陷父于不义。曾参听说后恍然大悟，赶紧来向孔夫子认错。这个故事，让我们对"孝"有了更深刻更全面的认识。

第五，完成父母的未竟事业。孔子说："他父亲健在的时候，要看他的志向是否跟他父亲一致；他父亲去世之后，要看他的行动是否遵循他父亲事业的方向，如果他继续坚持他父亲做人做事的原则，那就称得上是'孝'了。"他还特意重复说："长期不改变父亲做人做事的原则，就可以称得上'孝'了。"后来，曾参用孟庄子的例子说明这个问题，说："我从夫子那里听说，孟庄子孝敬父母，其他方面别人也可以做到，但他长期不更换父亲的旧臣和治理的方式，这是别人难以做到的。"后世有句俗话说"一朝天子一朝臣"，新皇帝总是习惯于组建一套属于自己的新班子，这样既偏离了"慎终追远，民德归厚"的正道，也会导致政令不能始终、国策不能连续，养成民众见风使舵的恶习。

作为子女，要完成父母未竟的事业。在这一方面，历史上做得最好的是周公旦。

商朝兴起于东方，据考古发现，殷都安阳是其后期政治、军事、经济的中心。城市还有排水功能。这些向我们证明了殷商国家在那个时代取得的辉煌成就。周本居住于渭水流域，逐渐发展到周原地区，这里水草肥沃，气候宜人，此后得以迅速发展。到姬昌的父亲季历时代，周邦已经成为商朝西部一个重要的附属国，逐渐接受了中原文化，并受封为西伯侯。季历西征东进，渐渐威胁到商朝统治。商王担心其尾大不掉，就把季历杀了，但并没有斩草除根，而是让其子姬昌继续做西伯侯。姬昌实行仁政，甚得民心，聚集了很多能人，越做越大，《论语》称"三分天下有其二"，大有取商而代之之势，于是商纣王就把姬昌给囚禁起来，以示惩罚。其子姬发、姬旦和姜子牙等人就商量用美女、良马、奇珍异宝贿赂纣王，政治上极其麻木的纣王就释放了姬昌，并"赐之弓矢斧钺，使西伯得征伐"，[①]周族因此越发兴盛。姬昌死后，姬发继位，重

---

① 《史记·周本纪》。

用姜子牙、召公奭和周公旦等人，一方面修理内政，实行德治；一方面加强军备，策划推翻商王朝。但商是一个大邦，周常称之为"（大）邑商"。据说商有三百六十个氏族，人口多达数百万；又是六百多年来的天下共主，拥有两千多个附属国，小邦周不过区区几万人，推翻殷商谈何容易？公元前1048年，姬发做了第一次尝试，会盟诸侯，观兵孟津，有八百多诸侯起兵支援，这让姬发看到了推翻殷商王朝的希望，但他觉得力量不足以打败商王军队，就回去了。

过了两年，公元前1046年初，商王朝内部越发混乱了，纣王杀死了叔叔比干，囚禁了担任太师的另一个叔叔箕子，连自己的庶兄微子也吓跑了，可谓众叛亲离。姬发、姜子牙、周公旦、召公奭等人认为机会已到，立即进行周密规划和组织，趁着商纣王东征之际，发动了与殷商王朝的大决战。由于在战争中，纣王的士兵纷纷倒戈，结果姬发以五万人打败了商王七十万人，纣王在鹿台自焚而死。姬发成功灭商，成为天下共主，继天子位。周武王继位后，按照惯例分封功臣和亲族。据说武王封姜子牙在齐，封炎帝后裔在许，封黄帝后裔在祝，封颛顼后裔在楚，封尧帝后裔在蓟，封舜帝后裔在陈，封夏禹后裔在杞，特别是还把纣王之子武庚封在了殷商旧城朝歌，安排了弟弟管叔、蔡叔、霍叔共同监督武庚，以防他率部叛乱。但总的来说，各诸侯之间基本还是平等关系。周武王还计划在东方建立据点，以稳定东方局势。可惜，他灭商第二年就死了，没有来得及经营东方。

西伯侯姬昌有嫡子十人，老大伯邑考，早卒；老二姬发，就是周武王；老三管叔姬鲜，老四周公姬旦，老五蔡叔姬度，老六毛叔姬郑，老七成叔姬武，老八霍叔姬处，老九康叔姬封，老十姬聃。

周武王死后，儿子姬诵继位，是为周成王。成王年少不足以镇服大臣，掌控局势。于是周公摄政，总领全局。结果引起了管叔等的反对，他们先是制造谣言，说周公有意篡位，然后联合武庚一起造反。这次叛乱得到了东方徐、奄等许多诸侯的响应。更可怕的是，朝廷内部，连召公奭都怀疑周公的举动。

一时间，风声鹤唳，危机四伏，新生的周王朝面临着土崩瓦解的危险。

大家可以想一想，如果此时东方的叛乱成功了，周王朝昙花一现，那么世人怎样评价推翻殷商王朝的周武王姬发呢？怎样评价首创叛商的周文王西伯侯姬昌呢？整个周族的命运又会怎样呢？而殷商人口又那么多，周的人口又这么少。真令人不寒而栗！

周公旦是怎么做的呢？

据《尚书大传》记载："周公摄政，一年救乱，二年克殷，三年践奄，四年建侯卫，五年营成周，六年制礼作乐，七年致政成王。"周公挽狂澜于既倒，扶大厦于将倾。

大体经过是：周成王即位后，周公旦冒着被污名的风险代行天子职权。

第一年，东方发生叛乱，周公首先跟召公奭进行深刻沟通，争取到他的支持，然后发兵东征。利用叛乱者的内部矛盾，首先遏止了叛乱的蔓延。

第二年，攻克武庚据点朝歌，迫使武庚北逃，诛杀管叔，囚禁蔡叔，流放霍叔。

第三年，顺势扩大战果，征服了东方数十个不愿归附周王朝的部落，包括奄地（曲阜），这里是殷商故地，历史上曾经有几个商王在此建都。周公镇压了武庚叛乱，扫除了殷商残余势力。

第四年，在全国范围内分封诸侯。他把已经归附周王朝的商纣王的庶兄微子封到殷商故地商丘，建立宋国；把儿子伯禽封到殷商老根据地奄，建立鲁国；把康叔姬封封到纣王旧都朝歌，建立卫国；把曹叔振铎封在鲁国西南，建立曹国；把唐叔姬虞封在山西，建立晋国；把召公奭封到北方蓟地，建立燕国；又追封齐太公姜子牙以征伐之权。然后把殷商旧部一分为五：愿意归附的移民到宋，不愿归附的分别迁移到晋、卫、鲁。如此，则不仅亲族、同姓诸侯超过了外族诸侯，使原来平等的部落联盟关系变成了具有亲疏区别的君臣关系，而且把原来同姓同族聚集而居的习惯改变了，中央权力明显加强了。

第五年，完成武王遗愿，营造东都成周。调集部分殷商顽民营造东都洛阳，一年而竣工，然后让他们定居于此，自己带两万精兵镇守。于是，黄河两岸，自西向东，从南到北，形成了以丰镐为本部，以成周为前哨，以姜齐为先锋，以燕、吴为两翼的战略进攻态势。这次分封，奠定了诸侯与周王室之间的地方与中央的隶属关系。

第六年，制礼作乐，以天子名义在新建的成周召集诸侯，张扬文治武功，宣传以礼乐治国，"敬德保民""明德慎罚"的德治思想。同时，推行宗法制度，实行嫡长子继承制，要求诸侯宗室都必须按照宗法原则进行治理。长子为大宗，掌握政治和祭祀大权，其余为小宗；立长不立贤，立嫡不立庶。诸侯长子为本支大宗，其余为小宗，以此类推。于是，形成了以周天子为中心，以血缘关系为半径的政治格局。

第七年，归政于成王，自己北面称臣，成为后世宰辅之楷模。成王死后，康王即位，古本《竹书纪年》云"天下安宁，刑措四十余年不用"，世称成康之治，皆周公之力也。

另外，据说《诗经》里《文王》《鸱鸮》《清庙》《时迈》《思文》《武》《酌》等是周公本人所作。这自然是他制礼作乐所必需的，对他以德治国是有很大帮助的。

了解了周公的故事，大家是不是对"孝"有了更深的理解呢？

继承父母事业，成就父母美名，这是多么伟大的孝啊！宋代苏轼曾说："使周无周公，则殷之复兴也必矣。此周公之所以畏而不敢去也。"[①] 如若不然，其兄姬发就是犯上作乱的逆贼，其父姬昌就是居心叵测的奸臣，整个周族就是丧尽天良的暴徒。因此《中庸》记载圣人说："武王、周公，其达孝矣乎！夫孝者，善继人之志，善述人之事者也。"《孝经》也说："身体发肤，受之父母，

---

① 苏轼著；李之亮笺注：《苏轼文集编年笺注》，巴蜀书社 2011 年版，第 449 页。

不敢毁伤，孝之始也；立身行道，扬名于后世，以显父母，孝之终也。"

关于"孝"，《孟子·离娄下》说："世俗所谓不孝者五：惰其四支（肢），不顾父母之养，一不孝也；博弈好饮酒，不顾父母之养，二不孝也；好货财，私妻子，不顾父母之养，三不孝也；从耳目之欲，以为父母戮，四不孝也；好勇斗狠，以危父母，五不孝也。"大意是：懒惰，赌博，嗜酒，贪财，纵欲，好勇斗狠，娶了媳妇忘了娘，都是不孝。这些毛病，从本质上讲就是不仁，心里没有父母。

现代人都喜欢讲平等，甚至有不少人要跟父母平起平坐。父母可能不懂得你所掌握的知识，可能不熟悉你所知道的世界，但他们讲的道理很少是肤浅的，那里面蕴含着他们几十年的人生思考，甚至还包含着他们从前辈那里继承的经验和教训。我最无法理解的是，有些孩子认为：考大学是父母把自己没有实现的理想强加给子女，言外之意一是说父母没有上过大学，二是说考大学太苦了。那么请问，大学毕业的父母们都不再鼓励孩子考大学了吗？如果就你家庭的资源来说，考大学是人生的一条捷径，那你有什么理由不努力去考大学并争取考一所好大学呢？通过你的努力让整个家庭在上一代人的基础上再进一步，不是很好的事情吗？父母希望孩子考大学有什么不对吗？难道子女没有义务像周公那样通过自己的努力给父母带来快乐吗？倘若如此，即便是苦一点又有什么呢？况且还有可能从此改变了家庭命运呢！

忠 信 篇

【原文】

1. 子曰:"人而无信,不知其可也。大车无輗①,小车无軏②,其何以行之哉?"(《为政》)

2. 子张问行,子曰:"言忠信,行笃敬,虽蛮貊之邦,行矣。言不忠信,行不笃敬,虽州里,行乎哉?立则见其参③于前也,在舆则见其倚于衡也,夫然后行。"子张书诸绅。(《卫灵公》)

3. 子曰:"狂而不直,侗而不愿,悾悾而不信,吾不知之矣。"(《泰伯》)

4. 曾子曰:"可以托六尺之孤,可以寄百里之命④,临大节而不可夺也。君子人与?君子人也。(《泰伯》)

5. 子曰:"不在其位,不谋其政。"(《泰伯》)

6. 子曰:"不在其位,不谋其政。"曾子曰:"君子思不出其位。"(《宪问》)

7. 子贡问君子,子曰:"先行其言而后从之。"(《为政》)

8. 子曰:"古者言之不出,耻躬之不逮⑤也。"(《里仁》)

9. 子曰:"君子欲讷于言而敏⑥于行。"(《里仁》)

10. 子曰:"君子耻其言而过其行。"(《宪问》)

11. 子曰:"其言之不怍⑦,则为之也难。"(《宪问》)

12. 有子曰:"信近于义,言可复⑧也;恭近于礼,远耻辱也;因不失其亲,亦可宗⑨也。"(《学而》)

13. 子曰:"君子不重则不威,学则不固;主忠信,无友不如⑩己者;过则勿惮改。"(《学而》)
14. 子曰:"君子义以为质,礼以行之,孙以出之,信以成之。君子哉!"(《卫灵公》)
15. 子贡问政,子曰:"足食,足兵,民信之矣。"子贡曰:"必不得已而去,于斯三者何先?"曰:"去兵。"子贡曰:"必不得已而去,于斯二者何先?"曰:"去食。自古皆有死,民无信不立。"(《颜渊》)
16. 子夏曰:"君子信而后劳其民,未信,则以为厉己也;信而后谏,未信,则以为谤己也。"(《子张》)

【注释】

①軏:牛车车辕前头与横木相连接的插销儿,是套住牛的关键。
②軏:马车车辕前头与横木相连接的插销儿,是套住马的关键。
③参:排列。
④百里之命:百里,指百里方圆的国家。命,命运。
⑤逮:达到。
⑥敏:勤奋,努力。
⑦怍:惭愧。
⑧复:履行,兑现。
⑨因:继承,如"代代相因"。宗,取法,学习。
⑩如:如同,相同。

【通解】

一个人活在世上,到底依靠什么立身行事,这是一个大问题。古往今来,古今中外,各个民族,各个国家都有自己的答案。当今世界,很多西方国家依靠的是外在力量，就是所谓法律或者契约。《论语》主张依赖人自身的力量，即道德，就是按照客观规律做人做事，走正道，自我修正。在《正直篇》里，孔子告诉我们："一个人活在世上所依靠的是正直，那些依靠坑蒙拐骗活着的人，只是凭借侥幸才能免于灾祸。"忠信，是正直的重要内涵，就是做人真诚实在，做事尽心尽力，说话言而有信。如果失去这一条，做事弄虚作假，说话言而无信，那就只能依靠外力来控制了。但中华文化自古崇尚自由，不愿意受外力约束。于是，作为人的内在精神力量的忠诚、信用就成了两千年来中国人的立身行事之本。

孔子曾说："一个人如果不守信用，我真不知道他依靠什么活在世上。就像牛车的横木上没有𫐐，马车的横木上没有𫐄，它靠什么力量行走呢？"这个比喻用得非常精准。𫐐和𫐄都是古代车上的小部件，不像车身、车脚、车衡、车辕那样显眼，但十分重要，没有它，车就无法行走。诚实守信作为道德要素，也不像礼乐、学识、能力那样具体，却是人在世间的通行证，片刻也离不开。有一次，子张问怎样才能在人世间畅通无阻。孔子就说："说话诚实可靠，做事尽职尽责，即使到了蛮貊地区，也可以畅通无阻。如果说话不诚实，做事不尽心，即使是在本乡本土，能行得通吗？站着的时候就好像'忠信笃敬'这几个字竖立在眼前，驾车的时候就好像'忠信笃敬'这几个字贴在车衡上，这样就能畅通无阻。"子张就用心地把这几个字写在了衣服带子上。孔子曾经十分尖锐地批评某些人的行为：一个人如果积极进取却不走正道，幼稚无知却不老实谨慎，表面诚恳却不守信用，我真不知道这样的人依靠什么活在世上。大概只能靠侥幸了。

既然忠信是人生的通行证，那么"忠信"是什么意思呢？它的本质又是什么呢？《孔子家语·问玉》曾比喻说："瑕不掩瑜，瑜不掩瑕，忠也。孚尹旁达，信也。"玉的斑点不掩盖玉的光泽，玉的光泽不掩盖玉的斑点，这就好比忠的素质。玉的光彩照亮四周，这就好比信的素质。可见，"忠"的本质是实事求是，诚实；"信"的本质是诚实待人。"忠"是"信"的基础，"信"是"忠"的表现，也是"忠"的结果，只有做到"忠"，才能做到"守信"，也才能获得"信任"。因此《孔子家语·弟子行》说："孝，德之始也。悌，德之序也。信，德之厚也。忠，德之正也。"孝敬父母是道德的基础，尊重兄长是道德的延伸，说到做到是道德的发展，诚实可靠是道德的核心。于是，"忠信"的本质就是诚实可靠，表现为忠于职守，真诚待人。

忠于职守又表现为尽职尽责，不负所托，素位而行。

尽职尽责就是尽心尽力做好自己应该做的事情。在《好礼篇》我们讲过"君使臣以礼，臣事君以忠"，很多人认为"忠"就是顺从，否则就不是"忠臣"；而且因此认为孔子是愚忠的始作俑者，认为岳飞和袁崇焕都是愚忠的代表。这是非常错误的。在《大臣篇》我们讲过"爱之，能勿劳乎？忠焉，能勿诲乎？""勿欺也，而犯之"。就是说，忠于职守是必须要对君主进行劝谏甚至冒犯的，这也是孔子高度评价史鱼的原因。

《孔子家语·六本》里记载孔子说："良药苦于口而利于病，忠言逆于耳而利于行。""君无争臣，父无争子，兄无争弟，士无争友，无其过者未之有也。"《孔子家语·三恕》里记载孔子说："昔者明王万乘之国，有争臣七人，则主无过举。千乘之国，有争臣五人，则社稷不危；百乘之家，有争臣三人，则禄位不替；父有争子，不陷无礼，士有争友，不行不义。"这些话都是奉劝上位人要允许、接纳、尊敬下位人的劝谏，在下位的人要名正言顺地劝谏君主和上级。

不负所托是君子最伟大的人格。曾子说："可以把幼小的孤儿委托给他抚养，可以把国家的命运交付给他管理，在生死存亡之际不改变志向。这样的人不就是君子吗？这样的人就是君子啊！"

说到"可以托六尺之孤，可以寄百里之命"，大家第一个想到的恐怕是诸葛亮了。诸葛亮为什么成为后世敬仰的人物？难道仅仅是因为他的智慧吗？绝不是。诸葛亮的智慧在当时是算不得最佳的，但他的忠信是最可靠的。正是因为他人品好，忠诚可靠，刘备才敢放心地把才智平平的儿子托付给他，把刚刚建立不久的蜀汉政权托付给他。后来的事实证明他没有辜负刘备的重托，尽职尽责，毫无二心。当蜀汉政权面临着来自东吴和曹魏的巨大压力时，内部矛盾非常尖锐，荆州集团和益州集团的明争暗斗异常激烈，甚至出现了分崩离析的迹象。面对困局，诸葛亮通过多次北伐化解了内部矛盾，维持了蜀汉政权的稳定局面。可以说诸葛亮是对得起刘备的。

汉代宰相霍光也是不负所托的正人君子。汉武帝死后，汉昭帝刘弗陵即位，当时的国家因长期战争而经济凋敝，民生艰难，霍光辅佐汉昭帝采取轻徭薄赋、与民休息的政策，慢慢恢复了经济活力，安定了社会秩序。汉昭帝死后无子，霍光又主持拥立昌邑王刘贺入继大统，但很快发现刘贺德不配位，就立即加以纠正，在民间找到被废太子的遗孤刘询继位，从而成就了"昭宣之治"的丰功伟绩。难道这也是"愚忠"吗？如果把完成别人托付和履行本职义务都当作"愚忠"而加以抛弃，那我们还剩下什么呢？我们的社会还有温暖吗？

《中庸》里说："君子素其位而行，不愿乎其外。"是说君子要做自己分内的事，不要做非分之想。"在其位谋其事"是忠于职守，"不在其位不谋其政"也是忠于职守。但孔子特别提醒弟子们说："不在那个职位上，就不去谋划那个职位上的事务。"那会侵害他人的职权。因为"在其位谋其事"容易做到，而"不在其位不谋其政"则不容易做到，所以，当曾参听到这句话的时候，特别解释说："君子考虑问题不能超出他的责任范围。"

作为一个君子，要做到诚实可靠，就必须在言谈举止上非常谨慎。《周易·系辞》里说："言行，君子之枢机。枢机之发，荣辱之主也。言行，君子之所以动天地也，可不慎乎？"大意是说，语言和行动是君子影响别人的机关，一旦发动机关，就会产生荣耀或耻辱。语言和行动也是君子建立功业的基础，一个人是不是走正道，是不是靠得住，全看他说什么话，做什么事，能不高度慎重吗？因此，孔子特别主张少说话或不说话，他甚至把"少说多做"和"先做后说"当作君子人格的重要特征。有一次，子贡问君子的标准，他说："先按照自己的想法去做，然后再把自己的想法说出来。"又说："古人在说话时之所以再三斟酌而不轻易说出来，是因为他们把无法履行自己说的话当作耻辱。"他常常提醒弟子们："君子在说话上要迟缓，在行动上要勤勉。""君子把说得多而做得少当作耻辱。""如果一个人说话时大言不惭，根本不走心，那他要履行这些话就会很难。"但人总不能不说话，关键是要合情合理。有子（有若）曾经说："说话合情合理，说出的话才有可能兑现。谦恭的态度合乎礼节，才可以不会被人羞辱。继承先人之道又不忽视父母的教训，那就能成为后世的表率了。"[1]

孔子经常教育弟子们要努力做到"忠信"。他说："作为君子，如果举止不庄重就不能树立威信；即使求学，学业也不会牢固。以忠信为原则，不要结交与自己志向不同的人[2]。有了过错也不要害怕改正。"又说："君子以道义为根本，依据礼仪去践行，以谦逊的语言去表达，以诚信的态度去完成。这才是君子啊！"

既然忠信是说到做到，那么为什么孔子把"言必信，行必果"的人列为第三等士人呢？就是因为"忠信"是做人做事的基础要求；作为"以仁为己任"的士人，如果仅仅做到这一点，是远远不够的；而且"言必信，行必果"太偏重于表面了，就是说，在特定情况下，忠信可以是"说话不一定兑现，行动不一定有结果"。

忠信，并非只是臣民的义务，也是君主的责任。君主只有言行忠信，才能赢得众人的信任。有了信任，才会有温暖、友谊、热情、积极性、同心同德

---

[1] 杨本解释"因不失其亲，亦可宗也"为"依靠关系深的人，也就可靠了"，该句虽不是孔子之语，却也是孔门之意，"依靠关系"之类事情，他们恐怕是不会做的。

[2] 杨本解释"无友不如己者"为"不要跟不如自己的人交朋友"，似乎有些傲慢，不符合孔子的处事之道。

和"上下同欲"。有一次子贡请教治理国家的策略，孔子说了三个条件："粮食富裕，军备充足，百姓信任君主。"子贡又问："如果迫不得已要从这三个条件中去掉一个，应该先去哪一个呢？"孔子说："去掉军备。"子贡又问："如果迫不得已再从后两个条件中去掉一个，应该先去哪一个呢？"孔子说："去掉粮食。自古以来，人都会死去，但作为一个国家，如果失去了百姓的信任，那它就无法存在了。"商鞅立木为信然后实行改革，说到做到，所以取得了巨大成功，而王莽朝令夕改，反复无常，失去了人民的信任，最终国破身亡。

子夏也总结说："明达的君主要在得到百姓的信任之后再安排他们去劳动，不然的话，百姓就会认为你是虐待他们。明达的臣下要在得到君主信任之后再劝谏他，不然的话，君主就会以为你是诽谤他。"可以说，赢得信任乃是做任何事情的第一步。

楚庄王大概是楚国历代国君里较有作为的一位，在他身上有很多中原文明的色彩。《左传·宣公十一年》载，陈灵公荒淫无道，被夏徵舒弑杀。夏徵舒自立为陈国国君，灵公太子逃往晋国。楚庄王以"讨有罪"为名，发兵攻打陈国，征讨夏徵舒，在陈国人的协助下抓捕并诛杀了夏徵舒。灵公太子还在晋国还没回来，楚庄王就把陈国版图纳入楚国，设为陈县，把陈国满朝文武都俘虏到楚国。回国后，朝中大臣和周围的小诸侯都来祝贺。大夫申叔时出使齐国回来后听说此事，没有表示祝贺。楚庄王说："夏徵舒有罪，弑杀了他的国君。我征讨有罪之人，并扩张了国土，正义的美名传遍天下，所有人都来祝贺，你为什么不祝贺呢？"申叔时说："大王听说过'蹊田夺牛'的故事吗？"楚庄王说："没有。"申叔时说："有个人牵着牛从人家的田地里走过，践踏了庄稼，田地的主人很生气，就把他的牛夺走了。如果让大王审理这个案子的话，您怎么审理呢？"楚庄王说："牵着牛践踏人家的庄稼肯定是有错的，但庄稼的损失怎么能跟一头牛相比呢！把牛夺走，太过分了吧。让我审理这个案子的话，我会适当地责罚那个牵牛的人，但把牛归还他。你觉得合适吗？"申叔时说："大王您怎么在这个案子上看得明白，却在陈国这件事上做得糊涂呢？陈灵公荒淫，夏徵舒杀了他，他们都有罪，但不至于亡国呀。大王惩罚他们的罪责，杀了夏徵舒就可以了，结果却把人家的国家给灭了，这跟那个夺了人家牛的人有什么区别呢？又有什么值得祝贺呢？"楚庄王听后茅塞顿开，跺着脚说："你说得太好了。我从来没有听到这样的高见。"申叔时说："大王既然认为我说得对，何不把牛快点还给人家呢？"楚庄王于是从晋国接回陈灵公的太子，立为陈君。

孔子因为这件事而对楚庄王和申叔时评价都很高。《孔子家语·好生》里记载孔子说："贤哉，楚王！轻千乘之国而重一言之信，匪申叔之信，不能达其义；匪楚王之贤，不能受其训。"楚庄王"讨有罪"是正义的，但"灭其国"是不正义的。如果没有申叔时的劝谏，楚庄王将既失信于陈国，又失信于天下，就不会留下千古美名了。

信用，不仅是做人的通行证，也是实现大同世界的必要条件，《礼记·礼运》中孔子说："大道之行也，天下为公。选贤与能，讲信修睦。""是故，谋闭而不兴，盗窃乱贼而不作，故外户而不闭。"人人都讲信用，有信用，相处起来才放得下心，才真正和睦快乐啊。

敏 求 篇

【原文】

1. 子曰:"我非生而知之者,好古,敏以求之者也。"(《述而》)
2. 子曰:"夏礼,吾能言之,杞不足征①也;殷礼,吾能言之,宋不足征也。文献不足故也。足,则吾能征之矣。"(《八佾》)
3. 子张问:"十世可知也?"子曰:"殷因于夏礼,所损益,可知也;周因于殷礼,所损益,可知也。其或继周者,虽百世可知也。"(《为政》)
4. 子在齐闻《韶》,三月不知肉味,曰:"不图②为乐之至于斯也。"(《述而》)
5. 子曰:"吾自卫反鲁,然后乐正,《雅》《颂》各得其所。"(《子罕》)
6. 子谓《韶》:"尽美矣,又尽善也。"谓《武》:"尽美矣,未尽善也。"(《八佾》)
7. 子曰:"师挚之始,《关雎》之乱③,洋洋乎盈耳哉!"(《泰伯》)
8. 子语鲁大师乐,曰:"乐其可知也:始作,翕如也;从之,纯如也,皦如也,绎如也,以成。"(《八佾》)
9. 子曰:"《诗》三百,一言以蔽之,曰'思无邪④'。"(《为政》)
10. 子曰:"《关雎》,乐而不淫,哀而不伤。"(《八佾》)
11. 子曰:"小子何莫学夫诗?诗可以兴,可以观,可以群,可以怨。迩之事父,远之事君;多识于鸟兽草木之名。"(《阳货》)

12. 子曰："诵《诗》三百，授之以政，不达；使于四方，不能专对。虽多，亦奚以为？"(《子路》)

13. 子谓伯鱼曰："女为《周南》《召南》矣乎？人而不为《周南》《召南》，其犹正墙面而立也与？"(《阳货》)

14. 陈亢问于伯鱼曰："子亦有异闻乎？"对曰："未也。尝独立，鲤趋而过庭。曰：'学诗乎？'对曰：'未也。''不学诗，无以言。'鲤退而学诗。他日，又独立，鲤趋而过庭。曰：'学礼乎？'对曰：'未也。''不学礼，无以立。'鲤退而学礼。闻斯二者。"陈亢退而喜曰："问一得三。闻诗，闻礼，又闻君子之远其子也。"(《季氏》)

15. 子曰："述而不作，信而好古，窃比于我老彭⑤。"(《述而》)

16. 子曰："盖有不知而作之者，我无是也。多闻，择其善者而从之；多见而识之。知之次也。"(《述而》)

17. 子曰："予欲无言。"子贡曰："子如不言，则小子何述焉？"子曰："天何言哉？四时行焉，百物生焉，天何言哉？"(《阳货》)

18. 子曰："先进于礼乐，野人也；后进于礼乐，君子也。如用之，则吾从先进。"(《先进》)

【注释】

①征：证明。

②图：料想，想到。

③乱：乐曲的最后一章，尾声。

④思：情感。邪：偏离正道。

⑤老彭：人名，无考。有人说是彭祖，应该不是，否则孔子不会称呼"老彭"。

【通解】

《孔子家语·问玉》记载孔子说:"温柔敦厚,《诗》教也;疏通知远,《书》教也;广博易良,《乐》教也;洁静精微,《易》教也;恭俭庄敬,《礼》教也;属辞比事,《春秋》之教也。故《诗》之失愚,《书》之失诬,《乐》之失奢,《易》之失贼,《礼》之失烦,《春秋》之失乱。其为人也,温柔敦厚而不愚,则深于《诗》者矣;疏通知远而不诬,则深于《书》者矣;广博易良而不奢,则深于《乐》者矣;洁静精微而不贼,则深于《易》者矣;恭俭庄敬而不烦,则深于《礼》者矣;属辞比事而不乱,则深于《春秋》者矣。"这段话的意思是说:《诗》《书》《乐》《易》《礼》《春秋》这些古代典籍都有各自的教育功能,可以使人温和厚道、通达明理、宽容友善、思想深邃、庄重克制、语言畅达,但如果理解不深,领悟不透,践行不实,又会使人产生各种缺点,如愚钝、欺诈、浮华、阴险、迂腐、失当等。可以看出,孔夫子对他那个时代所能接触到的几乎所有古典文献都有非常深刻的研究和思考,并且从中发现了这些文献的教育价值,从而开辟了中华传统文化教育之先河。

孔子晚年曾经总结自己的经历说:"吾十有五而志于学,三十而立,四十而不惑,五十而知天命,六十而耳顺,七十而从心所欲,不逾矩。"从这个履历来看,孔子是从懵懂少年到临终之前一直都在求索,而且每一阶段都卓有成效,每一阶段都能使自己的素养得到质的飞跃。他说:"我并不是一生下来就什么都知道的呀,我只是特别喜欢古典文化并且努力地去探究罢了。"

在《礼》的研究方面。孔子从童年时代就对礼仪游戏深感兴趣,经常做一些礼仪游戏。一般的,人在求道过程中,最先学习的是表层的知识,即"德",此时之"德"乃前人依据自然现象总结而来。之后,随着年龄的增长,开始探求其中的"道",即规律性,久而久之就会对"道"产生认识和体悟,这是另一层"德",即自己所总结的"心得"。再后来,按照自己的"心得"去实践,身体力行心中之"德",这就合乎"大道"了。对于普通人来说,完成第一步就结束了,知识丰富,学问渊博,就很好了,或者再进一步在实践中学以致用,但也不会进行独立思考,总结属于自己的"心得"。孔子毕生都在求道,毕生都在独立思考,用道德原理规范自己的行为,所以,他创立了道德学说,成为万世师表。

可惜,在孔子时代有很多古代文献早已散失,搜集整理非常困难,他曾经说:"夏代的礼仪制度,我能说一说,但它的后代杞国不足为证;殷代的礼仪制度,我也能说一说,但它的后代宋国也不足为证。这是因为杞、宋两国所保留的历史资料不足啊。如果有足够的历史资料,我就可以用来作为证据了。"尽管如此,孔子对礼制的认识还是极其丰富的,前文我们已经介绍了很多了,这里再补充一点。《孔子家语·论礼》里记载孔子说:"郊社之礼,所以仁鬼神也。禘尝之礼,所以仁昭穆也。馈奠之礼,所以仁死丧也。射飨之礼,所以仁乡党也。食飨之礼,所以仁宾客也。"这里的"仁"就是孔子经过独立思考而从"礼"的外表下发现的人类行为准则,即相互尊重。

基于对历史规律的深刻认识,孔子对于"礼"的继承与创新,理解也是十分精当的,那就是任何创新都是在继承传统的基础上进行的。有一次,子张问他:"今后十代的礼制现在可以预知吗?"他回答说:"殷代继承了夏代的礼制,其中废弃和增加的内容是可以知道的;周代继承了殷代的礼制,其中废弃和增加的内容也是可以知道的。那么以后如果有继承周朝的朝代,即使在一百代以后,也是可以预先知道的。"废弃和增加的都是时代的特色,而本质部分则是永恒不变的。

在《乐》的研究方面。音乐,与诗歌、舞蹈三位一体,是礼乐教化的重要组成部分,孔子当然十分重视。《史记·孔子世家》记载他早年跟师襄子学习鼓琴,弹奏《文王操》时就十分重视其中的人文元素,先"得其数",后"得其志",再"得其为人",是那样的专心致志,精益求精。在齐国第一次听到《韶》乐,以至于在"很长时间里即使吃肉也感觉不到肉的香味",他说:

"我没有想到音乐的震撼力量竟能达到这种程度啊。"可见孔子欣赏音乐不像一般人那样只是听听而已,听完了也就完了,最多不过是产生一点愉悦和悲伤,而是潜心体会其中的韵律、情感甚至作曲者的道德素养,从而悟得其文化价值和教育功能。不仅如此,孔子本人也是伟大的音乐家,他晚年整理古代诗歌的时候,从三千首古诗中选取了三百零五篇,并为每一首诗谱曲作乐,又根据乐曲特点把三百零五首诗分成风、雅、颂三类。他说:"我从卫国回到鲁国后,才对诗三百的乐曲进行了一一的校对,《雅》和《颂》都恢复了原有面貌。"

由于孔子在音乐方面具有高深的专业修养,他对音乐的内涵才理解得特别精准而透彻。他曾经评价《韶》乐说:"曲子美极了,表达的情感也好极了。"评论《武》乐说:"曲子美极了,表达的情感不是特别好。"有一次,在欣赏鲁国乐师挚弹奏完一部乐曲后,孔子说:"从太师挚开始演奏,到演奏《关雎》的尾声,美妙动听的旋律一直充盈在我耳边。"也正因如此,他才有可能跟国家乐团的大师们讲解演奏音乐的过程,他说:"奏乐过程是可以了解的:开始演奏时,各种乐器合奏,声音洪亮而优美,听众随着音乐响起而为之兴奋;乐曲展开之后美好而和谐,节奏分明,连续不断,如流水绵绵流淌,直到演奏结束。"

在《诗》的研究方面,孔子的研究不仅是广泛的,也是深刻的。孔子评价《诗经》说:"《诗》三百篇,用一句话来概括,就是'感情健康'。"他还以《关雎》为例具体说明怎样才是"感情健康"。他说:"《关雎》这首诗,欢乐但不放荡,哀婉但不伤感。"显然,他说的"无邪"就是"正",就是有所节制,不偏激,不走极端。

因为《诗经》思想纯正,情感健康,具有很重要的社会价值,所以孔夫子才把《诗》三百作为教育弟子的教材。他对弟子们说:"孩子们,你们为什么不学诗呢?诗可以用来激发心志,可以用来了解世事,可以用来结交朋友,可以用来抒发情感。说的近一点,可以用其中的道理来侍奉父母;说的远一点,可以用里面的学问来辅佐君主;最起码还可以多认识一些鸟兽草木的名称嘛。"在孔子时代,贵族士大夫之间的应酬,诸侯邦国之间的交往,常常引用古典诗句相互答对,一则含蓄委婉,二则彬彬有礼。例如《左传·昭公二年》记载:晋国执政韩起聘问鲁国,在鲁昭公招待他的宴会上,季孙宿朗诵《绵》最后一章赞美韩起为国君出使各国,韩起朗诵了《角弓》表达兄弟和睦之意,季孙宿感谢晋国的友好并朗诵《节南山》最后一章表示要做一个正直忠诚的辅臣。宴会结束后,韩起又到季孙宿家里做客,看到一棵大树,赞美了几句,季孙宿说:"我不敢不好好地培植这棵树呀,请别忘了刚才的《角弓》啊。"接着朗诵了《甘棠》一诗赞美韩起像当年召公那样品德高尚,韩起客气地说:"我怎么敢当呀,我哪能跟召公相比呀。"从这个片段,我们隐约可见诗歌在那个时代被广泛应用的情景了。因此,孔子非常重视弟子们学以致用的能力。他曾经说:"背熟了《诗》三百篇,把国家政务交给他,他却不能灵活处理。派他出使到四方各国,他却不能独立应对。这样的人,即使背熟了再多的诗句,又有什么用呢?"孔夫子自己不是书呆子,当然也不希望弟子们成为中看不中用的书呆子。

　　孔子不但要求弟子们学习《诗》,也要求自己的儿子孔鲤学习《诗》。他曾经对孔鲤说:"你学习《周南》和《召南》了吗?一个人如果不学《周南》和《召南》,那就像面对一堵墙站着一样啊(两眼一抹黑)。"有一次,孔子弟子陈亢向孔鲤问道:"你在夫子那里有得到过跟我们不一样的指导吗?"孔鲤回答说:"没有。只是记得有一天,他独自站在院子里,我快步地从他跟前走,他问我:'学《诗》了吗?'我说:'没有。'他说:'不学《诗》就没有办法开口说话。'我回去后就开始学《诗》。另一天,也是他独自站在院子里,我快步地从他跟前走,他问我:'学《礼》了吗?'我说:'没有。'他说:'不学《礼》,就没有办法立足于社会。'我回去后就开始学《礼》。我只听到过这两次教诲。"陈亢回去后高兴地说:"我问一件事,却知道了三件事。知道了要学《诗》,知道了要学《礼》，又知道了君子不偏爱自己的儿子。"

在《书》的研究方面。实事求是地说，任何时代、任何民族都有明君和昏君，圣君和暴君，但在《尚书》里面，我们所看到的都是尧帝、舜帝、夏禹、商汤、盘庚、武丁、文王、武王、周公等仁德圣君，没有夏桀、周厉、商纣故事，这正是孔夫子的用心之处。他希望用文化来劝善劝进，而不是诲淫诲盗。据《孔子家语·五帝德》记载，孔子评价颛顼说："渊而有谋，疏通以知远，养财以任地，履时以象天，依鬼神而制义，治气性以教众。"评价帝喾说："聪以知远，明以察微，仁以威，惠而信，以顺天地之义。"评价尧帝说："其仁如天，其智如神，就之如日，望之如云。富而不骄，贵而能降。"评价舜帝说："宽裕而温良，敦敏而知时，畏天而爱民，恤远而亲近。"评价夏禹说："其仁可亲，其言可信。"或许有人会问：这是实事求是吗？是的。好人会产生好的影响，坏人会产生坏的影响，这是客观规律。尊重规律就是让好人产生好影响，而不让坏人产生坏影响，如此而已。现在总有人喜欢挖掘古人所做的坏事，是猎奇呢，还是迷失了方向呢？

《易》是孔子最晚进行认真研究的典籍，但他同样领悟深刻，阐释透彻。《孔子家语》记载了他研究《易》的两个生活片段。《好生》篇记载：

> 孔子常自筮，其卦得《贲》焉，愀然有不平之状。子张进曰："师闻卜者得《贲卦》，吉也。而夫子之色有不平，何也？"孔子对曰："以其离耶。在《周易》，山下有火谓之《贲》，非正色之卦也。夫质也，黑白宜正焉，今得《贲》，非吾兆也。吾闻丹漆不文，白玉不雕，何也？质有余，不受饰故也。"孔子曰："吾于《甘棠》，见宗庙之敬甚矣。思其人，必爱其树；尊其人，必敬其位。道也。"

大意是说，孔夫子喜欢纯正之色，不喜欢驳杂之色，他经常思念当年召公的纯正品德。《六本》篇记载：

> 孔子读《易》至于《损》《益》，喟然而叹。子夏避席问曰："夫子何叹焉？"孔子曰："夫自损者必有益之，自益者必有决之。吾是以叹也。"
>
> "博哉天道，成而必变。凡持满而能久者，未尝有也。……调其盈虚，不令自满，所以能久也。"

大意是说，天道公平，满招损，谦受益。孔子还在深入研究的基础上，为《易》作传，撰写了《十翼》，即《彖》（上下两篇）、《象》（上下两篇）、《系辞》（上下两篇）、《文言》、《说卦》、《序卦》和《杂卦》。通过《十翼》，孔子解释了《易经》的来历和思想要点，总结了阴阳互动的基本原理，阐明了自然法则和人生经验的密切关系，使《易》从一部用来算卦的占卜之书质变为一部揭示世间万物发展规律的哲学著作。孔子曾经后悔自己没有更早地研读《易》。他曾说："假如给我几年时间，让我在五十岁学习《易》，就不会犯大错了。"孔子这是把《易》当作文化导师啊，所以他在《系辞》里说："无有师保，如临父母。"意思是说，读懂了《易》就好像父母和导师在身边一样。

在《春秋》的研究方面。孔子有感于鲁国《春秋》之立场不明、态度模糊，便重新编修鲁国的《春秋》，以表明自己的世界观和价值观。比如晋国赵盾（赵宣子）弑君一案。《左传·宣公二年》记载：

> 赵穿攻灵公于桃园，宣子未出山而复。太史曰："赵盾弑其君"以示于朝。宣子曰："不然。"对曰："子为正卿，亡不越竟，反不讨贼，非子而谁？"宣子曰："乌呼！'我之怀矣，自诒伊戚'，其我之谓矣！"孔子曰："董狐，古之良史也……"

大意是，赵盾执政时期，其堂弟赵穿弑杀了晋灵公，赵盾没有捉拿、惩办凶手赵穿，在太史董狐看来，赵盾是弑杀国君的主犯。孔子为此称赞董狐为"古之良史也"。另外，《史记·孔子世家》记载说："吴楚之君自称王，而春秋贬之曰'子'。践土之会实召天子，而《春秋》讳之曰'天王狩于河阳'。推此类以绳当世。……《春秋》之义行，则天下乱臣贼子惧焉。"可以说，孔子为后世确立了以道德法则为标准的历史评价体系，为引导人们追求公平正义、摆脱成王败寇之丛林法则做出了不朽贡献。

孔子不仅对古典文献的研究达到了很高的境界，同时也是百科知识专家。很多国家的君臣、卿士经常与孔子切磋治国之道，遇到各类知识不能明白时也会专门派人找孔子请教。《孔子家语》里记载了若干这样的小故事，其中一个是：陈国有一只大鸟死在了朝堂上，射死它的箭杆儿是用楛木做的，箭镞是石头做的，有一尺八寸长。陈惠公派人向孔子咨询这只鸟和这支箭的来历，孔子说："这只鸟是从很远的地方来的。这支箭是肃慎氏（女真人先祖）的。从前，周武王推翻商纣后，打通了与周边夷狄来往的道路，让他们各自进贡当地的特产。肃慎氏就进贡了这支箭，这箭干儿是楛木做的，箭干儿的末端刻着'肃慎氏贡楛矢'六个字。后来武王赐给了女儿，再后来这个女儿嫁给了陈公。所以这支箭就到了陈国。"陈惠公听说后，派人到府库里查找相关资料，结果跟孔子说的一模一样。还有一件事说，孔子将要出门，让陪同他的人拿着雨伞，一会儿果然下起雨来。弟子巫马期问："今天天上没有云彩，太阳也出来了，夫子却让人带雨具，结果还真下雨了。请问你是怎么知道的呢？"孔子说："昨天晚上月亮在毕星位置，《诗》上说'月离于毕，俾滂沱矣'。我是根据这个知道的。"

孔子就是这样一位博古通今、思想深邃的伟大学者，但他非常谦虚，说自己只是"述而不作"，不把自己当作圣人或先知。他说："我继承并宣传古代文化但不另起炉灶，信仰并热爱古圣先贤，我内心里把自己比作老彭。"他还说：" 大概有自己并不真正懂得却去凭空杜撰的人吧，我不是那样的。我是多听然后选择其中好的加以学习，多看然后记在心里。我通过这种方式掌握知识，是比'生而知之'差一些的。" 其实，孔子并非单纯因为谦虚，他是有意把世人的思考与研究方向引导到自然法则上去，探究事物的客观规律，而不是局限于"圣人"的金科玉律之中。有一段对话很能代表孔夫子的深刻用心。孔子说："我不想再说什么了。"子贡说："您如果不说话，那我们这些弟子传承什么呢？"孔子说："天说什么话了吗？四季照样运行，万物照样生长，天说什么话了吗？"孔夫子的意思是，学习者研究和探索的对象是宇宙万物，是自然法则，不是某个"圣人"说过的话。孔子之所以说"不想说话"了，恐怕是他发现弟子们太重视他讲的话了吧——那是脱离实际的教条主义和唯心主义，是人类文明的绝路。

读书人能不能学以致用，首先是一个态度问题，但也不完全是一个态度问题，也有家庭出身、社会地位、生活习惯、价值观念等方面的原因。孔子曾经说过这样一句话："先学习了礼乐而后做官的，是原来没有爵禄的平民；先做了官而后学习礼乐的，是卿大夫的子弟。如果选用人才的话，我赞成选用先学习礼乐的人。"在他看来，平民百姓和贵族子弟对待礼乐制度的态度是不一样的，因为对于平民百姓来说，学习礼乐制度是他们跻身政治舞台的唯一途径，他们学习的时候自然非常用心，应用的时候非常认真。而贵族子弟则不同，他们无须学习什么就可以得到官职和地位，学习礼乐知识无非是装点门面，卖弄风雅而已，他们大多不会真心率先垂范，也没有能力去教化百姓，因为他们根本不了解平民百姓的情感和需求。虽然事情并不完全绝对，但孔子的见识却是很现实、很客观的。

谈 古 篇

【原文】

1. 子曰："大哉，尧之为君也！巍巍乎，唯天为大，唯尧则①之。荡荡乎，民无能名焉。巍巍乎其有成功也，焕乎其有文章！"（《泰伯》）

2. 子曰："无为而治者，其舜也与？夫何为哉？恭己正南面而已矣。"（《卫灵公》）

3. 子曰："禹，吾无间②然矣。菲饮食而致孝乎鬼神，恶衣服而致美乎黻冕，卑宫室而尽力乎沟洫。禹，吾无间然矣。"（《泰伯》）

4. 子曰："巍巍乎，舜禹之有天下也而不与③焉！"（《泰伯》）

5. 子曰："泰伯，其可谓至德也已矣。三以天下让，民无得④而称焉。"（《泰伯》）

6. 舜有臣五人而天下治。武王曰："予有乱⑤臣十人。"孔子曰："才难，不其然乎？唐虞之际，于斯为盛，有妇人焉，九人而已。三分天下有其二，以服事殷。周之德，其可谓至德也已矣。"（《泰伯》）

7. 子曰："甚矣吾衰也！久矣吾不复梦见周公。"（《述而》）

8. 子曰："伯夷、叔齐，不念旧恶，怨是用⑥希。"（《公冶长》）

9. 子贡曰："纣之不善，不如是之甚也。是以君子恶居下流，天下之恶皆归焉。"（《子张》）

10. 子曰："管仲之器小哉！"或曰："管仲俭乎？"曰："管氏有三归，官事不摄⑦，焉得俭？""然则管仲知礼乎？"曰："邦君树⑧塞门，管氏

亦树塞门；邦君为两君之好，有反坫，管氏亦有反坫。管氏而知礼，孰不知礼？"（《八佾》）

11. 子曰："晋文公谲而不正，齐桓公正而不谲。"（《宪问》）
12. 子张问曰："令尹子文三仕为令尹，无喜色；三已之，无愠色。旧令尹之政，必以告新令尹。何如？"子曰："忠矣。"曰："仁矣乎？"曰："未知。——焉得仁？""崔子弑齐君，陈文子有马十乘，弃而违⁹之，至于他邦，则曰：'犹吾大夫崔子也。'违之。之一邦，则又曰：'犹吾大夫崔子也。'违之。何如？"子曰："清矣。"曰："仁矣乎？"曰："未知。——焉得仁？"（《公冶长》）
13. 季文子三思而后行。子闻之曰："再，斯可矣。"（《公冶长》）
14. 或问子产，子曰："惠人也。"问子西，曰："彼哉！彼哉！"问管仲，曰："人也。夺伯氏骈邑三百，饭疏食，没齿无怨言。"（《宪问》）
15. 子曰："宁武子，邦有道，则知；邦无道，则愚。其知可及也，其愚不可及也。"（《公冶长》）

【注释】

①则：效法，取法，学习。

②间：空隙，隔阂，引申为"有意见"。

③与：干预。

④得：可以，可能，能够，引申为"有办法"。

⑤乱：反训为"治"，与"乱"反义。这里的"乱臣"指的是治世能臣。

⑥用：同"以"，"是以"乃"以是"之倒装，因此。

⑦摄：兼职。

⑧树：树立，设立。

⑨违：离开。

【通解】

孔子以《礼记》《乐记》《诗经》《尚书》作为基本教材，对历史人物和历史事件的认识和评价自然是很重要的内容，他是在具体问题具体分析的过程中教育弟子的，借以引导弟子们正确地看待过去、现在和未来，确立健康积极的思想观念。

尧、舜、禹是夏朝建立之前不同氏族部落的领袖人物。唐尧担任邦国联盟盟主时期，做了很多开创性工作。他设立官职，命羲仲、羲叔、和仲、和叔观察天象制定历法，以授民时，改善生产。面对洪水泛滥，祸害四方，人民不堪其苦的局面，他果断派鲧治水，后来发现效果不明显，就撤了鲧的职务，把他流放了。又反复考察虞舜，临死前把帝位禅让给虞舜。《尚书·尧典》记载尧帝"钦明文思安安，允恭克让，光被四表，格于上下。克明俊德，以亲九族。九族既睦，平章百姓。百姓昭明，协和万邦"。简单说就是：为人中正，能力超强，得到了万国敬仰，促成了华夏各部落的大团结。孔子对他的评价是："尧作为各邦国的领袖，真是太伟大了！崇高呀！只有上天最高最大，只有尧帝能效法上天。他的恩德浩浩荡荡，百姓简直不知道用什么词语来赞美他。他创建的功绩多么崇高呀！他确立的制度多么灿烂呀！"

《尚书·舜典》记载虞舜"浚哲文明，温恭允塞，玄德升闻"。他即位之后，虚怀纳谏，惩罚奸佞，流放四凶；任贤使能，让皋陶管理五刑，让夏禹治理洪水，让后稷主管农业，让商契负责教化，教育贵族子弟"直而温，宽而栗，刚而无虐，简而无傲"。他还特别重视音乐的教化作用，任命夔担任乐师，他曾说"诗言志，歌永言，声依永，律和声。八音克谐，无相夺伦，神人以和"。《尚书·大禹谟》载舜主张"克勤于邦，克俭于家""野无遗贤，万邦咸宁"，开创了政通人和的局面。晚年听从四岳建议，禅位于治水成功的夏禹。孔子对舜帝的评价是："自己无所作为却让天下太平的人，大概只有舜吧？他做了什么呢？他只是庄重而安详地面南背北端坐在王位上罢了。"笔者认为，孔子所说的"无为而治"与老子所谓的"无为而治"是不一样的。老子所说的"无为而治"是完全地顺其自然，什么也不做。孔子所说的"无为而治"是做好自己，不干预民众；君主做好自己该做的事，百姓自然就会跟着走。

夏禹在治水时曾三过家门而不入，取得了巨大成功。他成为盟主之后，建立中央政权，划定九州行政区域，确定不同地方不同义务的五服制度，为传统政治文化的形成做出了巨大贡献。孔子评价他时说："禹，我对他没有任何意见啊。他平时吃的喝的都很差，却用丰盛的祭品敬奉鬼神；他平时穿得也很差，却把祭祀的服饰和冠冕做得华美；他居住的房屋也很差，却把力量都用在疏通河道上。对大禹，我没有意见啊。"他还对虞舜和夏禹的无为而治大加赞美，他说："多么伟大呀！舜和禹担任盟主时，从不干预百姓之事。"①

关于执政权的问题，可以说一人优劣决定天下命运，孔子当然非常重视。周代确立的嫡长子继承制不能保证嫡长子的贤能，如果某个有继承权的人因为德行高尚而受人拥戴，或者才德不足的继承人主动让贤，那是最好的。相传泰伯是周族首领古公亶父的长子，本应继承君位，但他发现父亲特别喜欢三弟季历的儿子姬昌，有意传位给季历，就偷偷地逃跑到远方去了；后来姬昌果然非常有才干，重用姜子牙，带领着周族迅速发展壮大起来，并由他的儿子姬发继承克商事业，推翻了商纣王，建立了周王朝。孔子对泰伯这种以家族利益为重，不贪图个人权力的行为非常赞赏。他说："泰伯，那可以说是最仁德的人了。他屡次把社稷让给季历，百姓简直都找不出恰当的词语来赞美他呀！"现在总有人说"禅让"故事是虚构的，不真实，其实这件事的真假并不重要，重要的是和平移交权力的方式，这才是真正有益于天下万民的。

孔子虽然是殷商王室后裔，但他对周武王姬发和周公姬旦以周代商的政治革命是支持的。在一次讨论人才难得的问题时，就顺便表达了对周族杰出人物德行

---

① 杨本解释"尧舜之有天下也而不与焉"为"贵为天子，富有四海，（终年劳作）却一点也不为自己"，并释"与"为"享受"，笔者认为不妥。

的由衷赞美。舜帝时候，任用五个人才实现了天下太平。周武王说："我只有十个能臣。"孔子说："人才难得呀，难道不是这样吗？尧舜时候人才济济。武王说他有十个能臣，其实只有九个，因为其中一个是妇女。周文王（姬昌）已经得到了天下的三分之二，仍然向商纣王称臣。周族人的仁德呀，真可以说是最高尚了。"

我们曾经在《孝敬篇》里讲过，周公旦是真正的孝子。没有他，他父亲与兄长建立的周王朝就土崩瓦解了；没有他，他的父亲与兄长就是乱臣贼子。可以说他是历史上最杰出的政治家之一，他首次把宗法关系应用于社会治理，建立了以"周天子"为中心、以血缘关系为纽带的同心圆政治体系；他倡导以礼治国，建立了以礼乐教化为基本形式、以"敬德保民""明德慎罚"为基本内容的治国方略，为中华民族率先走进文明国家奠定了文化基础。孔子一生都以周公为楷模，以梦见周公为幸福，甚至把能否梦见周公看作自己有没有生命力的标志。他晚年的时候，曾感叹说："我衰老得太严重了，我已经很久没有梦见周公了。"

伯夷、叔齐因为让国而双双出逃的故事，大家都知道了，但对孔子说他们"不把人家过去做的坏事放在心上，因此别人对他们的怨恨就很少"这句话总觉理解不透。司马迁在《史记·伯夷列传》讲完伯夷、叔齐故事后，曾提出这样一句反问："由此观之，怨邪非邪？"从这里来看，他们是念旧怨呢，还是不念旧怨呢？显然，太史公是怀疑伯夷、叔齐"不食周粟"是记恨周武王讨伐商纣王。这恐怕值得商榷。"旧恶"指的是谁呢？应该不是武王，而是纣王。后世的纣王形象是作为胜利者的周朝贵族刻意描绘出来的，说他：沉湎酒色、穷兵黩武、重刑厚敛、拒谏饰非，还有：酒池肉林、炮烙之刑、牝鸡司晨等等，与著名暴君夏桀并称为"桀纣"，并最终导致众叛亲离而身死国灭。但孔子认为真实的纣王并非如此，他说："商纣之无道并不像现在传说得这么严重（多半是后人添油加醋诋毁他）。因此，君子都忌讳被人鄙视，一旦被人鄙视，天下的坏事就都汇集到他身上去了。"伯夷、叔齐大概正是原谅了纣王所做的坏事，才劝阻姬发征讨他。与纣王命运相似的是杨广和曹操，相反的是诸葛亮。

管仲辅佐齐桓公"九合诸侯,一匡天下"而"不以兵车",孔子对他的评价是很高的,但孔子觉得管仲也有很大的缺点,他认为管仲器量太小,有弟子问:"管仲节俭吗?"他说:"管仲有三处豪华的公馆,他手下的人从不兼职,怎么能称得上节俭呢?""那么管仲懂得礼仪吗?"他说:"国君在宫门前立了一道影壁,管仲也在自家门口立了影壁;国君设宴招待外国君主时,在堂上设置了放酒杯的设备,管仲宴请宾客也设置这样的设备。如果说管仲懂得礼仪,那还有谁不懂得礼仪呢?"

那么,孔夫子为什么说管仲器量太小呢?管仲在任时,推荐隰朋为大行,推荐宁戚为司田,推荐王子成父为司马,推荐宾须无为司理,推荐鲍叔牙为大谏,器量不小呀。管仲协助齐桓公定鲁、救燕、保邢、存卫,尊王攘夷,保护中原地区政治稳定,器量也不小呀!孔夫子何出此言呢?原因有三:其一,北杏之会是齐桓公第一次召集的诸侯盟会,鲁、卫、郑、曹四国没有赴约。管仲没有主动检讨齐国的过错,而是一味谴责四国不履约,甚至发兵征讨鲁国。不久之后的柯地之会上齐桓公被鲁国大将曹沫劫持,被迫退还了过去侵占的鲁国土地。管仲上任时曾建议齐桓公退还过去侵占的别国领地,那他为什么不在鲁国爽约时反省这个问题呢?其二,当邢国遭遇戎狄侵略时,管仲建议齐桓公说:"戎狄气势正盛,邢国实力还没耗尽,与气势正盛的敌人交战费力大,救助还没耗尽实力的友军功劳小,不如等到戎狄气势衰竭了,邢国实力耗尽了,那时再出兵救助,费力小而功劳大。"结果等了两个月,邢国被彻底毁灭了。其三,召陵之会时,诸侯联军征讨意欲北上的楚国,可面对楚国使者屈完,管仲只是谴责楚国"不给周天子进贡包茅"。据说事后鲍叔牙问管仲:"楚人之罪以僭号(称王)为大,为什么拿'不贡包茅'这种小节说事呢?"管仲说:"楚人僭号已经三代了,他们怎么肯听我们的呢?"这是什么话?即使楚人不听,难道就不应该谴责他们妄自尊大、僭称王号吗?即使楚人不听,如果诸侯盟主谴责他们僭称王号,他们面对诸侯时也会觉得理亏。那样,中原各国就会在楚人面前有一种道义的自信。如此看，管仲的格局确实不够大。至于"官事不摄"，孔子主张兼职，管仲反对兼职，大概是因为齐国比较富裕，兼职会减少就业机会，而鲁国比较贫穷，兼职可以节约成本。但无论如何，称管仲为"千古一相"是不妥的，因为管仲治理的不过是中原的一个邦国，与秦始皇统一之后的中国不能相提并论。如果要选一位中华民族的千古一相的话，恐怕非荆国公王安石莫属。

晋文公在位时期也曾召集诸侯会盟过，而且在城濮之战中挫败了楚国人北上争霸的企图，但孔子对他的评价却很低："晋文公奸诈而不正派，齐桓公正派而不奸诈。"这是由于晋文公继位后欺凌那些在他流亡时不待见他的同姓国家，如曹国、卫国、郑国等，并在勤王过程中趁机霸占周天子的土地。晋文公还用欺骗手段"以臣致君"、迫使周天子到河阳参与他组织的盟会；而且对跟随他流亡十九年并割下自己身上的肉给他吃的介子推很不友好，与"兴灭国，继绝世，举逸民"的齐桓公岂可同日而语？

楚成王时期的令尹斗子文，曾断断续续担任令尹四十年，是春秋早期楚国重要的政治家。他在位时勤俭持家，家无余财，秉公守法，不徇私情，为楚国的发展壮大做出了巨大贡献，最后主动让贤给令尹子玉（成得臣）。怎么评价令尹子文呢？子张曾经问孔子："楚国的斗子文几次被任命为令尹，没有显出高兴的样子；几次被罢免，也没有怨恨的神色。每次交接，他都把自己的工作一一交代给下一任。他怎么样？"孔子说："他是一个尽职尽责的人。"子张问："他有仁德吗？"孔子说："我不了解他，怎么知道他有没有仁德呢？"也许当时的孔子对斗子文真的不了解，根据现在的资料，我们可以说斗子文是具备仁德的。但也许孔子不愿意给斗子文"仁德"称号，是因为斗子文点名推荐的继任者成得臣在后来的城濮之战中惨败给了晋国，他所荐非人，难辞其咎。

我们在《身正篇》讲齐景公的时候讲到过一个叫田乞的大臣，用大斗出小斗进的方式收买人心。他的祖父叫田须无，谥号文，史称田文子或陈文子，当然是极其精明的了。他辅佐的君主是齐庄公，而这个齐庄公是一个昏庸无能之辈、荒淫无耻之徒，不但无缘无故得罪中原霸主晋国，而且私通上卿崔杼的妻子。后来，崔杼设计杀了他。当时齐国的贵族高氏、国氏都无可奈何。据说晏婴找陈文子商量拥立新君事宜，陈文子说："辅政有天子任命的高氏和国氏，执政有炙手可热的崔杼和庆封，我能做什么呀？"晏婴离开后，陈文子叹息说："乱臣在朝，不可共事也。"于是逃往宋国。怎样评价这位陈文子呢？子张说："齐国的崔杼杀了齐庄公，陈文子有四十辆战车都不要了，离开了齐国，到别的国家后，又说：'这里的执政和我国的崔大夫差不多'；去了另一个国家，又说：'这里的执政和我国的崔大夫差不多'，又离开了。这个人怎么样？"孔子说："他是一个洁身自好的人。"子张说："他有仁德吗？"孔子说："我不了解他，怎么知道他有没有仁德呢？"崔杼弑君事件距离孔子年代很近，他应该是了解的。其实，陈文子有四十辆战车却不去协助晏婴拥立新君，稳定政局，反而逃离齐国去坐山观虎斗，是违背仁德的明哲保身，甚至是居心叵测。孔子所谓"不了解"是另有内涵的。

季文子在鲁国推行初税亩的制度，使三桓家族增加了很多土地和人口，迅速发展起来。这让鲁宣公和执政东门氏非常害怕，于是东门氏就去晋国寻求支援来对付三桓势力。结果，东门氏还没有回来，鲁宣公就死了。季文子趁机发动政变，掌握了鲁国政权，从此三桓势力越发膨胀起来，压制公室长达一百多年。这位季文子有个特点，就是后世常说的"三思而后行"，孔子似乎对季文子有些不满，他说："考虑两次就可以了。"[①] 没必要考虑三次，言外之意是，季文子为自己谋划得太周全了，作为上卿应更多地为国家利益考虑。

郑国从地理位置上说，是南方楚国进入中原的要冲，是楚国进犯中原的第一站，也是中原各国抵御楚国的桥头堡，战略地位非常重要。郑国政治和外

---

① 杨本解释"季文子三思而后行"，在"注释"里引用了宦懋庸论述，成立。

交策略很难长期稳定，它只能依靠强国，谁有实力就听谁的。孔子说"郑国乐曲节奏太乱"大概就是因为郑国人处在这样的政治困局中，内心非常焦虑吧。郑子产公孙侨执政二十多年，在内政方面，他开言路，铸刑鼎，进行税制改革，维护公室利益，限制贵族特权，赢得了国人的积极支持。在外交方面，他实行平衡外交，主动交好楚国和晋国，保证了郑国的相对安全，是一位了不起的政治家。当有弟子问如何评价子产的时候，孔子说："他是个好人。"

楚平王的公子申（字子西）曾经在楚平王死后和楚昭王死后两次被指定为继承人，他都拒绝了。后来他在楚国抗吴的复国战争中立下战功，楚昭王时任命他做了令尹。他担任令尹期间，经常接受一些小国的贿赂，后来又召回了流亡在吴国的原太子建之子白公胜。白公胜回国后，多次申请攻打有杀父之仇的郑国，子西受了郑国的贿赂予以拒绝。白公胜怀恨在心，便纠集党徒刺杀了子西，并劫持了楚惠王，导致了一场大乱。当弟子问孔子如何评价子西时，孔子说："他呀！他呀！"真是一言难尽啊！当弟子问到如何评价管仲时，孔子说："他是个人才。他剥夺了伯氏骈邑三百户的封地，使伯氏只能吃粗粮，却至死没有怨言。"应该说，孔子一贯是实事求是的，很能辩证地看待历史人物和历史事件。宁武子是因养鹤亡国的卫懿公时代的卫国大夫，孔子评价他说："宁武子这个人，国家政治清明时就聪明，国家政治黑暗时就糊涂。他的聪明别人可以做到，他的糊涂别人做不到。"宁武子能赢得孔子如此评价，可真是高人呀！

说 今 篇

【原文】

1. 孔子曰:"禄之去公室五世矣,政逮于大夫四世矣,故夫三桓之子孙微①矣。"(《季氏》)

2. 大师挚适齐,亚饭②干适楚,三饭缭适蔡,四饭缺适秦,鼓方叔入于河,播鼗武入于汉,少师阳、击磬襄入于海。(《微子》)

3. 子曰:"吾犹及史之阙文也,有马者,借人乘之,今亡矣夫。"(《卫灵公》)

4. 子曰:"圣人,吾不得而见之矣!得见君子者,斯可矣。"子曰:"善人,吾不得而见之矣!得见有恒者,斯可矣。亡而为有,虚而为盈,约而为泰,难乎有恒矣。"(《述而》)

5. 子曰:"不有祝鮀之佞③,而有宋朝之美,难乎免于今之世也。"(《雍也》)

6. 子曰:"孟之反不伐。奔而殿,将入门,策其马,曰:'非敢后也,马不进也。'"(《雍也》)

7. 子谓卫公子荆:"善居室。始有,曰'苟合矣。'少有,曰'苟完矣。'富有,曰'苟美矣。'"(《子路》)

8. 蘧伯玉使人于孔子。孔子与之坐而问焉,曰:"夫子何为?"对曰:"夫子欲寡其过而未能也。"使者出,子曰:"使乎!使乎!"(《宪问》)

9. 子问公叔文子于公明贾曰:"信乎,夫子不言,不笑,不取乎?"公明贾对曰:"以告者过也。夫子时然后言,人不厌④其言;乐然后笑,人不厌其笑;义然后取,人不厌其取。"子曰:"其然?岂其然乎?"(《宪问》)

10. 公叔文子之臣大夫僎⑤与文子同升诸公。子闻之,曰:"可以为'文'矣。"(《宪问》)

11. 子贡问曰:"孔文子何以谓之'文'也?"子曰:"敏而好学,不耻下问,是以谓之'文'也。"(《公冶长》)

12. 子言卫灵公之无道也。康子曰:"夫如是,奚而不丧?"孔子曰:"仲叔圉治宾客,祝鮀治宗庙,王孙贾治军旅。夫如是,奚其丧?"(《宪问》)

13. 子曰:"鲁、卫之政,兄弟也。"(《子路》)

【注释】

①微:式微,衰落,衰败。

②饭:吃饭,借指吃饭时演奏的乐师。挚、干、缭、缺、方叔、武、阳、襄均为人名。

③佞:口才。

④厌:嫌弃,讨厌。

⑤僎:一起。

【通解】

孔子生活在诸侯混战、权臣内斗、公室衰微、礼崩乐坏的春秋中后期,他对那个时代是很失望的。

孔子对鲁国的政治非常失望。到孔子时代,鲁国的政权已经不在国君手里了。这种情况，从东门氏算起已经五代了。季孙氏家族掌权也已经四代了。东门氏擅立鲁宣公，季孙氏驱逐鲁昭公，这哪像个正常国家呀！这还是制礼作乐的周公的子孙吗？所以，孔子感叹说："爵位俸禄这些名器离开公室已经五代了，国家政权落到大夫手中已经四代了，所以三桓的子孙就要衰落了。"这是事实描述呢，还是预测未来呢？还是他自己内心的希望呢？恐怕孔夫子自己也说不清，但失望之情则溢于言表。

其次，孔子对鲁国的人才失望。当时的鲁国，因为内政败坏，危机四伏，导致人才大量流失。太师挚到齐国去了，亚饭乐师干到楚国去了，三饭乐师缭到蔡国去了，四饭乐师缺到秦国去了，打鼓乐师方叔到黄河地区去了，摇鼗鼓的乐师武到汉水一带去了，少师阳和击磬的乐师襄到沿海地区去了。据历史记载，公元前544年，晋国大夫范献子访问鲁国，宴会之后举行射礼，鲁襄公甚至凑不够六个既知礼仪又会射箭的家臣。由此可见鲁国公室之惨淡！

第三，孔子对当时的文化建设很失望。孔子是一位十分严谨的学者，主张做学问要实事求是，尤其是史学。当时有史官对自己不知道的情节往往通过自己的想象加以补充，这样做会对后世造成很坏影响。孔子对此持否定态度，他对弟子们说："我还提到过史书上有阙文的事，知道就是知道，不知道就是不知道，都要如实记录，就好像不会骑马的人有了马先让别人骑一样，会就是会，不会就是不会。现在这样实事求是的人没有了。"①

有感于如此颓败的时局，孔子常常感叹说："圣人，我是见不到了，能见到君子，就可以了。"又说："善人，我是见不到了，能见到坚持做善事的人，就可以了。'没有'却装作'有'，'空虚'却装作'饱满'，'困顿'却装作'通达'，这样的人是很难有恒久操守的。"又说："如果没有卫国祝鲍那样的口才，却像宋国公子朝那样帅气，在当今这个时代很难避免灾祸啊！"

---

① 杨本解释"史之阙文"与"有马者借人乘之"的关系，比诸多注者更合理。

这里有必要补充一下祝鲍和公子朝的故事。

祝鲍的"祝"是负责祭祀礼仪的官职,"鲍"是他的名字。据《左传》记载,鲁定公四年,即公元前506年,周天子卿士刘文公召集中原诸侯会盟讨论伐楚的事情。卫灵公准备赴会,临行前有大臣建议他带上祝鲍。祝鲍说:"我去不合适。我本职工作尚且做不好,怎么能兼职呢?再说,太祝的职责是祭祀五谷之神,五谷之神不出国,我怎么能出国呢?"卫灵公说:"去吧。"祝鲍就跟着去了。在盟会上安排座次时,听说把卫灵公安排在蔡昭侯后面,祝鲍就找到刘文公的属臣苌弘问:"有这回事吗?"苌弘说:"是的。因为蔡叔是康叔的兄长。"这里所说的蔡叔和康叔分别是蔡国和卫国的第一代国君,都是周武王的弟弟。祝鲍说:"先王是以德行为标准的。当初武王平定天下,周公辅佐成王,都是分封有明德的人拱卫周室,所以赐予了鲁公、康叔、唐叔很大的权力。武王、周公的兄弟还有很多,为什么其他人没有得到这么大的权力呢?这就是以德行为标准而不是以年龄为标准呀。况且,当年蔡叔和管叔勾结武庚造反,犯了死罪,只是周公处死了管叔,而没有处死蔡叔罢了。怎么能把蔡叔安排在康叔前面呢?再说,武王的同母弟弟八个人,周公做太宰,康叔做司寇,聃季做司空,其余五个没有官职,难道是以年龄为标准吗?还有,当年晋文公组织践土会盟的时候,我们的卫成公没有亲自到场,是派他弟弟去的,仍然排在了蔡侯前面。今天,你们要复兴文王、武王的功业,却不恢复他们的德行。这怎么能复兴他们的功业呢?"说得苌弘无言以对,只好请求刘文公把卫灵公排在了蔡昭侯前面。祝鲍真是有口才呀!关键是读书多,有思想。

据《左传》记载:春秋时期宋国公子朝,以容貌俊美闻名。卫灵公小夫人南子本是宋国公主,在嫁给卫灵公之前就与公子朝有私情。后来公子朝到卫国做官也是南子要挟卫灵公安排的。公子朝到卫国后,经常出入宫闱之间,与卫灵公的母亲也有私通。公子朝害怕事情败露,就勾结一帮人作乱,把卫灵公逐出卫国。后来卫灵公回国复位,公子朝出逃到晋国。但不久卫灵公又因为南子想念公子朝，再次把公子朝召回，还亲自安排公子朝与南子幽会。比较滑稽！

尽管对现实非常失望，但孔子并不是一个悲观主义者，他也从严酷的现实中看到很多走正道的君子，比如鲁国的孟之反。孔子曾经这样评价他："孟之反不炫耀功劳。鲁国军队打了败仗，士兵们都逃跑，他主动在后面负责掩护。快进城门时，他拉住马缰绳，说'不是我敢殿后呀，是我的马不肯跑呀！'"这位公而忘私、刻意隐瞒自己功劳的孟之反是伟大的，孔子把这样一个小人物介绍给弟子并由其弟子记录下来，使之名垂青史，也是伟大的。

当然，孔子见到君子最多的还是在卫国。他周游列国十四年，去过卫国、宋国、郑国、陈国、蔡国、楚国，居住时间最长的是卫国，总共大约九年。在孔子看来，卫国的政治环境要比鲁国好得多。所以，他对卫国的政治人物更多地持肯定态度。

在谈到卫公子荆时，孔子说："他很善于在家赋闲。他开始有财物时，就说'够用了。'当渐渐多起来后，就说'什么都有了。'当财物很富足时，就说'太完美了'。"公子荆是卫献公之子，他如此知足常乐，无欲无求，自然非常安全。他是个明白人。

蘧伯玉是卫国三朝老臣，以贤德闻名，是孔子的长辈，是与吴国季札、郑国子产、齐国晏婴、鲁国孟公绰一起被孔子视为亦师亦友的贤人。蘧伯玉也十分欣赏孔子。孔子在卫国大部分时间就居住在他家里。但卫灵公始终不重用他，史官史鱼曾多次举荐蘧伯玉，卫灵公都置若罔闻。直到史鱼死后以"尸"为谏，卫灵公才又重新起用蘧伯玉，此时他已九十岁高龄。据说蘧伯玉有件事非常有名，就是"耻独为君子"①，意思是作为君子，单单自己有君子之德是不够的，还应该影响周围的人都成为君子。蘧伯玉本人正是如此。在孔子居卫期

---

① 《后汉书·王畅传》。

间，有一次，蘧伯玉派使者拜访孔子，孔子请他坐下，然后问道："先生最近在做什么呀？"使者回答说："先生想减少自己的过错，但还没有做到。"使者出去后，孔子感叹说："这才是使者呀！这才是使者呀！"这位使者虽然只说了一句话，却既含蓄又明确地介绍了自己主人的美德，尽显君子本色，这样的人派出去担任使者，你能不放心吗！难怪孔夫子赞叹不已。

公叔发是卫献公之孙，也是久负盛名的君子。孔子向公明贾问到公叔发时说："是真的吗，听说（公叔）先生不苟言笑，不贪钱财？"公明贾答道："那是告诉你的人说错了。（公叔）先生是到该说话的时候再说话，别人就不觉得他的话多；从内心里感到高兴才笑，别人就不觉得他爱笑；合情合理地领取俸禄，别人就不觉得他贪财。"孔子陷入了深深的思考："是这样吗？难道真的是这样吗？"公叔发的行为不就是中庸之道吗？孔夫子曾慨叹"中庸之为德也，其至矣乎！民鲜久矣"，公叔发却能长期做到持中守正，实在令人佩服。当孔子又听说公叔发举荐自己的家臣为国君做事、跟他一起出入朝堂时，孔子简直找不到一个恰当的词来赞美他了，就说："（公叔发）去世后可以谥'文'了。"在那个为了图谋私利而不惜损害公室的时代，像公叔发这样的守正君子实在太少了。后来，公叔发果然被赐谥为"文"，称"公叔文子"。

谥号，是古代帝王、大臣或名人逝世后由朝廷赐予的封号，一般用一两个字概括此人的生前行迹，也就是所谓的"盖棺定论"。肯定功绩的如文、武、桓、穆、献、襄、敏、忠等字，针砭过失的如桀、纣、幽、厉、炀、丑、谬等字，比较中性的如平、怀等字。一般大臣都以得到"文"的谥号是最高荣誉，《尚书》上说"钦、明、文、思"为尧帝之四德，那是何等伟大的品质！《左传》说"经纬天地曰文"，那是何等卓越的才能！另据《逸周书》说：除经纬天地外，道德博闻、慈惠爱民、勤学好问、施而中礼、修德来远、刚柔相济等等的人也可以"文"为谥号。

据《左传》记载，孔圉是卫国大夫，负责宾客接待工作，卫灵公时名臣。

孔圉曾经把女儿孔姞嫁给卫灵公的孙子太叔疾，但太叔疾已有家室，孔圉就让他休掉妻子，娶了孔姞。后来孔圉发现太叔疾跟前妻的妹妹私通，于是带兵攻打太叔疾，把他赶出了卫国，然后把女儿孔姞又改嫁给太叔疾的弟弟公叔遗。孔圉死后，却被赐谥为"文"，称孔文子。子贡听说后，实在想不通，就问孔子："孔文子为什么谥'文'呢？"孔子说："他学习很努力，而且不耻下问，所以谥他为'文'。"其实，孔圉被赐谥为"文"可能另有原因：卫灵公世子蒯聩因为企图谋杀南子而被驱逐出国，卫灵公死后，蒯聩之子辄即位。后来蒯聩借助晋国赵鞅之力回国复辟，赶走了自己的儿子，自己做了国君，即卫庄公。据传帮助他完成如此"伟业"的是他姐姐孔姬，卫庄公大概是为了感谢他的姐姐，才赐谥姐夫孔圉为"文"的；也许孔圉是谨小慎微之人，在家里替女儿婚姻做主都是孔姬。孔子不便说出内情，只好换一个角度说他"好学"。

　　总之，当时的卫国君子众多，政治也井然有序，所以孔子在卫国住得滋滋有味。虽然孔子认为卫灵公并没有走在正道上，但他并没有全盘否定灵公。孔子晚年在鲁国，季康子听说他认为卫灵公不走正道，就问："如果这样的话，卫国为什么没有灭亡呢？"孔子回答说："他有仲叔圉（孔圉）负责宾客接待，祝鮀负责宗庙祭祀，王孙贾负责带兵打仗。像这样，怎么会灭亡呢？"也就是说，卫灵公能够知人善任，对于国君来说，这是最优秀的品质。另据《孔子家语·贤君》记载：当鲁哀公问到"当今之君，孰为最贤"的时候，孔子回答说：我没有见到过，如果勉强算一个的话，就是卫灵公。鲁哀公问：他是怎么治国的呢？孔子说：他弟弟公子渠牟的智慧足以治理一个大国，诚信足以守卫这个大国，卫灵公喜欢他并任用他。有个叫林国的士人，发现贤人一定会推荐给国君；如果那人被罢官，林国就把自己的俸禄分给他，卫灵公认为他是贤人而尊敬他。有个叫庆足的士人，国家有大事，就出来帮助治理；国家无大事，就把职位让给别人，卫灵公喜欢他并尊敬他。有个大夫叫史鱼，因为自己的做事原则得不到实行就离开了卫国。卫灵公就放弃琴瑟之乐，在郊外住了三天，一直等到史鱼回国，然后一起回朝。所以，我觉得卫灵公算是贤君。鲁哀公说：听说卫灵公家里男女关系有点乱。孔子说：那是另外一回事。从这里我们也可以看到，孔夫子是很会评价人物的，扬其善而隐其恶，具体问题具体分析。

卫灵公虽然算不上英主，但也算得上明君了，卫国人才济济，卫灵公基本做到了量才而用。用人是一门很复杂的学问，"知人"很难，"善任"就更不容易。虽然卫国有很多君子，卫灵公也能知人善任，国家治理得不错，但孔子还是觉得卫国有很多问题。他曾经说过一句意味深长的话："鲁国和卫国的政治，就像兄弟一样啊。"[①]这句话表面意思是说：鲁国第一任国君周公（姬旦，由其子伯禽代理）和卫国第一任国君康叔（姬封）是兄弟。实际上是说：鲁国和卫国都是小国，加在晋齐两强之间，卫国挨着晋国，经常被晋国欺负；鲁国挨着齐国，经常被齐国欺负。卫国为了抵抗晋国，就与齐国结盟；鲁国为了抵抗齐国，就与晋国结盟；偶尔也会有几年，两个国家同时依附晋国或齐国。总之，这两个周天子的同姓诸侯国都不安宁，都不得不听命于临近的强国，这不像两个可怜的孩子吗！

[①] 杨本解释"鲁卫之政，兄弟也"为"鲁国的政治和卫国的政治像兄弟一般（相差不远）"，字面意思也可以，但总让人摸不着头脑。

教 诲 篇

【原文】

1. 子曰:"志于道,据于德,依于仁,游①于艺。"(《述而》)

2. 子以四教:文,行,忠,信。(《述而》)

3. 子曰:"兴于《诗》,立于礼,成于乐。"(《泰伯》)

4. 子曰:"有教无类。"(《卫灵公》)

5. 子曰:"自行束脩以上,吾未尝无诲焉。"(《述而》)

6. 互乡难与言,童子见,门人惑。子曰:"与②其进也,不与其退也,唯何甚?人洁己以进,与其洁也,不保③其往也。"(《述而》)

7. 子路问:"闻斯行诸?"子曰:"有父兄在,如之何其闻斯行之?"冉有问:"闻斯行诸?"子曰:"闻斯行之。"公西华曰:"由也问闻斯行诸,子曰'有父兄在';求也问闻斯行诸,子曰'闻斯行之'。赤也惑,敢问。"子曰:"求也退,故进之;由也兼④人,故退之。"(《先进》)

8. 子所雅⑤言,《诗》《书》、执礼,皆雅言也。(《述而》)

9. 子曰:"不愤不启,不悱不发。举一隅不以三隅反,则不复也。"(《述而》)

10. 子曰:"人无远虑,必有近忧。"(《卫灵公》)

11. 子曰:"过而不改,是谓过矣。"(《卫灵公》)

12. 子曰:"辞达而已矣。"(《卫灵公》)

13. 子曰:"有德者必有言,有言者不必有德。仁者必有勇,勇者不必有仁。"(《宪问》)

14. 孔子曰:"益者三乐,损者三乐。乐节礼乐,乐道人之善,乐多贤友,益矣。乐骄乐,乐佚游,乐晏乐,损矣。"(《季氏》)

15. 子曰:"吾未见刚者。"或对曰:"申枨。"子曰:"枨也欲,焉得刚?"(《公冶长》)

16. 子曰:"片言可以折狱者,其由也与?"子路无宿诺⑥。(《颜渊》)

17. 季氏旅⑦于泰山,子谓冉有曰:"女弗能救与?"对曰:"不能。"子曰:"呜呼!曾谓泰山不如林放乎?"(《八佾》)

18. 子贡方⑧人。子曰:"赐也贤乎哉?夫我则不暇。"(《宪问》)

19. 子贡曰:"我不欲人之加诸我也,吾亦欲无加诸人。"子曰:"赐也,非尔所及也。"(《公冶长》)

20. 子贡问曰:"乡人皆好之,何如?"子曰:"未可也。""乡人皆恶之,何如?"子曰:"未可也。不如乡人之善者好之,其不善者恶之。"(《子路》)

21. 子贡曰:"贫而无谄,富而无骄,何如?"子曰:"可也。未若贫而乐,富而好礼者也。"子贡曰:"诗云'如切如磋,如琢如磨',其斯之谓与?"子曰:"赐也!始可与言《诗》已矣,告诸往而知来者。"(《学而》)

22. 子夏问曰:"'巧笑倩兮,美目盼兮,素⑨以为绚兮。'何谓也?"子曰:"绘事后素。"曰:"礼后乎?"子曰:"起予者商也!始可与言《诗》已矣。"(《八佾》)

23. 子曰:"回也非助我者也,于吾言无所不说。"(《先进》)

24. 子曰:"赐也,女以予为多学而识之者与?"对曰:"然,非与?"曰:"非也。予一以贯之。"(《卫灵公》)

25. 子曰:"参乎,吾道一以贯之。"曾子曰:"唯。"子出,门人问曰:"何谓也?"曾子曰:"夫子之道,忠恕而已矣。"(《里仁》)
26. 子曰:"性相近也,习相远也。"(《阳货》)
27. 子曰:"中人以上,可以语上⑩也;中人以下,不可以语上也。"(《雍也》)
28. 子曰:"唯上知与下愚不移。"(《阳货》)

【注释】

① 据:占据,掌握。依:遵循,沿着,顺着。游:交往。

② 与:支持,赞同。

③ 保:本义是老人抱着孩子,引申为抱住,抓住。

④ 兼:凌驾别人之上,超过别人。

⑤ 雅:规范的,正确的。雅言指周朝官方话,相当于今天的普通话。

⑥ 折:裁决,判断。"子路无宿诺"句似应置于句首"子曰"之前。

⑦ 旅:祭祀。当时只有天子诸侯才能祭祀名山大川,季氏没有资格。

⑧ 方:比较,指与人比长论短,对别人评头论足。

⑨ 素:没有染色的白色生绢。

⑩ 上:形而上,根据具体事物所抽象出来的道理。

【通解】

虽然孔子祖上做过防地大夫,父亲也曾做过陬邑大夫,但他父亲去世后,他母亲就带着他离开了父亲的家族,移居曲阜,当时孔子才三岁,母子俩贫寒度日,相依为命,生活十分艰难。虽然他后来说"十五有志于学",跟随师襄子、左太史学习礼、乐、射、御、书、数及文化典籍,但为了养家糊口,他常常去做吹鼓手,挣口饭吃。大约在十九岁结婚以后,他放弃了吹鼓手的工作,有两次充任小吏的经历。一次是管理仓库，一次又管理畜牧。当然，他始终坚持不懈地学习礼乐知识，到二十多岁时，他已经因学识渊博闻名远近，并有机会拜见来访的郯国郯子，向他请教古代官职方面的学问。

孔子三十岁至三十五岁时，开始创办私学，传授礼乐知识和技能。早期的弟子就是那几个朋友，包括颜由（颜回之父）、曾皙（曾参之父）、冉耕（冉雍、冉有之兄）等。后来，孟僖子的两个儿子孟懿子和南宫敬叔遵照父亲遗嘱也来拜孔子为师，孔子名气更大了，弟子也随之剧增。三十四岁时，在鲁昭公支持下到天子都城洛阳考察周礼。孔子考察回来后，弟子数量愈发增多，私学规模也越来越大。

孔子办学的宗旨：追求大道，掌握知识，坚守中正，学习才艺。

孔子创办私学的指导思想，也代表着孔子对于弟子们的期望，是他一整套道德学说的组成部分。追求大道是方向，掌握知识是途径，坚守中正是基础，学习才艺是应用，从礼、乐、射、御、书、数六艺活动中体悟道德学问。

孔子的教育目标：谈吐文雅，行为端正，尽职尽责，诚实守信。①

教育目标来自办学宗旨，具体到每一个学生身上，就是怎么说话，怎么举止，怎么做事，怎样待人。孔子希望他的弟子们在说话时要优雅文明，在行动时要合乎礼仪，在做事时要尽心尽力，在与人交往时要讲求信用。这也是君子人格的基本要素。所以孔子之学也可以说是君子之学。

孔子的教学大纲：用诗歌激励，用礼仪规范，用音乐陶冶。

如何把广博深厚的道德学问迁移到具体的人身上去，使之转化为人的精神素质呢？孔子给出了三个药方，即通过典籍《诗》《礼》《乐》等来完成。从感情入手，即用诗歌激励；沿着理性道路，即用礼仪规范；实现情感转

---

① 杨本解释"文、行、忠、信"为"历代文献，社会生活实践，对待别人的忠心，与人交际的信实"，字面上讲得通，但没有体现出四者的并列关系。

化，即用音乐来陶冶。这恐怕是人类历史上最早的艺术教育了，是中国人精神生活的一次质的飞跃。通过文艺的方式来培养人的思想和情操，提升人的道德素养，两千多年来一次又一次地被证明是正确的、有效的，而且是最高效的。文艺直接作用于人的情感世界，不像其他形式那样简单生硬地作用于人的思维，让人难以接受。正所谓以柔克刚，文艺作品往往能产生震撼人心的精神冲击力，惊天地、泣鬼神的能量，从而推动读者、听众、观众参与社会变革。

孔子的教学语言：雅言，当时的通行语言。

孔门弟子曾记录说："夫子有用普通话的时候，讲《诗》，讲《书》，主持礼仪，这些时候都用普通话。"春秋时代，各诸侯国都使用自己的方言，诸侯国之间的聘访和招待则使用当时的通行语言，孔子的弟子来自不同国家，将来也不一定到哪个国家去出仕任职，所以，孔子使用雅言，即当时的普通话进行教学，既是讲《诗》《书》《礼》《乐》的需要，更是培养国际人才的实际需要。其实，那个时候，不仅汉字的读音各地不同，而且文字的书写形式也出现了地域性差异，后来更是面目各异了，所以才有秦始皇的统一文字。从这一点说，孔子使用当时的普通话进行教学，是促进大一统文化的伟大行动。

孔子的教学原则：有教无类，因材施教。

孔子曾说："不论贵贱智愚，我都一视同仁地给予教诲。"又说："只要是主动给我十条干肉作为见面礼的，我从没有不给予教诲的。"虽然每个人的社会地位、才智禀赋、学习态度各有不同，但人格都是一样的。最典型的是这么一件小事：互乡这地方的人很难沟通，大概是孔子一行在当地问路时碰了钉子。当地有一个少年出来拜见孔子，应该是有问题请教孔子，孔子很高兴地接见了他，弟子们都对此很不理解。孔子对他们说："我对任何人，都是支持他进步，不支持他退步的，何必做得太过分呢？人家修饰容仪来要求进步，我们就应当鼓励他的这种做法，而不是抓住他的过去不放。"这就是有教无类！代表了孔子的平等观。无论你是任何人，只要你要求进步，孔夫子都给予大力支持。

因材施教的教学情景在孔夫子与弟子们之间十分常见，几乎人人如此，天天如此。前面我们已经讲过，樊迟问仁，子贡问仁，子张问仁，司马牛问仁，孟武伯问仁，孔子的回答都不一样，都是根据对方特点予以解答。樊迟一个人就三次问仁、两次问智，孔子的回答也不一样。齐景公问政，鲁定公问政，鲁哀公问政，季康子问政，叶公问政，子路问政，子贡问政，子张问政，孔子也没有统一的答案，而是根据他们各自所处地位和面对的问题予以回答。子夏问孝，子游问孝，孟懿子问孝，孟武伯问孝，孔子给予的回答各不相同。在孔子这里，任何问题都没有标准答案，他的所有回答都是启发弟子去独立思考，自己探求。这是对弟子们的信任，也是对他们的能力和人格的尊重，是真正意义上的平等。关于为什么必须因材施教的问题，孔子曾经给出过明确的解释：有一次，子路问："凡事都要一听到就行动吗？"孔子说："父亲和兄长都健在，怎么能一听到就行动呢？"不一会儿，冉有又问了同一个问题："凡事都要一听到就行动吗？"孔子则回答说："是的，一听到就行动。"公西华不解地说："仲由问'一听到就行动吗'，您说'父亲和兄长都健在，怎么能一听到就行动呢'；冉求问'一听到就行动吗'，您说'一听到就行动'。我有些糊涂了，我冒昧地请教夫子这是为什么。"孔子说："冉求往往遇事退缩，所以我激励他；仲由往往冲动行事，所以我要压压他。"由此可知，由于每个人情况不同，发展阶段也不同，所以答案当然不能一样，这就是所谓的"因材施教"。更可贵的是孔子在回答弟子问题的时候，常常对弟子的提问给予表扬，记得林放问"礼之本"时，孔子就赞许说："你这个问题太重要了。"这让林放的心里是多么兴奋，多么自信呀！

孔子的教学方法：启发式，讨论式。

孔子曾说："指导学生，不到他冥思苦想而不得其解时就不要去开导他，不到他想说却说不出来时就不去启发他。给他指出一个方面，如果他不能由此推知其他三个方面，就不再教他了。"孔子主张学生自己去探索与思考，毕竟学习的主体是学生，最终掌握知识的是学生。

孔子还首创了讨论式教学法，就是提出一个话题让弟子们一起讨论。比如："一个人如果没有长远规划，那他就必然有许多眼前的困扰。"事实正是如此，很多人因为没有理想，没有长远目标，于是几乎所有眼前的事情都让他烦恼，不知道该做还是不该做，该说还是不该说。还有以下这些话题："有了过错却不改正，那才是真正的过错。"这是引导那些有了过错就自暴自弃的弟子，也是教育那些把"改错"停留在口头上的弟子，要勇于落实到行动上。"说话能把意思表达明白就可以了。"这是鼓励那些不敢说话的弟子放下包袱勇于表达自己的思想。"有思想的人一定有好的言论，但有好言论的人不一定有思想。仁义之人一定勇毅，但勇毅的人不一定仁义。"这是提醒弟子们要注意那些口是心非的人和那些简单粗暴的人。孔子还跟弟子们讨论关于"快乐的性质"问题，他说：有的快乐有益，有的快乐有害，"有益的快乐有三种，有害的快乐也有三种。因为用礼乐规范自己的行为而高兴，因为赞美别人的长处而高兴，因为有很多贤德的朋友而高兴，这样的快乐是有益的。相反，如果因为养尊处优而高兴，因为安逸舒适而高兴，因为饮酒放纵而高兴，这样的快乐就是有害的。"通过讨论，大家明辨是非，领悟道理，增长智慧。

有时候，孔子在与弟子们的交流中，也会直接表达自己的看法。有一次，他感叹说："我从来没有见到过一个刚毅的人。"身边一个弟子说："申枨是这样的人。"孔子说："申枨只是欲望很强，哪里谈得上刚毅呢？"这样，弟子们就自然会去认真思考"欲望"与"刚毅"的关系了。

孔子还常常在这种集体讨论式教学中含蓄地批评或表扬弟子，劝导、激励他们走正道。比如，子路是个急性子的人，说到做到，而且说了就做，今天的承诺绝不会等到明天。孔子不支持过于急躁的行为，他曾经旁敲侧击地说："只听一面之词就给人家断案子的，恐怕只有仲由吧？"而冉有做了季氏家宰，权力很大，但却不能阻止季氏的无礼行为。季氏要去祭祀泰山，孔子对冉有说："你不能阻止吗？"冉有说："不能。"夫子叹息说："唉！难道说泰山之神还不如林放懂礼吗？"我们在《好礼篇》讲过，林放曾经问"礼之本"，孔子当时的回答是："你的问题太重要了！典礼的时候，与其在表面上搞得很奢华，不如节俭一些；服丧的时候，与其料理得周全完备，不如从内心感到悲伤。"就是说，做事情最重要的是抓住事物的本质，而礼仪庆典的本质就是尊重，季氏敬重泰山之神是可以的，但他把天子、国君置于何地呢？毕竟祭祀泰山是只有天子和诸侯君主才有资格呀。季氏难道不担心被人看作犯上作乱吗？泰山之神怎么会答应呢？你冉有就不能用这样的道理劝阻季氏吗？你冉有还不如林放呢！

　　孔子听说子贡经常跟别人比长论短，对别人评头论足，就批评说："赐呀，你就什么都好吗？我可没有时间（去议论别人）。"言外之意是你应该去好好地钻研学问。子贡说："我不愿意别人把不合理的事情强加在我头上，我也不想把不合理的事情强加在别人头上。"孔子说："赐呀，这不是你能做得到的。"一个背后议论是非的人，是不是太自我了呢？一个以自我为中心的人，怎么可能考虑别人的感受并尊重别人呢！这大概是子贡拜孔子为师初期的对话，后来子贡成长得很优秀。有一次，子贡问孔子："乡里人都喜欢他，这个人怎么样？"孔子说："不好。""乡里人都厌恶他，这个人怎么样？"孔子说："不好。最好是乡里的好人都喜欢他，乡里的坏人都厌恶他。"子贡又问："贫穷却不巴结别人，富贵却不鄙视别人，怎么样？"孔子说："可以了，但还是不如虽然贫穷却喜欢追求学问，虽然富贵却喜欢依礼行事（尊重别人）。"子贡说："《诗经》上说的'加工玉器的时候，先开料，再粗锉，再细刻，然后磨光'，就是这个意思吧？（举一反三）"孔子高兴地说："赐呀，现在可以和你讨论《诗经》了。告诉你以前的事，你就能知道以后的事。"孔子这样的肯定，比当下很多人喜欢说的"你真棒"，真不知"棒"了多少呢！同样的，子夏有一次问到《诗经》里的句子："'轻盈的笑脸多么优美呀，漂亮的眼睛多么传神呀，好像在洁白的底子上画着美丽的图案呀。'这几句诗是什么意思呢？"孔子说："先有白色底子，然后才可以在上面画画。"子夏说："这么说礼仪是在有了仁德之后才产生的了？"孔子同样高兴地说："能发挥我的思想的是卜商啊！可以开始和你谈论《诗经》了。"孔夫子真不愧为教育大师，他的启发式教学，他的因材施教，完全达到了炉火纯青的境界了。

启发式对话教学是一个独立思考、有问有答的讨论过程，即所谓"切磋琢磨"，这也是孔子最常用的教学形式。在这方面，孔子对颜回是有些不满意的。他说："颜回并不是对我有帮助的人呀，他对我讲的话没有一次不是高高兴兴接受。"因为颜回很少提问题，无法激发孔子思考，所以孔子说他对自己没有帮助。

关于孔子自己的哲学思想，他也会跟弟子们一起讨论。有一次，他问子贡："赐呀，你认为我是广泛学习并牢记知识的人吗？"子贡回答说："是的，难道不是吗？"孔子说："不是，我是用一个基本观念把它们贯穿起来呀。"那么，这个"基本观念"是什么呢？他没有说，而是问曾参："参呀，我的全部思想可以用一个基本观念贯通起来。"曾参答道："是的。"孔子走出去以后，其他弟子问曾参："这是什么意思？"曾参说："夫子的思想，从本质上讲就是忠恕二字呀。"忠，就是做事尽心尽力；恕，就是做人宽厚仁义。这不就是持中守正吗？曾子确实领悟到了孔子之学的本质。

孔子在长期的教育实践中，总结出了极其丰富的教育经验和教育智慧。他曾经说："人们的天性是相近的，但因为环境不同，人养成的习惯千差万别。"又说:"对于中等以上资质的人,可以给他讲解抽象的道理;对于中等以下资质的人,则不能给他讲解抽象的道理。"① 他还发现:"只有上等的智者与下等的愚人是改变不了的。"这些都为后世教育工作提供了很深刻的警示和借鉴。就是说,教育不能用一个尺度,一种方法,必须具体问题具体分析。

---

① 杨本解释"中人以上,可以语上也"为"中等水平以上的人,可以告诉他高深学问",其中"高深学问"语意模糊。

学 习 篇

【原文】

1. 子曰:"古之学者为己,今之学者为人。"(《宪问》)

2. 孔子曰:"生而知之者,上也;学而知之者,次也;困而学之,又其次也;困而不学,民斯为下矣。"(《季氏》)

3. 子曰:"弟子入则孝,出则悌,谨而信,泛爱众,而亲仁。行有余力,则以学文。"(《学而》)

4. 子曰:"君子食无求饱,居无求安,敏于事而慎于言,就有道而正焉,可谓好学也已。"(《学而》)

5. 子夏曰:"日知其所亡,月无忘其所能,可谓好学也已矣。"(《子张》)

6. 子曰:"不曰'如之何,如之何'者,吾末如之何也已矣。"(《卫灵公》)

7. 曾子曰:"以能问于不能,以多问于寡;有若无,实若虚;犯而不校。昔者吾友尝从事于斯矣。"(《泰伯》)

8. 子路有闻,未之能行,唯恐有闻。(《公冶长》)

9. 子曰:"学如不及,犹恐失之。"(《泰伯》)

10. 子曰:"知之者不如好之者,好之者不如乐之者。"(《雍也》)

11. 子曰:"学而时习[①]之,不亦说乎?有朋自远方来,不亦乐乎?人不知而不愠,不亦君子乎?"(《学而》)

12. 宰予昼寝。子曰:"朽木不可雕也,粪土之墙不可杇也!于予与何诛[②]?"

子曰:"始吾于人也,听其言而信其行;今吾于人也,听其言而观其行。于予与改是。"(《公冶长》)

13. 子曰:"饱食终日,无所用心,难矣哉!不有博奕者乎?为之,犹贤乎已。"(《阳货》)

14. 子曰:"由也,女闻六言六蔽矣乎?"对曰:"未也。""居,吾语女。好仁不好学,其蔽也愚;好知不好学,其蔽也荡;好信不好学,其蔽也贼;好直不好学,其蔽也绞;好勇不好学,其蔽也乱;好刚不好学,其蔽也狂。"(《阳货》)

15. 子夏曰:"贤③贤,易色;事父母,能竭其力;事君,能致其身;与朋友交,言而有信。虽曰未学,吾必谓之学矣。"(《学而》)

16. 樊迟从游于舞雩之下,曰:"敢问崇④德、修慝⑤、辨惑。"子曰:"善哉问!先事后得,非崇德与?攻其恶,无攻人之恶,非修慝与?一朝之忿,忘其身以及其亲,非惑与?"(《颜渊》)

17. 子张问崇德、辨惑,子曰:"主忠信,徙义,崇德也。爱之欲其生,恶之欲其死,既欲其生,又欲其死,是惑也。'诚不以富,亦祗以异。'"(《颜渊》)

18. 子曰:"吾尝终日不食,终夜不寝,以思,无益,不如学也。"(《卫灵公》)

19. 子曰:"学而不思则罔,思而不学则殆。"(《为政》)

20. 曾子曰:"吾日三省吾身——为人谋而不忠乎?与朋友交而不信乎?传不习乎?"(《学而》)

21. 子曰:"三人行,必有我师焉⑥。择其善者而从之,其不善者而改之。"(《述而》)

22. 子曰:"见贤思齐焉,见不贤而内自省也。"(《里仁》)

23. 子张问善⑦人之道,子曰:"不践迹,亦不入于室。"(《先进》)

24. 子曰："温故而知新,可以为师矣。"(《为政》)
25. 子曰："法语之言,能无从乎?改之为贵。巽⑧与之言,能无说乎?绎⑨之为贵。说而不绎,从而不改,吾末如之何也已矣。"(《子罕》)

【注释】

①习:演习,练习,复习。

②诛:谴责,指责。

③贤:尊敬,崇尚。

④崇:提高,提升。

⑤愿:邪念,缺点。

⑥焉:于之,在其中。

⑦善:动词,完善。

⑧巽:恭顺,恭维。

⑨绎:本义是抽丝,引申为从具体事物中抽象出深刻哲理。

【通解】

一个人为什么要学习呢?

《孔子家语·致思》里记载了一段孔子对儿子孔鲤说的话:"鲤呀,我听说能够让人终日不知疲倦的只有学习呀。一个人的容貌不足以让人观赏,一个人的力气不足以让人害怕,一个人的祖先不足以让人赞美,一个人的门第不足以让人称道。一个人最终能闻名四方、流传后世的,有哪一个不是努力学习的结果呢?所以君子不能不学习,就像人的仪表不能不修饰一样,不修饰仪容、仪表就没有人跟他交往,没有人跟他交往就会失去亲友,没有亲友就证明自己不可靠,一个不可靠的人就会被人认为不懂礼仪,不懂礼仪就无法立身行事。另外,离我们很远却能光彩照人,那是修饰的结果呀;离我们很近却能越看越清楚，那是学习的结果呀。拿污水池打个比方吧，雨水流进去了，里面又生长了很多芦苇，有谁能看出水的源头在哪里呢？（大概只有道德高深的君子才能看得透彻吧）"

在这里，孔夫子讲了学习的三个功能：第一，扬名四海，流芳百世。第二，做一个受人尊敬的君子。第三，做一个心明眼亮的人。孔子没有一个字谈到过学习的具体功利性，他是从人的一般发展来认识学习的意义的。探求道德学问，当然可以用来辅佐君主，敬侍父母，友爱兄弟，但没有从政的人，失去双亲的人，茕茕孑立的人，难道就不需要学习道德学问了吗？不是。孔子提出，做一个通情达理、心明眼亮的人，才是一切学习的终极目的。这也是从必然王国到自由王国的必由之路。人类在认识并掌握客观规律之前是无法对抗客观规律的，人的一切行动都是被动的，只能接受命运的安排，即"必然王国"，只有认识并掌握了客观规律，才能运用客观规律掌握自己的命运，即"自由王国"。也就是说，人的自由来源于学习和探究道德的学问，掌握客观规律，否则，一个对人情事理茫然无知，面对客观事物不知所措的人，哪有什么自由呢？如果他一定要"自由"，那必然是破坏性的。

关于学习的目的，孔子是经常思考的，他从历史经验和现实情况中总结出这样一句话："古代的学者都是为了自己，现在的学者都是为了别人。"这是一个重大的社会问题，恐怕两千年后的今天仍然有很多人不得要领。"为自己"是什么意思，"为别人"又是什么意思呢？"为自己"就是为了提升自己的学识学问，让自己懂得人生大道，看得明白，活得通达，拥有真正的"自由"。"为别人"指的是一切外在因素，包括受人尊敬、受到赏识、得到重用，也包括考学、就业、创业等，都不是学习的终极目的。当然，孔子所说的"古代"，也不一定就是"从前"，而是孔子的理想境界。

要成为一个通情达理、心明眼亮的人，需要自身努力追求才能做到；要成就君子人格，赢得社会尊重，或者要承担社会责任，造福一方百姓，则更需要主动且努力的学习。也就是说，学习必须有积极主动的态度。孔子曾说："如果一生下来就通晓事理，那当然是最好的。如果通过主动学习来明白道理，是差一点的。如果因为遇到困惑再去学习，是更差一点的。如果遇到困惑还不去学习，这样的人就是最差的了。"生而知之的人，恐怕是没有的吧。孔子说自己是学而知之。他说："年轻人回到家里能孝敬父母，出来做事能尊重师长，说话谨慎而守信，关爱周围所有人，并且主动亲近仁德之人。做到这些如果有余力的话，就该学习文化知识了。"他还用君子人格来激励大家，说："一个君子呀，吃饭不要求吃饱，居家不要求稳定，做事努力而说话谨慎，主动亲近有教养的人以端正自己的品行，这就称得上好学了。"后来，子夏又从学习效果方面强调学习态度的重要性："每天都能知道一些之前不知道的知识，每个月都不忘记已经掌握的知识，这就称得上好学了呀！"

探究学问，获取知识，寻求做人之道，是不能不主动向别人请教的。所以孔子说："从来不说'怎么办？怎么办？'的人，我还真不知道对他该怎么办了！"在所有弟子之中，孔子最欣赏的是颜回，很多弟子也最佩服颜回。曾参曾经说："有能力却向没有能力的人请教，知识渊博却向孤陋寡闻的人请教。有学问却像没学问一样，满腹经纶却像空虚无物一样。即使别人冒犯他，他也没心思去计较。从前我朋友（颜回）的求学态度就曾经达到过这种地步。"其实，子路在学习上也是很用心的，而且重视学以致用，每次听到一条人生哲理，在来不及实践之前，他总担心再听到一条新的人生哲理。

孔夫子对心理也有很深的研究，他曾十分准确地描绘过学习者的心理状态："人在学习的时候，就好像始终掌握不了似的，即使学到了也总是担心会遗忘。"所以，他很关注学习者的心理状态。他说："懂得了一些知识不如喜欢上这些知识，喜欢上这些知识不如能从这些知识中获得快乐。"这真是伟大的心理发现！因为懂得一些知识是比较容易的，此时的知识是死的；而喜欢上一些知识一定是发现了知识的奥秘和趣味性，此时的知识是活的；而从这些知识中获得快乐则不仅是主体作用于客体，而且是客体反作用于主体的结果，就是知识激活了学习者身上的神经元，此时的知识就是有灵性的生命了。正是因为孔夫子对学习心理有如此深刻的理解，所以他才会把学习当作人生一大乐事。他说："学习礼乐并时常演习礼乐，不是很快乐的事吗？有朋友从远方来切磋学问，不是很快乐的事吗？人家不了解我的才能但我并不抱怨，不是很有君子风度吗？"这是说明了学习的本质。

孔子的弟子们之中，当然也有学习态度不好的。宰予就是一个。他有时白天就睡大觉，孔子很生气地说："腐烂的木头不可以雕刻，粪土垒砌的墙面禁不起涂画！对于宰予，还有什么好指责的呢？"又说："原来我对一个人，听了他说的话就相信他的行为；现在我对一个人，听了他说的话还要观察他的行为。我的改变是从宰予身上开始的。"他还感慨地说："整天吃得饱饱的，什么心思也不用，这可不行呀！不是有掷骰子、下围棋之类的游戏吗？干干这些，也比什么都不干好啊。"

那么，学习什么呢？学习目标与教学目标应该是一致的。孔子的教学目标既然是文、行、忠、信，弟子们求学的目的自然应当是谈吐文雅，行为端正，尽职尽责，诚实守信。但这只是孔子要求的基础知识和基本能力，是远远不够的。

我们看看孔子对子路是怎么说的。子路擅长射箭，最初对学习礼乐诗书不感兴趣。孔子就主动问子路说："仲由呀，你听说过六种理想、六种表现吗？"子路说："没有。"孔子说："你坐下，我告诉你。一个人如果追求仁德却不用心学习，他表现出来的往往是糊涂；如果追求智慧却不用心学习，他表现出来的往往是荒诞；如果追求诚信却不用心学习，他表现出来的往往是阴险；[①]

[①] 杨本解释"好仁不好学，其蔽也愚"为"爱仁德却不爱学问，那种弊病就是容易被人愚弄"，解释"好信不好学，其蔽也贼"为"爱诚实却不爱学问，那种弊病就是（容易被人利用，反而）害了自己"，笔者不认同。

如果追求正直却不用心学习,他表现出来的往往是刻薄;如果追求勇敢却不用心学习,他表现出来的往往是破坏;如果喜欢追求坚强却不用心学习,他表现出来的往往是放肆。"从这里,我们可以体会到学习的目标是道,或者说是正道,简单说就是人情事理。只有明白了人间大道,你才能实行仁德的时候不糊涂,出谋划策的时候不荒诞,诚实守信的时候不虚伪,维护正义的时候不刻薄,见义勇为的时候不破坏,坚持原则的时候不放肆。我们再来看看子夏的观点,他曾说:"尊敬贤人,能和颜悦色①。孝敬父母,能尽心尽力。服侍君主,能不惜生命。与朋友交往,能言而有信。这样的人即便说自己什么也没学,我也一定认为他已经学过了。"显然,尊敬贤人、孝敬父母、服侍君主、交往朋友,都是学习的内容。

概括来说,孔子要求弟子们学习的,就是做人。樊迟曾经问过"仁",孔子回答"爱人";问过"智",孔子回答"严肃地对待鬼神,但不接近他";问过"耕种",孔子回答"不知道",而且很生气地说"这孩子真没出息"。有一次,樊迟跟着孔子在舞雩台下游览,说:"我冒昧地问一下,怎么才能提升自己的仁德,改正自己的缺点,提高辨别能力呢?"孔子就很高兴地夸赞他:"你这个问题太好了。"然后解释说:"先把事做好,然后再讲报酬,这不就是提升仁德吗?检讨自己的不足而不指责别人的错误,这不就是改正缺点吗?不要意气用事,如果一时冲动,就不顾惜身家性命,以致伤害到自己的父母,这不就是糊涂吗?"后来,子张也问过如何提升仁德和提高辨别能力的问题,孔子说:"以忠诚守信为原则,说话做事尽量合情合理,这就可以提升仁德了。对于一个人,喜欢的时候恨不得让他长生不老,讨厌的时候恨不得让他马上死掉,既想让他长寿,又想让他速死,这就是糊涂啊。《诗经》上不是说嘛,'(我离开你)确实不是因为我富有,而是因为你变了心'。"就是说,爱和恨都是有原

---

① 杨本解释"贤贤易色"为"对妻子,重品德不重容貌",也通,但置于句首,恐非此意。

因的，自己要探求其中的逻辑性，否则就很容易情绪化。

孔子是精通教育心理学的大师，他对学习方法也有一套成熟的见解。在他看来，学习方法主要有四种：学思结合，取法圣贤，温故知新，总结经验。

关于学思结合，他总结了自己的经验，说："我曾经整天地不吃饭，整夜地不睡觉，所有时间都用来思考，结果没有长进，还不如去学习。"又说："光学习而不思考，知识就会杂乱无序[①]；光思考而不学习，思路就会闭塞不通。"孔子在这里非常辩证地解释了学与思的关系。曾参当然是孔子最优秀的弟子之一了，他说："我每天从三个方面反省我自己——为别人做事是不是尽职尽责了，与朋友交往是不是诚实守信了，老师传授的知识是不是温习复习了。"现在的学生在思考方面做得很不够，老师也不重视，结果学生忙于应付可量化的作业，而把最重要、难以量化的思考抛弃掉了。

关于取法圣贤，他认为要选择贤人、善行来学习，而不是见什么学什么，更不能一心学习恶的、鄙俗的。他说："有三个人一起走路，其中就一定有值得我学习的人。选择他的优点去模仿，发现了自己的缺点就改正。"又说："见到贤德之人要向他看齐，见到不贤德的人要反省自己（是不是也有同样的问题）。"孔夫子是辩证的，任何事物都有两面性，有好就有坏。人于神和兽之间，有时候表现出神性，有时候表现出兽性，更多的时候表现为普通的人性，但只有追求神性才能激发人性中的高贵，才能让生命熠熠生辉；如果放弃神性，兽性就会滋长；如果放任自己的兽性，把自己仅仅当作一个动物，那就连人性也慢慢丧失了。所以一定要选择神圣的、高尚的行为去模仿，去学习。当前的"国学热"也存在这个问题，良莠不齐，鱼龙混杂。关于取法圣贤，还有一点需要说明，就是模仿。一切学习都是从模仿开始的。所以，在子张请教自我完善的方法时，孔子说："你不跟着他走，你就到不了他家。"这个回答形象

[①] 杨本解释"学而不思则罔"为"只读书，不思考，就会受骗"，把"罔"理解成欺骗或被欺骗，不妥。笔者释为"迷惘"，意思是感觉杂乱。

生动，内涵丰富！先入门，然后才能登堂入室。现在很多人过分强调发展个性，不重视向别人学习。

关于温故知新，孔子说："温习旧知识的时候，如果能有新的发现，那你就能指导别人学习了。"你掌握了已有的知识，能够说得头头是道，就可以当别人的老师了吗？非也。你能不能做老师，关键是你能不能在温习旧知识的过程中，得到新的理解和体会。老师不仅仅是活字典，只有对知识有新的体会的人才可以做老师。孔子学识很渊博，但他教学不是满堂灌，而是启迪智慧，让学生思考领悟。如何在旧知识中发现新学问？必须是经常联系实际进行思考，既能把知识运用于实践，又能对实践经验进行理论抽象，在知识与实践之间来去自由。"书呆子"是做不到这些的，又怎么能胜任教师工作呢？

关于总结经验，学习不是一个直线的一次性工作，而是反复的螺旋式推进过程。单一的学是不行的，单一的思也是不行的；要学思结合，及时总结，才能得出自己的学习经验，也才能越学越轻松。有些学生不会学习，这就是不重视思考的结果呀。孔子曾经举过一个例子，说："我们能不遵从原则吗？但善于变通才是最好的。恭敬的赞美，能不让我们高兴吗？但分析一下才是最好的。如果只顾高兴而不能分析，或者表面遵从原则而不能根据实际情况进行变通，我对这种人真不知道该怎么办了。"

如此看来，孔子是多么伟大的思想家、教育家呀！正是由于他的贡献，中华民族才早在两千多年前就开始有意识地通过学习自然法则掌握自己的命运了。

生 死 篇

【原文】

1. 子不语怪、力、乱、神。(《述而》)

2. 季路①问事鬼神，子曰："未能事人，焉能事鬼？"曰："敢问死。"曰："不知生，焉知死？"(《先进》)

3. 子畏于匡，颜渊后。子曰："吾以女为死矣。"曰："子在，回何敢死？"(《先进》)

4. 子曰："朝闻道，夕死可矣。"(《里仁》)

5. 子疾病，子路请祷。子曰："有诸？"子路对曰："有之。《诔》曰'祷尔于上下神祇'。"子曰："丘之祷久矣。"(《述而》)

6. 子路曰："桓公杀公子纠，召忽死之，管仲不死。"曰："未仁乎？"子曰："桓公九合诸侯，不以兵车，管仲之力也。如其仁，如其仁。"(《宪问》)

7. 子贡曰："管仲非仁者与？桓公杀公子纠，不能死，又相之。"子曰："管仲相桓公，霸诸侯，一匡天下，民到于今受其赐。微②管仲，吾其被发左衽矣。岂若匹夫匹妇之为谅也，自经③于沟渎而莫之知也。"(《宪问》)

8. 孔子曰："君子有九思：视思明，听思聪，色思温，貌思恭，言思忠，事思敬，疑思问，忿思难，见得思义。"(《季氏》)

9. 孔子曰："君子有三戒：少之时，血气未定，戒之在色；及其壮也，血气方刚，戒之在斗；及其老也，血气既衰，戒之在得。"(《季氏》)

10. 孔子曰："君子有三畏：畏天命，畏大人，畏圣人之言。小人不知天命而不畏也，狎大人，侮圣人之言。"(《季氏》)

11. 曾子有疾，孟敬子问之。曾子言曰："鸟之将死，其鸣也哀；人之将死，其言也善。君子所贵乎道者三：动容貌，斯远暴慢矣；正颜色，斯近信矣；出辞气，斯远鄙倍④矣。笾豆之事，则有司存。"(《泰伯》)

12. 曾子有疾，召门弟子曰："启予足！启予手！《诗》云：'战战兢兢，如临深渊，如履薄冰。'而今而后，吾知免夫，小子！"(《泰伯》)

【注释】

①季路：一般理解为"子路"。颜渊之父颜无繇，字季路，孙子弟子。但从内容看，应该是子路。

②微：(如果)没有。

③经：自缢，上吊自杀。

④鄙：鄙视，看不起。倍：通"背"，背叛。

【通解】

生与死，是人类面对的永恒话题，也是自从人类起源以来，尤其是进入文明阶段以来一直探索的一个根本性问题。生命是什么？生命是真还是假？死亡是什么？死亡之后怎么样？中国人大约在商朝时候就提出了"惟人万物之灵"①。

---

① 《尚书·泰誓上》。

据《礼记·表记》记载:"夏道尊命,事鬼敬神而远之。""殷人尊神,率民以事神。""周人尊礼尚施,事鬼敬神而远之。"如果这一叙述是事实,那么,中华民族在殷商时代曾经"尊神""事神",也只是把"鬼神"看作"天命"的表象,实际敬奉的是天命,而不是神意。《礼记·燕义》载:"上必明正道以道民"。到了西周时期,随着"天命靡常,惟德是辅"意识的形成,中国人进入了自强不息、自己掌握命运的人文主义时代。《三字经》里"三才者,天地人"的表述,也可以证明在中国人的意识里,"天"和"地"之间只有"人",没有神。孔子从来不谈论怪异、勇力、悖乱、鬼神这样的问题。

《孔子家语·致思》里记载了子贡与孔子的一段对话。子贡问孔子:"人死后还有知觉吗?"孔子说:"我如果说人死后有知觉的话,我担心那些真诚孝敬父母的人会因为给父母送葬而妨碍自己的生活。我如果说人死后没有知觉的话,我又担心那种不孝之子会抛弃自己死去的父母不予下葬啊。赐呀,你还是不要知道这些事情了吧。这不是当务之急,你以后自然会明白的。"这个回答十分具有孔子特色,多么明达,多么仁义!他心里总是想着别人,想着"正道"。

有一次,子路问孔子怎么侍奉鬼神的问题。孔子明确回答说:"你还不能侍奉活人,怎么能去侍奉鬼神呢?"子路接着问:"我冒昧地问一问,'死'是怎么回事?"孔子斩钉截铁地说道:"你还不知道'生'是怎么回事,怎么能明白'死'是怎么回事呢?"显然带着斥责的味道。是孔子怕死吗?当然不是。孔子师徒在卫国的匡地被困的时候,颜回来晚了,孔子走上去,握着颜回的手说:"颜回呀,我以为你已经死了呢?"颜回说:"夫子还活着,我怎么敢死呢?"一个怕死的人怎么可能说得如此轻松?孔子的意思是告诫子路这位不怕死的弟子,要活在当下,过好每一天,不要关心死后的事情。当代作家史铁生在《我与地坛》里把这个意思表述为:"死是一件不必急于求成的事,死是一个必然会降临的节日……剩下的就是怎样活的问题了。"

孔子哲学是现实主义的，关注为消除社会弊病提供治疗的方法，大概是孔子哲学的精髓。他之所以如此避讳死的问题，并不是惧怕死亡，而是在他看来，死亡是生命的一部分，是最后一个环节。死要死得有意义，而死得有意义，就要活得有意义，只有活得有意义，才能死得心安理得。他曾说："即使早晨领悟了人生的道理，当天晚上死了，也是很好的。"因此说，孔子是不怕死的，他挂念的是活着的意义。

关于黄帝，传统文化中有很多传说，比如说他活了三百年，比如把中国医学的源头归于黄帝，称《黄帝内经》。于是后世有人认为追求长生不老的方术也起源于黄帝。但孔子不这么理解。《孔子家语·五帝德》里记载，宰予问孔子说："过去我听说'黄帝活了三百岁'，那么这个黄帝是人呢，还是神呢？怎么能活三百岁呢？"孔子解释说："禹、汤、文、武、周公的故事都已经无法考证了，更远时代的黄帝，恐怕我们的先人也难以解释清楚啊。"宰予说："远古流传下来的这些事情，模模糊糊，解释不清，如果没有学识渊博的君子予以解答，恐怕这样的问题永远存在呢。"孔子说："好吧，我把我听说过的告诉你。黄帝是少昊之子，叫轩辕氏，他一生下来就有灵性，很小的时候就会说话了。少年时候就非常睿智端庄，厚道诚实。长大以后，就更加聪明了，他掌握各种事物规律，制定各种测量工具，安抚四方百姓，游历四方各地。他坐着牛车，骑着大马，驯服各种野兽，与炎帝在阪泉之野交战，经过多次激战才降服了炎帝部落。然后，他制作各种礼服，穿在身上，按照天地之道治理百姓，他通晓阴阳互动原理，明白生死存亡规律。他播种五谷，亲尝各种草木药材。他的仁德推及鸟兽虫鱼身上。他费尽心力，考察日月星辰的运行特点，用水火、财物来养育百姓。黄帝在位的时候，人民依赖他的恩惠有一百年；他死了之后，百姓敬畏他的神灵又有一百年；若干年之后，百姓仍然享受他的教化带来的好处又是一百年。所以说，黄帝活了三百年。"显然，在孔子哲学里，没有肉体上的长生不老，只有精神和业绩会长生不老。也就是说，一个人要追求长生不老，就必须创造业绩，泽被后世，精神不朽。这就是孔夫子的生死观，孔子自己是忠实地践行了这一哲学观念的，所以他获得了永生。

关于生与死的关系问题，《孔子家语·困誓》有一段著名的对话。子贡问孔子："我对学习大道感到困倦了。想去出仕做官，休息休息。"孔子说："侍奉君主也很难呀，怎么可能休息？"子贡说："那我回家去孝敬父母，让自己休息休息。"孔子说："孝敬父母也很难呀。"子贡说："那我回家跟妻子儿女过日子，让自己休息休息。"孔子说："与妻子儿女过日子也很难呀。"子贡说："那我去朋友那里玩玩儿，休息休息。"孔子说："与朋友相处也很难呀。"子贡说："那我就归隐山林，自种自吃，总该清闲了吧？"孔子说："耕种庄稼也很难呀。"子贡说："难道我就没有一个休息的地方了吗？"孔子指着不远处说："有。你看那个土堆（坟墓），像个山丘似的，那就是我们休息的地方呀！"子贡看了看，感慨说："死亡是多么重要的事呀！君子把它当作休息，小人把它当作结束。"如此通达的生死观，怎么可能怕死呢？相反，当面临大仁大义之时，真正的君子总是视死如归，一往无前。即《易·困卦》所谓"君子以致命遂志"，不惜牺牲生命去实现理想。

有一次，孔子得了重病。子路为他向神灵祈祷，孔子问子路："有这样的事吗？"子路说："有。古书《诔》上说'为你向天地神祇祈祷'。"孔子说："算了吧，我已经祈祷很久了。"孔子的祈祷当然不是祈求神灵来救他的命。那他祈祷什么呢？恐怕是祈祷老天给他一个施展抱负以开创大同世界的机会。

在管仲辅佐的公子纠被杀害之后，自己没有选择死而是选择生。在这个问题上，孔子是赞成管子的，他曾经两次表明这个态度。第一次是子路说："鲁桓公杀害了公子纠，他的辅臣召忽以身殉职了，而管仲却不以身殉职。他缺少'仁德'吧？"孔子说："齐桓公九次会盟诸侯，不用武力，都是管仲之功劳呀。这就是他的仁德，这就是他的仁德。"另一次是子贡说："管仲不仁德吧？鲁桓公杀死了公子纠，管仲却不能为他而死，反而辅佐他的对手齐桓公。"孔子说：

"管仲辅佐齐桓公,代表天子管理诸侯,匡正天下秩序,老百姓到现在还享受他的恩惠。如果没有管仲的话,我们现在恐怕成了'披散着头发裸露着膀子'的野人啦。他怎么能像普通男女那样拘泥于小节,在山沟里上吊自杀而没有人知道呢?"这里非常含蓄地点明了管仲活着的意义,就是捍卫了中原文明。

既然人活着要认真思考怎样活着的问题,而不必去自寻烦恼地探讨死的问题。那么,孔子对活在当下又是如何主张的呢?

孔子是理性主义者,不仅在治国理政上是理性的,而且在做人做事方面也是理性的,用高标准要求自己。这个高标准就是君子人格。他说:"君子要经常思考九件事:看的时候要思考是否看得明白,听的时候要思考是否听得清楚,接人待物的时候要思考是否表情温和,与人交往的时候要思考态度是否谦恭,与人谈话的时候要思考分寸是否恰当,做事的时候要思考是否尽心尽力,有疑问的时候要思考是否及时请教,生气的时候要思考别人是否有困难,遇到好处的时候要思考是否合情合理。"这是君子应该做到的"九思"。另有三项是必须要戒掉的,称为"三戒"。他说:"君子有三种不能做的事情。年轻时候,血气还没有稳固,要戒迷恋女色。等到壮年时候,血气正旺盛,要戒好勇斗狠。到了老年,血气已经衰弱,要戒贪得无厌。"另外,孔子认为做人要有敬畏之心,他说:"君子有三种敬畏:敬畏自然法则,敬畏父母双亲[①],敬畏圣人教诲。那些没有见识的人不懂得自然法则的神圣性而不知敬畏,不懂得伦理的重要性而轻慢父母双亲,不懂得圣人教诲的价值而诋毁圣人的言论。"就是说,人活着就要追求君子人格。这些都是普通人可以做到的,也是活着的人起码的处世之道。

曾参临死之前,孟敬子来慰问他,他对孟敬子说:"鸟快死的时候,它的鸣叫是哀伤的。人快死的时候,他的言语是善良的,我跟你说几句心里话——

---

① 杨本解释"畏大人"为"敬畏王公大人",也通,但与孔子整体思想不符。

君子之人最重要的处世之道有三个：穿着端庄整齐，才能避免别人的粗暴和怠慢；表情庄重祥和，才能得到人们的信任；说话讲究措辞和语气，才能避免人们的轻视和背叛①。至于各种礼仪，自然有主管部门去处理（你就别操心了）。"他还把他的弟子叫到跟前，说："你们看看我的脚，你们看看我的手。《诗经》上说'战战兢兢，就好像站在深渊面前，又好像踩在薄冰之上。'从今以后，我知道我可以不必这样高度紧张了②，孩子们。"在曾参看来，人生的基本状态就是"战战兢兢，如临深渊，如履薄冰"，死而后已，这是一位一辈子都在思考人生哲理的智者的经验总结。这是何等严肃的人生态度啊！

试看当今社会，有多少人还有"九思"？有多少人还有"三戒""三畏"？又有多少人"战战兢兢，如临深渊，如履薄冰"地生活？人们说：这样活着多累啊！现在是新社会，自由了。可是，任意妄为，不知约束自我，不知死活地伤天害理的人，怎么可能有自由？当一个人失去了内在控制力的时候，强大的外力就会不期而至。

《易·系辞》："原始反终，故知死生之说。"高亨在《周易大传今注》中解释说："此言'圣人'考察万物之始，故知其所以生，究求万物之终，故知其所以死。"只有大彻大悟的人，才能对生与死有正确的认识和轻松的态度；只有活得透亮的人，才能死得明白。

既然中国人对生与死看得如此透彻，那么，中国人到底有没有信仰呢？中国人早在孔子以前就已非常理性了，人是万物灵长，天地之间唯人为尊。所以，理性的中国人信仰的是自然法则，是天道，是公道，在追求道德法则、掌握道德规律的过程中享受自由的人生！

---

① 杨本解释"出辞气，斯远鄙倍矣"为"说话时多考虑言辞和声调，就可以避免鄙陋粗野和错误"，其中的因果关系比较模糊。

② 杨本解释"而今而后，吾知免夫"为"从今以后，我才晓得自己是可以免于祸害刑戮的了"，到底"免"什么，内容包含在"战战兢兢，如临深渊，如履薄冰"里了，不必点明"刑戮"，如此理解反而窄了。

棠棣篇

【原文】

1. 曾子曰："君子以文①会友,以友辅仁。"(《颜渊》)

2. 孔子曰："益者三友,损者三友。友直,友谅②,友多闻,益矣。友便辟,友善柔,友便佞,损矣。"(《季氏》)

3. "唐棣之华,偏其反而。岂不尔思,室是远而。"子曰："未之思也,夫何远之有?"(《子罕》)

4. 子贡问友,子曰："忠告而善道之,不可则止,毋自辱焉。"(《颜渊》)

5. 孔子曰："侍于君子有三愆③:言未及之而言谓之躁,言及之而不言谓之隐,未见颜色而言谓之瞽。"(《季氏》)

6. 司马牛忧曰："人皆有兄弟,我独亡。"子夏曰："商闻之矣:死生有命,富贵在天。君子敬而无失,与人恭而有礼,四海之内,皆兄弟也。君子何患乎无兄弟也?"(《颜渊》)

7. 子游曰："子夏之门人小子,当洒扫应对进退,则可矣,抑④末也。本之则无,如之何?"子夏闻之,曰："噫,言游过矣!君子之道,孰先传焉?孰后倦⑤焉?譬诸草木,区以别矣。君子之道,焉可诬也?有始有卒者,其惟圣人乎?"(《子张》)

8. 子夏之门人问交于子张。子张曰："子夏云何?"对曰："子夏曰:'可者与之,其不可者拒之。'"子张曰："异乎吾所闻:君子尊贤而容众,

嘉善而矜⁶不能。我之大贤与，于人何所不容？我之不贤与，人将拒我，如之何其拒人也？"（《子张》）
9. 子曰："主忠信，无友不如己者；过则勿惮改。"（《子罕》）
10. 孺悲欲见孔子，孔子辞以疾。将命者出户，取瑟而歌，使之闻之。（《阳货》）
11. 子游曰："吾友张也为难能也，然而未仁。"（《子张》）
12. 曾子曰："堂堂乎张也，难与并为仁矣。"（《子张》）

【注释】

①文：花纹，引申为礼仪制度和礼仪活动。
②谅：忠诚可靠，诚实。
③愆：过失，过错。
④抑：或者，抑或。
⑤倦："诲人不倦"的借用，教诲。
⑥矜：同情，理解，爱惜。

【通解】

《诗经·小雅》的《棠棣》：

棠棣之华，鄂不韡韡，凡今之人，莫如兄弟。
死丧之威，兄弟孔怀，原隰裒矣，兄弟求矣。
脊令在原，兄弟急难，每有良朋，况也永叹。
兄弟阋于墙，外御其务，每有良朋，烝也无戎。
丧乱既平，既安且宁，虽有兄弟，不如友生。
傧尔笾豆，饮酒之饫，兄弟既具，和乐且孺。

妻子好合，如鼓瑟琴，兄弟既翕，和乐且湛。

该诗以"棠棣"花朵相互依偎比喻兄弟情谊密不可分。危难之时相互扶持，急困之时相互救助，虽在家里常常争吵，但面对外敌之时依然并肩作战，共同抵御。在诗人看来，兄弟关系甚至远超夫妻关系。同时指出，在战乱时期，兄弟关系胜过朋友关系；而在和平时期，兄弟关系不如朋友关系。后人常用"棠棣"指代兄弟或者朋友。

朋友，是一种社会关系，传统文化中指志同道合的人。现在很多人把朋友当作财富和资源，把"朋友"理解成一种物质化的利益联盟。其实，这不是真正的朋友关系。庄子在《庄子·山木篇》里说："夫以利合者，迫穷祸患害相弃也。"为了利益而结交的朋友，当遭遇祸患、灾难、危害时就会相互抛弃。曾参则从另一个角度解释了什么是朋友关系，他说："君子通过各种礼仪活动来结交朋友，借助朋友来培养仁德。[①]"此谓君子之交。

《孔子家语·六本》记载了这样一段对话。孔子说："我死之后，卜商（子夏）会越来越进步，端木赐（子贡）会越来越退步。"曾参问："这是为什么呢？"孔子说："卜商喜欢跟比自己优秀的人在一起，端木赐喜欢跟不如自己的人在一起。不了解做儿子的，就看看他的父亲；不了解一个人的为人，就看看他的朋友；不了解一个君主，就看看他手下的臣属；不了解一块地肥瘦，就看看那块地上的草木。所以说，跟善良的人相处，就好像进入兰花熏过的屋子，时间长了就闻不到香味了，说明自己已经被同化了。与不善良的人相处，就好像进入卖咸鱼的店铺，时间长了就闻不到腥味了，说明自己已经被同化了。用来存放丹砂的器皿会渐渐变红，用来存放黑漆的器皿会渐渐变黑，也是这个道理。所以君子一定要慎重选择自己的朋友。"此前，孔子曾因为"道不同不

[①] 杨本解释"以文会友"为"君子用文章学问来聚会朋友"，把"文"理解成"读文章"或"写文章"是后人的认识，笔者认为不妥。

相为谋"规劝过子贡"不要结交跟自己志不同、道不同的人"。朋友，不仅是相互切磋学问的同伴，也是相互给予精神快乐的源泉，所以孔子曾说："有朋自远方来，不亦乐乎？"如果道不同，怎么可能会产生这样的快乐呢！他还告诫弟子们："有益的朋友有三种，有害的朋友也有三种。结交正直诚实的朋友，结交宽厚仁慈的朋友，结交学识渊博的朋友，是有益的。结交阿谀奉承的朋友，结交表面亲和的朋友，结交花言巧语的朋友，是有害的。"

朋友关系一旦形成，双方会以此为乐，以此为荣，相互敬重，相互信任，彼此依赖，经常思念，会有一日三秋的感觉。朋友之间就像兄弟一样，有时甚至比兄弟还情真意切，因为兄弟之间毕竟无法摆脱利益纠纷。孔子曾经针对"棠棣花呀金灿灿，风中摇曳舞翩翩，不是我不把你思念，而是你家离我太遥远"这几句古诗说："这是根本没有思念呀，不然的话，怎么会有遥远的感觉呢？"所以唐人王勃在《杜少府之任蜀州》说："海内存知己，天涯若比邻。"

不仅如此，朋友之间还有一种特殊的义务。《孔子家语·困誓》记载，子路问孔子："有这么一个人，他每天早起晚睡，勤劳耕作，手脚都磨起了茧子，不知疲倦地侍奉父母。可他却得不到孝子的美名。这是为什么？"孔子说："大致想来，他可能是动作不恭敬，也可能是说话不轻柔，或者是脸色不温和。古人说'你赞同什么，别人也赞同什么，是一样的，不会产生差错。'如果一个人这三个方面都做到了，怎么会得不到孝子之名呢？"说到这里，他好像突然想到了什么，就说："仲由呀，你要记住，我告诉你，一个人即使有全国著名勇士的力气也不能把自己举起来，不是他力气小，而是根本不可能呀。不提升品德是自己的过错，品德提升了而名声却得不到彰显，那就是朋友的过错了。所以，君子在家里要踏踏实实做事，在外面要与贤德的人交朋友。这样的话，怎么可能没有孝子之名呢？"这段对话告诉我们，一个人不能没有朋友，不能没有贤德的朋友，因为很多事情不是自己一个人能做的。像子路谈到的这个人，他确实已经很孝敬父母了，但没有人给他扬名，说明他没有朋友，或者没有贤德的朋友。

有一次，子贡问孔子怎样与朋友相处，孔子说："真诚地劝告他，并巧妙地开导他，如果他不听从，就不要再劝诫了，否则会自取其辱。"① 孔子在谈到"君子"的时候，曾经说过"君子矜而不争"的道理，就是君子要庄重，但不必与那些不庄重的人势不两立，每个人的人格都是独立的，你提一下建议是对的，但做不做是他的自由，这才是尊重。也就是说，与朋友交往跟侍奉君主是一样的，"不可则止"。因此，跟有教养的君子交朋友的时候，我们要更加谨慎。孔子说："在君子身边最容易犯的错误有三个：一是不该说话的时候就抢着说，这叫浮躁；二是该说话的时候什么也不说，这叫隐瞒；无视对方的表情不顾轻重地自说自话，这叫瞎子。"

司马牛是宋国贵族，兄弟很多，包括担任宋国司马的桓魋，就是那个为了擅权专政、担心孔子被宋国重用而企图杀了孔子的人。据说司马牛的兄弟在宋国谋反，他不赞成这些兄弟的行为。他勤奋好学，向孔夫子问过"仁"，问过"君子"。此后不久，桓魋在宋国发动叛乱，整个家族被驱逐出宋国。司马牛也因此无家可归，常常感到孤独，他说："人人都有兄弟，唯独我没有。"子夏开导他说："我听说呀，人的生死是由命运决定的，人的富贵是由上天决定的（你们家族的事情，也不是你能左右得了的）。君子怀着敬畏之心做事情，尽力避免过失，与人交往彬彬有礼，那么四海之内所有人就都是兄弟呀。作为君子，怎么担心没有兄弟呢？"子夏可真会开导人呀！首先，他说司马家族的败亡与司马牛无关，是帮助他放下了心理包袱；接着用"德不孤，必有邻"的道理鼓励司马牛做好自己，并暗示他是个"君子"；然后说"四海之内皆兄弟"，让司马牛意识到朋友即兄弟，其中包含着"我就是你兄弟"的意思；最后直接点明"不必担心"。这一席话步步切中了司马牛的心结，让司马牛彻底

---

① 该句可证明"无友不如己者"的意思并非"不要与不如自己的人交朋友"。

释然了，此之谓"与君一席话，胜读十年书"。子夏简直就是一位教育大师，怪不得孔夫子在颜渊死后把推行大道的希望寄托在他身上。

不过，子游、子夏、子张这些同学之间关系好像也很一般。他们是同龄人，他们之间为了树立形象、争取荣誉而互不服气是正常的，况且他们都很优秀，孔子逝世后也都授徒讲学。不同的是子游是南方人，子张、子夏是北方人；子张性格张扬，子游次之，子夏比较内敛。孔子曾经评价子张和子夏时说："师（子张）也过，商（子夏）也不及。"而且特别点明"过犹不及"，似乎孔夫子更喜欢子夏。

子游（言偃）曾说："子夏的弟子，适合去洒水、扫地、接待客人、领着人进进出出，做这类事是可以的，但这都是鸡毛蒜皮的小学问。根本性的知识一点也没有，这怎么行呢？"子夏听到以后说："哎！言游这么说是不对的！君子的学问，哪些先传授，哪些后传授，就好比草木有纲、门、科、目一样，是需要分门别类，有先有后的。君子的学问，怎么能歪曲呢？循序渐进，一步一个脚印，难道只有圣人才能做到吗？[①]"其实子夏是对的，孔子就是这么做的。先教小学问，后教大学问，先具体，后抽象，先感性知识，后理性知识，从易到难。子夏是先教小学问，而不是只教小学问，子游的评价显然是片面的，有些傲慢了。

子张比子游更过分，平时比较霸气，任性，不尊重人。有一次，子夏的弟子向子张请教怎样交朋友。子张问："子夏怎么说？"子夏的弟子回答道："子夏说'可以交往的就和他交往，不可以交往的就拒绝他'。"子张说："这和我所听到的可不一样啊！君子尊敬贤人，也能容纳众人，称赞好人，也怜悯无能的人。如果我是个贤明的人，对别人有什么不能容纳的呢？如果我不贤明，别人将会拒绝我，我怎么能去拒绝别人呢？"子张的话很高大上，甚至有点盛

---

① 杨本解释"有始有卒者，其惟圣人乎"为"（依据一定的次序去传授并）有始有终的，大概只有圣人吧"，笔者认为，与驳斥子游关系不大。

气凌人，但子夏说的并不错。孔子说："道不同，不相为谋。"又说："以忠信为原则，不要结交与自己志向不同的人。有了过错也不要害怕改正。"结交朋友要自己掌握主动权，"可以交往的"应该是志同道合的，"不可以交往的"应该是"道不同不相为谋"的，难道不应该拒绝吗？看看孔子是怎么做的——鲁国大夫孺悲想拜访孔子，孔子就让人告诉他自己生病了，不能接见。传话的人刚出门，孔子就拿起琴瑟弹了起来，而且是边唱边弹，故意让孺悲听到。这就是明确地告诉对方：我不愿意与你交往，道不同不相为谋。这样的拒绝既委婉又直接。反而是子张，说得莫名其妙。"贤明的君子容纳别人"是对对方的尊重，但对方不一定是"朋友"；即便是"我不贤明"，对方是君子的话，也不一定会拒绝我，但也不会把我当"朋友"。交朋友，最根本的是看"道"是不是"相同"，跟宽容、包容没有关系。所以，子张是错的。

因为子张过于嚣张，子游非常讨厌他，说："我的朋友子张是个很了不起的人，但他还没有达到'仁'的境界。"连一向谨言慎行的曾参都忍不住说："仪表堂堂的子张呀，是很难跟他一起践行仁德的啊。"在他们看来，子张缺少的是"仁"，也就是尊重别人的情怀。可见，虽然子张口口声声大讲"尊贤容众"，其实他自己就没有"容众"的胸怀。

有关朋友的故事，最著名的大概是管鲍之交了。管仲在出仕之前，与鲍叔牙是朋友，一起做事，很多方面比不过鲍叔牙，而且常常占鲍叔牙的便宜，但齐桓公打算让鲍叔牙做国相时，鲍叔牙推荐了管仲，从而成就了"九合诸侯一匡天下"的历史伟业。但管仲在任时没有推荐鲍叔牙，而且临死前，齐桓公有意让鲍叔牙接替他的时候，管仲说：鲍叔牙，为人廉洁，不适合做宰相。齐桓公就放弃了鲍叔牙而选择了隰朋。当年鲍叔牙举荐管夷吾，不是为了管夷吾而是为了国家，此时管夷吾放弃鲍叔牙也是为了国家。这是他们志同道合之处，所以鲍叔牙知道后说：这正是我当初举荐管仲的原因呀。

另一个故事也非常有名，就是管宁割席。管宁是三国时期的人物，与华歆同学。据《世说新语·德行》记载，他们"共园中锄菜，见地有片金，管挥锄与瓦石不异，华捉而掷去之。又尝同席读书，有乘轩冕过门者，宁读书如故，歆废书出看。宁割席分坐，曰：'子非吾友也。'"管宁之所以与华歆分道扬镳，是因为华歆贪图富贵，与自己"道不同不相为谋"。后来的事实果然如此，华歆先是担任东汉政府的尚书郎和豫章太守，后又奉迎东吴孙策，后投降曹魏，做了魏国御史大夫。后又支持曹丕篡位称帝，自己封侯拜相。而管宁因中原战乱逃到东北授徒讲学，只谈经典不问世事。曹魏几代帝王多次征召管宁，但他拒绝出仕。他们俩的人格高低是明摆着的。作为管仲后裔，管宁可谓通达君子。他和华歆怎么可能走到一块呢？

无 隐 篇

【原文】

1. 子曰:"二三子以我为隐乎?吾无隐乎尔。吾无行而不与二三子者,是丘也。"(《述而》)

2. 子曰:"衣敝缊袍,与衣狐貉者立而不耻者,其由也与?'不忮不求,何用不臧①?'"子路终身诵之。子曰:"是道也,何足以臧?"(《子罕》)

3. 子曰:"由之瑟奚为于丘之门?"门人不敬子路。子曰:"由也升堂矣,未入于室②也。"(《先进》)

4. 子曰:"道不行,乘桴浮于海。从我者,其由与?"子路闻之喜。子曰:"由也好勇过我,无所取材③。"(《公冶长》)

5. 子谓颜渊曰:"用之则行,舍之则藏,惟我与尔有是夫!"子路曰:"子行三军,则谁与?"子曰:"暴虎冯河,死而无悔者,吾不与也。必也临事而惧,好谋而成者也。"(《述而》)

6. 子见南子,子路不说。子矢之曰:"予所否④者,天厌之!天厌之!"(《雍也》)

7. 在陈绝粮,从者病,莫能兴。子路愠见曰:"君子亦有穷乎?"子曰:"君子固穷,小人穷斯滥矣。"(《卫灵公》)

8. 子疾病,子路使门人为臣。病间,曰:"久矣哉,由之行诈也!无臣而

为有臣。吾谁欺？欺天乎？且予与其死于臣之手也，无宁死于二三子之手乎？且予纵不得大葬，予死于道路乎？"（《子罕》）

9. 子谓子贡曰："女与回也孰愈？"对曰："赐也何敢望回？回也闻一以知十，赐也闻一以知二。"子曰："弗如也。吾与女弗如也。"（《公冶长》）

10. 子曰："回也其庶乎，屡空。赐不受命，而货殖焉，亿则屡中。"（《先进》）

11. 子贡问曰："赐也何如？"子曰："女，器也。"曰："何器也？"曰："瑚琏也。"（《公冶长》）

12. 冉子退朝，子曰："何晏⑤也？"对曰："有政。"子曰："其事也；如有政，虽不吾以⑥，吾其与闻之。"（《子路》）

13. 子曰："孝哉闵子骞！人不间⑦于其父母昆弟之言。"（《先进》）

14. 鲁人为长府。闵子骞曰："仍⑧旧贯，如之何？何必改作？"子曰："夫人不言，言必有中。"（《先进》）

15. 闵子侍侧，訚訚如也；子路，行行如也；冉有、子贡，侃侃如也。子乐。"若由也，不得其死然。"（《先进》）

16. 柴也愚，参也鲁，师也辟，由也喭。（《先进》）

17. 宰我问曰："仁者，虽告之曰'井有仁焉'，其从之也？"子曰："何为其然也？君子可逝也，不可陷也；可欺也，不可罔也。"（《雍也》）

18. 子游为武城宰。子曰："女得人焉尔乎？"曰："有澹台灭明者，行不由径，非公事，未尝至于偃之室也。"（《雍也》）

19. 子曰："从我于陈、蔡者，皆不及门也。"（《先进》）

【注释】

①臧：美好，善良，令人满意的。用，以，何用即"何以"。

②门、升堂、入室，分别比喻学习的不同阶段，入门是开始，升堂是高

级，入室是最高境界，后世发展为成语"登堂入室"。

③材：通"裁"，剪裁。取材，即取舍。

④否：否定的，错误的。

⑤晏：通"晚"。

⑥以：用，任用。

⑦间：空隙，引申为离间，说坏话。

⑧仍：沿袭，延续，依旧。

【通解】

孔子从三十岁开始授徒讲学，到他去世前不久才停下来。在这长达四十年的时间里，他和弟子们形成了亦师亦友的亲密关系，他跟许多弟子尤其是子路、子贡、颜回、冉有等人之间建立了深厚的师生之情、朋友之情、兄弟之情、父子之情。他们之间的交流开诚布公，无拘无束，有时也不免开个玩笑。他曾经对弟子们说："你们认为我有所隐瞒吗？我在你们面前没有隐瞒。我没有一次行动不是跟你们在一起的，这就是我孔丘呀。"

孔夫子跟子路之间几乎是兄弟关系，子路比孔子只小九岁。有一次，孔子对着几个弟子，评价子路说："穿着破旧的袍子，跟穿狐皮大衣的人站在一起而不觉得丢人的，大概只有仲由吧！《诗》上说：'他不嫉妒，不贪求，怎么会没有好结果呢？'"子路听了后就整天背诵这句诗，孔子便提醒他说："这不过是小事情，怎么就足以得到好的结果呢？"子路是一个武士，喜欢射箭比武，他弹奏琴瑟的水平不太高，孔子说："仲由弹瑟的水平怎么跟我刚开始的时候差不多呢？"弟子们误会了夫子的意思，对子路有些不尊重，夫子就跟他们说："仲由已经很不错了，只是还没有达到精湛的水平呀。"孔子对弟子们常常是有表扬，有批评，有指点。他曾经跟弟子们说："如果我的治国之道真的无法推行了，我就乘着木排漂流到海外去。跟我去的，恐怕只有仲由吧？"子路听了这话很高兴。孔子接着说："仲由勇敢的精神远远超过我，就是不知道用在哪儿呀。"① 这是夫子含蓄的批评，目的是启发子路做事要冷静，不要动不动就怒气冲天，好勇斗狠。有一次，孔子表扬颜回说："有人任用就去努力实现自己的理想，没人任用就把自己的学问藏起来。恐怕只有我和你能够这样吧。"子路在一旁听了很不满意，说："如果让你带兵打仗，你让谁跟你去呢？"话说得很直接，就是"你离开我不行"。孔子听了也很上火，来了句更直接的："赤手与老虎搏斗、徒步涉江过河、就算死了都不后悔的人，我不会与他共事。如果一定要有个伴儿的话，我肯定去找遇事谨慎、喜欢用谋略完成任务的人。"其实这也是告诫子路遇事要谨慎，做事动脑子。在卫国的时候，孔子急于得到卫灵公重用，不得不按照卫国的礼数拜访了卫灵公夫人南子，子路知道后很不高兴，认为孔子不走正道，孔夫子居然对天发誓说："要是我做了不该做的事，就让上天抛弃我吧，让上天抛弃我吧。"哈哈！这哪像是师生关系？分明是兄弟或朋友嘛！如果现在还有这样的师生关系，真是幸福呀！

孔子一行在陈蔡绝粮的时候，很多弟子都病了，倒在地上爬不起来。子路感到十分沮丧，就很生气地对孔子说："难道有教养、有学问、有智慧的君子，也会遭遇这样的困境吗？"孔子冷静地说："君子一辈子都在面对困境，但他们能坦然面对。小人就不同了，他们遇到困境就会胡作非为。"其实，这也是警告子路不要鲁莽行事。孔子得了重病，子路感觉孔子快不行了，就让弟子们充当孔子的家臣（为夫子争取名誉，也是好意）②。但孔子知道后非常生气，说："仲由做这种欺诈的勾当，已经很多次了！我本不该有家臣却假装有家臣。我欺骗谁呢？欺骗老天吗？况且我与其死在家臣手里，不如死在你们这些弟子

---

① 杨本解释"由也好勇过我，无所取材"为"仲由这个人太好勇敢，好勇的精神大大超过了我，这就没有什么可取的呀"，笔者认为如此解读则成了孔子对子路的全面否定，不妥。

② 杨本解释"子路使门人为臣"为"子路命令孔子弟子组成治丧小组"，不妥。

手里呀！（你们难道不理解我吗？）再说，我即使不能享受隆重的葬礼，难道还会死在路上（没人管）吗？"在这里，孔夫子说了三个方面的意思：第一，不能欺骗，因为你可以欺骗任何人，但无法欺骗老天。第二，我和你们之间不是君臣关系，而是师生、兄弟、朋友、父子关系，这是何等温暖的情谊啊。第三，即使国家不管，有你们在我身边，我也比死在野外好多了，我感谢你们呀，你们怎么反而疏远我呢？伏尔泰读到这里时，曾这样赞美孔子："他宁愿教育人，不愿统治人。"①

那么，孔子为什么说子路多次行诈呢？据《韩非子·外储说右上》记载，子路在鲁国时曾经担任过郈地的长官，执政季孙氏发动国人修建水渠，刚好有一段在郈地，为了表示关心，也为了调动民工积极性，子路就拿出自己的俸禄给民工做饭吃。孔子听说后，就打发子贡去那里把那些饭都倒掉，把那些锅碗瓢盆都砸了，并说：老百姓属于国君，你怎么能管他们饭吃呢？子路怒不可遏，撸起袖子来找孔子，说：夫子教我们的是仁义，我这么做不就是仁义吗？孔子说：你怎么这么糊涂呢？这是君主的事情，你这么做是欺骗，是收买人心，跟齐国的田氏有什么区别呢？你要推行仁义，就应该向君主提建议呀。赶快停下来，否则你将有杀身之祸。果然，没多久，季孙氏就派人来责备子路了，非常惊险！其实，子路所做的只是仗义或侠义，不是仁义；仁的本质是尊重对方，子路表面上是为了民工，实际上是为自己争取好名声，更无视君主的存在。两千多年来，通过收买人心而把大老板架空的故事太多了，孔夫子称之为"诈"。

孔子是中正君子，秉持中庸之道，说话做事都实事求是。他与子路的交往是如此，与子贡、颜回、冉有等所有弟子的交往也都这样。有一次，夫子对子贡说："你觉得，你跟颜回谁更优秀呀？"子贡说："我哪里敢跟颜回比呀？

---

① 伏尔泰著；梁守锵译：《风俗论·导论》商务印书馆1994年版，第88页。

颜回听到一件事，就能推知十件事，而我听到一件事最多也就能推知两件事。"孔子说："你比不上他，我和你都比不上他。①"颜回当然很聪明，要不孔子也不会把他看作自己的继承人。但这里孔子也没有贬低子贡的意思，他说"我和你一样"，实际上是把子贡和自己并列的，子贡当然应该是满意的，不过，话里也有激励子贡的意思。孔子的话真是又含蓄，又温暖，又有内涵，让人回味无穷。孔子其实也非常欣赏子贡，他曾说："颜回在做学问上差不多完美了，他经常谦虚得好像一无所知。子贡不接受国君任命，自己下海经商，而且每次预测行情都很准，也很了不起。"子贡就问夫子："我怎么样？"孔子说："你就像一种礼器。"子贡问："什么礼器呢"孔子说："祭祀用的瑚琏。"瑚琏，是祭祀时候盛放祭品的器皿，是祭祀活动必需的礼器；而祭祀又是礼仪制度最重要的环节，是政治的一部分。所以孔子把子贡比作瑚琏，实际是说子贡是不可或缺的人才。后世用"瑚琏之器"比喻国家的栋梁之材。

冉有做了季氏家的宰臣，晚上还是经常来孔子家跟着夫子做学问。有一天上朝回来，孔子问他："今天怎么回来得晚呢？"冉有回答说："有政务。"孔子说："一定是季氏家事，不是国家政务，如果有国政的话，虽然他们不用我，但我也会听到的。"在这里，冉有显然是说谎了，但孔子没有指责他欺骗，因为这与子路私馈民工性质不同。孔子之所以问他，肯定不是一次了，季氏秘密商量的事情无非是如何扩张自家势力的事情，孔子明知故问，是意在提醒冉有：季氏走的不是正道，会很危险，你要高度警惕，不要陷得太深了。

闵子骞是著名的大孝子，但他的父亲和兄弟却在继母的影响下总说他的坏话。孔子坚定地站在闵子骞一边，夸赞说："闵子骞真孝顺呀！别人不会被他父母、兄弟说的话所蒙骗的。"孔子为闵子骞扬善是尽朋友义务，后世才有了《芦衣顺母》的故事。鲁国的执政要改造国库，闵子骞说："沿用原来的样

---

① 杨本解释"吾与女弗如也"为"我同意你的话，你赶不上他"，并特地说明"与"不要理解成连词，但笔者认为把"与"理解成连词更合理。

子不好吗？为什么要改造呢？"孔子说："（闵子骞）这个人不怎么说话，一说话就准能说到点子上。"鲁国执政改造国库，大概有两个原因：一是国库年久失修，不能再用；一是看着不顺眼，想改变一下样子。如果是前一种，是可以理解的，但样式不应该有变化；如果是第二种，即要搞形象工程，那就不仅是劳民伤财了，而且是执政蔑视国君，树立个人威望，向世人证明这个国家是"我说了算"。当时的情况，恐怕是后一种，孔夫子当然不会支持，闵子骞也看出了执政的贼心，所以孔子立即对他表示赞赏。有一次，闵子骞、子路、冉有、子贡四个人围在孔子旁边，闵子骞恭恭敬敬，子路咄咄逼人，冉有跟子贡和颜悦色，孔子看了一会儿笑了，说："像仲由这样，恐怕不得善终啊。"孔子这好像是玩笑，但也是提醒子路言谈举止都要小心谨慎。子路是个急公好义之人，但却不是一个明白人。孔夫子非常了解子路的缺点，所以他时刻惦记着子路的安全。后来，卫世子蒯聩回国夺位时，强迫卫国大夫孔悝攻打卫出公，当时高柴和子路都是孔悝的家臣。孔子听说后，伤心地说："坏了，恐怕子路要死了。"果然，没过多久，高柴回来了，子路因反对蒯聩谋反而被剁成了肉泥。可以说，孔子和子路以及众多弟子之间绝对不是普通的师生关系，更没有刻意的"师道尊严"，这里只有兄弟、朋友、父子之间的深厚的情意和真诚的关怀，这是多么崇高、伟大、感人的情意和关怀呀！孔夫子认为：高柴格局太小，曾参反应迟钝，子张行为偏激，仲由草率鲁莽。这是评价呢？还是批评呢？或是告诫呢？字字充满了发自肺腑的真诚的关爱。

宰予是孔子弟子中非常有个性的一位。他曾经反对过"居丧三年"的习俗，也曾经白天睡大觉，孔子称之为"朽木不可雕也"，还因他改变了"听其言而信其行"的习惯。这一次，宰予又给孔子出了个难题，他说："追求仁德的人，即便有人告诉他'井里有仁德'，难道他也要跳进去追求吗？"哈哈！厉害！"仁德在井里"这是多大的圈套呀！但孔子没有上套，他直接否定宰予的假设，说："怎么会发生（仁德会掉到井里去）这种事呢？遇到这种情况，君子就可以迅速离开了，不能被（这个假设）套进去呀！（我告诉你宰予）君子可以被蒙蔽，但不可以被愚弄。①"从宰予的意思看，他似乎对孔子的仁义之学有些意见。这是因为他对"仁德"的理解太浅了，他把"仁德"理解成独立于人体之外的物质客体，这当然是错误的。在孔夫子看来，研究大道所领悟的包括仁德在内全部学问都会积淀成人的内在素质，而不在人体之外。尽管如此，宰予作为孔门弟子，在人格上也是靠得住的，不失为中正君子。公元前481年，齐陈恒弑杀其国君齐简公，担任齐都临淄长官的宰予因不满陈恒所为而被杀害②。这件事，让晚年的孔子对宰予改变了看法。

子游担任武城宰期间，孔子曾经带着几个弟子去看望他。他问子游："你在这里发现人才了吗？"子游回答："有一个叫澹台灭明的，他走路从来不抄小路，除了公事他从不来我这里。"子游的意思是澹台灭明这个人光明磊落，是位君子。据《史记》记载，子游把澹台灭明（字子羽）引荐给孔夫子，孔子见澹台长相丑陋，觉得他不会成大器，但后来澹台灭明到南方去游历，跟着他的有三百多弟子，而且教学方法很成熟，效果很显著，在南方产生了很大影响，名声传到中原地区。孔子知道后，有点自责地感慨说："我凭说话看人，错看了宰予；我凭长相看人，错看了子羽。"

总之，孔夫子是一位坦荡君子，在他的弟子面前几乎是透明的。他聪明睿智而又敦厚温和，学问广博而又深入浅出，温文尔雅而又不失幽默，他的表扬是真诚的，他的批评是中肯的。他和他的弟子之间既是师徒，更是兄弟、朋友、父子，他们生活在一起，情意浓浓，乐趣融融，令我们后人仰羡不已，感

---

① 杨本解释"君子可逝也，不可陷也"为"君子可以叫他远远走开不再回来，却不可以陷害他"，这与"井有仁焉"联系不上。

② 有史料说宰予是因参与陈恒叛乱而被杀的，还说孔子"以此为耻"，断不可能，否则宰予不会被赫然列在"孔门十哲（言语科）"里，且排在子贡前面。如果盖棺定论，宰予大概喜欢开玩笑，尤其是喜欢说一些不阴不阳的话，类似今天所谓"愤青"，比如他在回答哀公"社木"时在"周人以栗"后又加了一句"使民战栗"。

动不已。

　　正因为孔夫子跟他的弟子们之间建立了如此深厚的情谊，或许，晚年的孔子常常感到孤独，他说："当年跟随我在陈蔡一带共度患难的弟子，现在都不来我家了。"这个时候，冉耕死了，阙止死了，颜回死了，宰予死了，子路也死了。其他人大多离开孔子去寻觅自己的出路了，或者卫国，或者齐国，或者楚国，或者吴国，或者晋国等。有的虽在鲁国，但忙于事务无法经常来看望夫子。他们可都是老夫子的心头肉啊！我们仿佛看到夫子常常拄着拐杖在门前徘徊，好像是等待他的弟子，但又似乎并不指望什么。老人家是多么的可怜啊！当子贡来的时候，孔子说："端木赐呀，你怎么来得这么晚呀！"此时此刻，思念、期盼之情，快乐、温暖之意，刹那间涌上心头，老人家潸然泪下，不能自已。

弟 子 篇

【原文】

1. 子曰:"贤哉,回也! 一箪食,一瓢饮,在陋巷,人不堪其忧,回也不改其乐。贤哉,回也!"(《雍也》)

2. 子曰:"语之而不惰者,其回也与!"(《子罕》)

3. 子曰:"吾与回言终日,不违①,如愚。退而省②其私,亦足以发,回也不愚。"(《为政》)

4. 子曰:"回也,其心③三月不违仁,其余则日月至焉而已矣。"(《雍也》)

5. 颜渊死,子哭之恸。从者曰:"子恸矣。"曰:"有恸乎? 非夫人之为恸而谁为?"(《先进》)

6. 颜渊死,子曰:"噫! 天丧予! 天丧予!"(《先进》)

7. 子谓颜渊,曰:"惜乎! 吾见其进也,未见其止也。"(《子罕》)

8. 哀公问:"弟子孰为好学?"孔子对曰:"有颜回者好学,不迁怒,不贰过,不幸短命死矣。今也则亡,未闻好学者也。"(《雍也》)

9. 季康子问:"弟子孰为好学?"孔子对曰:"有颜回者好学,不幸短命死矣,今也则亡。"(《先进》)

10. 子谓仲弓,曰:"犁牛之子骍④且角,虽欲勿用,山川其舍诸?"(《雍也》)

11. 子曰:"雍也,可使南面。"(《雍也》)

12. 或曰："雍也，仁而不佞。"子曰："焉用佞？御人以口给，屡憎于人。不知其仁，焉用佞？"(《公冶长》)
13. 子谓子贱："君子哉若人！鲁无君子者，斯焉取斯？"(《公冶长》)
14. 子谓公冶长："可妻⑤也。虽在缧绁之中，非其罪也。"以其子⑥妻之。(《公冶长》)
15. 南宫适问于孔子曰："羿善射，奡荡舟，俱不得其死然。禹稷躬稼而有天下。"夫子不答。南宫适出，子曰："君子哉若人！尚德哉若人！"(《宪问》)
16. 南容三复白圭，孔子以其兄之子妻之。(《先进》)
17. 子谓南容："邦有道，不废；邦无道，免于刑戮。"以其兄之子妻之。(《公冶长》)
18. 德行：颜渊、闵子骞、冉伯牛、仲弓。言语：宰我、子贡。政事：冉有、季路。文学：子游、子夏。(《先进》)

【注释】

① 违：偏离，引申为提出反对意见。
② 省：察看，观察。
③ 心：心志，志趣。
④ 骍：纯红色的马。
⑤ 妻：嫁给，给……做妻子。
⑥ 子：子女，这里单指女儿。

【通解】

《史记·孔子世家》记载："孔子以诗书礼乐教，弟子盖三千焉，身通六艺者七十有二人。"在《论语》中出现的弟子有三十人，其中孔子最喜欢的是颜回,他曾经夸赞颜回说:"真是贤德呀,颜回!一篮子饭,一瓢子水,居住在简陋的巷子里(过这么简单的生活)。别人都受不了这种艰苦所带来的忧愁,但颜回却始终快快乐乐。真是贤德啊,颜回!"那么,颜回之乐在哪儿呢?孔子说:"听我讲话从来不懈怠的,恐怕就是颜回吧!"这就是说,颜回之乐在于探究学问,此之谓"安贫乐道"。

自古以来,人类一直都在追求幸福与快乐,但"快乐"有若干个层次,有肌肤之乐,有口耳之乐,有心情之乐,有精神之乐,只有高层次的快乐才是幸福。按照马斯洛的人类需求理论,人每满足一层需求,都会产生一种快乐,即温饱之乐,安全之乐,亲情之乐,爱情之乐,成功之乐,自我实现之乐。颜回所追求的不是温饱之乐,也不是肌肤之乐、口耳之乐,而是心情之乐、精神之乐、成功之乐和自我实现之乐。孔子说过:"知之者不如好之者,好之者不如乐之者。"颜回以追求知识为乐,自然是感受到了知识本身的生命力,才能与作为客体的知识形成精神上的互动,也就是说他找到了属于自己的"幸福"。可见,颜回是很善于思考和探究的。孔子说:"我跟颜回讲一整天,他也不提什么意见,就像是个傻子。但退下去之后,我看他私下里跟朋友谈论问题,完全能够发挥所学的道理。颜回不傻。"颜回看上去有点傻,其实是他思考得太深了,完全沉浸在学问里了。对于颜回学以致用的能力,孔子也赞赏有加,他说:"颜回,他的志趣能好几个月不偏离仁德,其他弟子则不过能坚持一天或者一个月罢了。"正是由于颜回如此优秀,如此卓尔不凡,所以孔子才把未来传道的希望寄托在颜回身上。可是,令人意想不到的是颜回寿命太短了,才四十岁就死了。这对孔夫子是何等沉重的打击啊!所以孔子哭得特别悲伤,有弟子说:"您哭得太悲伤了。"孔子说:"我有悲伤吗?我不为这个人悲伤还为谁悲伤呢?"这不是一位师长对弟子的哀悼,也不是一位父亲对于儿子的哀悼,而是对一个志同道合的战友的哀悼,是对于自己毕生所追求的事业的哀悼。孔子是一直把颜回当作自己事业的继承人的,所以,老夫子才会从内心深处发出这样的呼喊:"这是老天要我的命啊!这是老天要我的命啊!"

那么,颜回还有哪些优秀的表现呢?

《孔子家语·颜回》记载了这样一段小故事,鲁定公问颜回:"你听说东野毕擅长驾车的事吗?"颜回说:"他驾车确实很好,但他的马很快就会跑掉。"鲁定公听了很不高兴,说:"一个君子难道能诅咒别人吗?"颜回离开后三天,养马的人禀告鲁定公:"东野毕的马跑了,(一车驾四马中)驾车的两匹马逃脱了,只有旁边的两匹马跑回马厩了。"鲁定公听说后,一下子站了起来,派人去请颜回。颜回进朝后,鲁定公问他:"你那天说的话今天应验了,你是怎么知道的呢?"颜回说:"我是从社会治理中得到的启发。舜帝擅长役使百姓,不会让百姓的力气用尽,所以百姓没有人逃亡。造父善于驾驭马匹,不会让马匹的力气用尽,所以马匹不会逃跑。这位东野毕驾车的时候,马缰绳抓得很紧,马嚼子勒得很死,不停地让马奔跑,走完了平路走山路,马的精力都耗尽了,他还不让马停一停。马受得了吗?"鲁定公高兴地说:"你说的话含义很深,能不能再讲具体点。"颜回说:"我听说,飞鸟走投无路就会乱啄东西,野兽走投无路就会到处乱抓,人走投无路就会欺诈行骗,马匹走投无路就会逃跑。自古以来,从没有让百姓走投无路而自己安然无恙的。"鲁定公非常高兴,就把这件事告诉了孔子,孔子说:"颜回之所以是颜回,就是因为他有这样的表现。很正常,不值得夸赞。"从驾车推及政治,然后极其形象而透彻地解释了仁政的道理,这真是孔子思想再现呀!在卫国的时候,有一天早晨,天刚蒙蒙亮,孔子听见一个人很悲伤的哭泣声,问身边的颜回:"颜回,你知道这是为什么哭吗?"颜回说:"我觉得这哭声不但是为死去的人哭,也有因为离别而哭的意思。"孔子问:"你怎么知道?"颜回说:"我听说恒山有一种鸟,生下了四只小鸟,等小鸟羽翼丰满将要离开的时候,老母鸟悲伤地鸣叫,那哀切的声音跟这哭声差不多,有一种一去不复返的味道。我是根据这个推断的。"孔子打发人去询问那个哭泣的人,那人说:"我父亲死了,家里穷得办不起丧事,只好卖了儿子来埋葬父亲，现在正跟儿子诀别啊。"孔子说："颜回啊，你真善于辨识声音呀。"颜回如此卓尔不凡，怎能不让孔子由衷地喜爱他，并把他作为事业的继承人呢？

颜回死后，孔子还经常想起他，谈起他，他总是叹息说："这孩子可惜呀，这么年轻就走了。我只看见过他努力追求，从没有看见过他停下来。"当鲁哀公问孔子"你的弟子们，谁最爱学习"的时候，孔子当然回答说："有个叫颜回的最爱学习，他从来不会因为任何事情埋怨别人，也不会重复犯同样的错误。可惜他寿命短，已经死了。现在没有了，我还没有听说有谁爱学习。"当季康子问到同一个问题时，孔子同样回答："有个叫颜回的最爱学习，可惜他寿命短，已经死了，现在没有了。"

在所有弟子中，孔子评价较高的还有冉雍。冉雍与冉耕同宗，冉有也称冉求。孔子对他们三人评价都很高，而尤以冉雍为最高。冉雍曾经向孔子问过"仁"，问过"政"，讨论过"居简行简"的问题。孔子在谈到冉雍时说："一头耕牛生下的牛犊子，竟然如此毛色纯正，两角端正，正是祭祀用牛的首选，即使天子因为它是耕牛不用来祭祀，难道山川之神会舍弃他吗？"天子专用的是全牛、全羊、全猪，称"太牢"；诸侯专用的是全羊和全猪，没有牛，称"少牢"。祭祀专用的牛、羊、猪都是提前很长时间就物色，选出毛色纯粹、长相端正的牛、羊、猪，专门饲养，以备祭祀之用。到此，大家自然就明白孔子把冉雍比作"祭祀用牛"是什么意思了。就是说，冉雍是天子专用的宰辅级人才。

不仅如此，孔子在谈到冉雍时还说："冉雍呀，可以让他坐北朝南做一地方的长官。"孔子说这样的话，也是石破天惊的。显然，在孔子这里，没有等级和血统，只有实事求是和仁者为尊。这是中国历史上破天荒的第一次，比《史记·陈涉世家》中所说"王侯将相宁有种乎"要早得多。这种信念也是孔夫子宁可颠沛流离也要孜孜以求的精神支柱，也是他创办私学培养平民子弟的伟大理想。在他看来，只要有仁德，就没有什么不可以。当有人说"冉雍有仁德但没有口才"的时候，孔子反驳说："（治理国家）怎么用得上口才呢？靠伶牙俐齿来管理百姓，大多会被人厌恶。我不知道冉雍有没有仁德，我只知道管理百姓用不着口才。"

子路是陪伴孔子时间最长的弟子，一直为孔子驾车。他身强力壮，比较粗野，孔子对他批评最多，但那不是讨厌或嫌弃，相反，是从内心深处关心他，爱护他，因为在孔子看来，子路的这种性格很容易惹祸上身甚至丧命。孔子也多次赞扬子路，尤其是在政治才能方面。这里再补充一段：《孔子家语·辩政》里记载，子路担任（卫国）蒲地长官时，孔子路过这里，刚进入蒲地，孔子就说："仲由做得很好啊，恭敬而诚信。"来到城邑，说："仲由做得很好啊，忠信而宽厚。"到了子路的办公大厅，说："子路做得很好啊，明察而果断。"身边的子贡问："夫子还没有见到子路兄处理政务，就夸赞了三次，他的优点到底在哪里呢，能告诉我们吗？"孔子说："我已经看到他处理政务了。进入蒲地，田地被整治，杂草被清除，沟渠被疏通，这就是由于他恭敬而诚信，所以百姓才尽心尽力做事。进入城邑，城墙坚固，树木茂盛，这是由于他忠信宽厚，所以百姓才不会敷衍。进入大厅，大堂上清净安闲，下属都尽职尽责，这是由于他英明果断，所以秩序才有条不紊。如此看来，即使三次夸奖他，也没有把他的优点全说出来呀。"

宓子贱，也是孔子七十二贤人之一。据《孔子家语·子路初见》记载：宓子贱跟孔子的侄子孔蔑在一起做官。孔子去看望他们的时候，问孔蔑："你从做官以来，得到了什么，失去了什么呢？"孔蔑说："我什么也没有得到，但失去了很多，一是耽误了学习，二是疏远了亲戚，三是没时间交朋友。"孔子听了很不高兴，又问子贱，子贱回答："我什么也没有失去，却得到了很多，一是能把过去所学的知识应用于实践了，二是把俸禄分享给亲戚加深感情了，三是边办公事边交朋友，关系更加密切了。"孔子感叹说："这个人真是君子呀！如果鲁国没有君子的话，他是从哪里学到这些品德的呢？"另据《吕氏春秋》记载，宓子贱在单父（地名）做长官，"身不下堂而单父治"，当地秩序井然，百姓安乐，孔子夸赞他说：可惜了，他治理的地方太小了，即便是个大地方，他也能治理好。

找一个什么样的人做女婿，也是一个大问题。《孟子·离娄下》："良人者，所仰望而终身也。"意思是，丈夫是妻子仰望并终身依靠的人，必须在做人方面无可挑剔，至于有多大能力，做多么大的业绩，倒是次要的。

公冶长，字子长。相传，他精通鸟语，曾在鸟语的引导下帮助一位老妈妈找到了她死去的儿子，官府以为是他杀的，就把他羁押起来。但他品行是端正的，孔子很了解。在谈到公冶长的时候，孔子说："可以把女儿许配给他做妻子。他虽然坐过牢，但那不是他的罪过。"于是把女儿嫁给了公冶长。我们不难理解，这件事对公冶长是多大的肯定呀！孔子表现出来的不仅是伟大的宽容，而是伟大的信任。谁不希望有一位这样的夫子，这样的岳父，这样的父亲呀！没有信任的社会，那是怎样的悲哀啊！

南宫适，字子容，又称南容。他曾经问孔子："后羿擅长射箭，奡擅长水战，都没有得到善终，而大禹和后稷亲自耕种庄稼，却得到了天下。这是什么原因呢？"孔子没有回答。南宫适出去后，孔子赞叹说："这孩子真是君子呀！他在追求很高尚的品德呀！"因为孔夫子知道，南宫适提出这样的问题，说明他在后羿、夏奡与大禹、后稷之间寻找成败的原因，无须夫子回答，他已经领悟到人生成败的关键不是本事大小，而是品行高低。孔子还发现，南宫适平时经常背诵"白玉上的污点尚且可以磨掉，但说话中出现的错误，却是无法挽回的"[①]这几句诗。所以，在谈到南宫适的时候，孔子说："这孩子不错。国家政治清明的时候，他不会被抛弃；国家政治黑暗的时候，他也能免于杀身之祸。"

---

① 白圭的诗见于《诗经·大雅·抑篇》："白圭之玷，尚可磨也；斯言之玷，不可为也"。

于是把兄长的女儿嫁给了南宫适。

　　公冶长和南宫适虽然都是孔门的七十二贤人之一，但他们都不是活跃分子，甚至有点默默无闻。从这里，我们可以看出孔夫子选择女婿的标准：正直善良，朴实厚道，明白事理，追求仁德。其实，也就是君子的人格标准。可以说，人的智力决定他一生的高度，但他的德行则决定他一生的长度。千百年来，孔夫子的这一标准一直影响着中国父母的择婚观念。当然，选媳妇也一样，通情达理是第一标准。君子人格，一直是中华民族的理想追求，即使达不到，也要努力争取。还是那句话，理想本来就是难以实现的，但放弃了理想，人也就失去了方向，失去了精神支柱，也就没有了快乐和幸福。

　　总之，孔子的弟子都各有所长，在德行操守方面，颜回、闵子骞、冉伯牛、仲弓更突出一些；在外交辞令方面，宰予、子贡更突出一些；在政治管理方面，冉有、子路更突出一些；在文献研究方面，子游、子夏更突出一些。此之谓"十哲"。其中仲弓、子贡、子游、子夏曾参与整理孔子言行故事，后被再传弟子编辑成《论语》，成为后世研究孔子思想的宝贵文献。子贡曾在鲁国和卫国担任过执政大臣，子游回到家乡把孔子之学带到南方，子夏在三家分晋后，曾做过魏文侯的顾问，并培养了吴起、李悝等著名政治家。

为人篇

【原文】

1. 子曰:"默而识之,学而不厌,诲人不倦,何有于我哉?"(《述而》)

2. 子曰:"十室之邑,必有忠信如丘者焉,不如丘之好学也。"(《公冶长》)

3. 叶公问孔子于子路,子路不对。子曰:"女奚①不曰,其为人也,发愤忘食,乐以忘忧,不知老之将至云尔。"(《述而》)

4. 子曰:"出则事公卿,入则事父兄,丧事不敢不勉,不为酒困,何有于我哉。"(《子罕》)

5. 子曰:"听讼,吾犹人也。必也使无讼乎!"(《颜渊》)

6. 子击磬于卫,有荷蒉而过孔氏之门者,曰:"有心哉,击磬乎!"既而曰;"鄙哉!硁硁乎!莫己知也,斯己而已矣。深则厉,浅则揭②。"子曰:"果哉!末之难矣。"(《宪问》)

7. 子欲居九夷。或曰:"陋,如之何?"子曰:"君子居之,何陋之有?"(《子罕》)

8. 子曰:"吾有知乎哉? 无知也。有鄙夫问于我,空空如也。我叩其两端而竭焉。"(《子罕》)

9. 子曰:"文,莫吾犹人也。躬行君子,则吾未之有得。"(《述而》)

10. 子曰:"德之不修,学之不讲,闻义不能徙,不善不能改,是吾忧

也。"(《述而》)

11. 太宰问于子贡曰："夫子圣者与？何其多能也？"子贡曰："固天纵之将圣，又多能也。"子闻之，曰："太宰知我乎？吾少也贱，故多能鄙事。君子多乎哉？不多也。"(《子罕》)

12. 牢曰："子云'吾不试，故艺'。"(《子罕》)

13. 子曰："若圣与仁，则吾岂敢？抑为之不厌，诲人不倦，则可谓云尔已矣。"公西华曰："正唯弟子不能学也。"(《述而》)

14. 子与人歌而善，必使反③之，而后和之。(《述而》)

15. 原壤夷俟，子曰："幼而不孙弟，长而无述焉，老而不死，是为贼。"以杖叩其胫。(《宪问》)

【注释】

①奚：为什么。

②原句出自《诗经·邶风·匏有苦叶》"匏有苦叶，济有深涉。深则厉，浅则揭"。意思是：葫芦瓜有苦味叶，济水边有深渡口。水深就垂着衣服慢慢过，水浅就提起裙子快快走。

③反：通"返"，再来一遍。

【通解】

那么，孔夫子到底是怎样一个人呢？他自己是怎样评价自己的呢？

孔子是一位非常自信的人，尤其是在学术研究和文化教育方面。他常说："把所见到的各种知识都默默地记在心里，研究学问不感到满足，教育弟子不感到疲倦，这些事对于我来说有什么困难呢？"还说："只要是有十个家族的城邑，就一定会有跟我一样追求忠信的人，只是他们不像我这样勤奋好学罢了。"在周游列国期间，楚国的叶公沈诸梁向子路询问孔子到底是怎样一个人，子路居然不知道该怎么回答。回来后他跟孔子谈起这件事，孔子说："你怎么不说：这个人呀，发愤用功常常忘了吃饭，每天快乐得忘记了忧愁，竟然不知道自己已经老了等等，这些呢？"孔夫子一生都在学习，他是自学成才的典范。他先学礼仪，后学礼乐，礼、乐、射、御、书、数等，六艺无不精熟。他研究文献，创立以"仁"为核心的伦理体系，并自觉地用其规范自我，成为闻名天下的正人君子。孔子周游列国之前，在鲁国担任过大司寇，在卫国的时候也受到了高级礼遇，但从孔子的话里我们可以看出，孔子不愿意把自己看作有名望、有地位、成功的人，他更希望人们把他看成一个学者，一个始终在努力追求的知识分子。

要注意"乐以忘忧"这句话。孔子的快乐来自对道德学问的探究与思考，他完全沉浸在一种忘我的状态里，所以这种快乐是发自内心的，是不间断的。据《史记·孔子世家》记载，孔子一行前往郑国，在郑国东门集合时，子贡很沮丧地跟孔子说："刚才我碰见一个人，说你脑袋像尧帝，脖子像皋陶，肩膀像子产，下半身像大禹，可他又说你到处流浪，无所归依，像丧家之犬。"孔夫子听完之后笑了，然后叹息一声说："说我的长相怎么样不重要，说我像丧家之犬，说得很准，他说得很准呀！"真是敢于直面惨淡的人生！这里的"笑"，是自信的笑，是豁达的笑，也呈现了他内心纯粹的精神底色。到处流浪，无所归依，难道不是丧家之犬吗？可是，这又怎么样呢？这不是生活本身吗？生活永远不会像我们想象得那么好，但也永远不会像我们想象得那么坏。孔夫子是看得很透的人，当然也会觉得自己很可笑，但他明白，生活本来就是这样。

三年以后，他们被围困在陈蔡之地，一连七天没饭吃。据《孔子家语·在厄》记载，当时，弟子们确实有些绝望，但孔夫子仍然"弦歌不衰"，而且分别找弟子们谈心。他问子路说：《诗经》上说"不是犀牛，不是老虎，却这样奔跑在旷野上"，是我追求的大道不对吗？为什么我们沦落到如此地步呢？你说说看。子路说：可能是夫子的仁德和智慧还不够吧，要不怎么会没人相信我们呢？夫子曾经说"做好事的人，上天就会给他降下福气；做坏事的人，上天就会给他降下灾祸"，可是您道德深厚，通晓情理，为什么会这样呢？孔子说：仲由呀，你不懂啊。我来告诉你，你以为仁德的人就一定会得到好结果吗？如果那样的话，伯夷、叔齐怎么会在首阳山上饿死呢？你以为智慧的人就一定会被人重用吗？如果那样的话，王子比干怎么会被挖了心肝呢？如果忠诚的人都会得到报答，关龙逢就不会被杀了；如果劝谏的话都会得到听从，伍子胥就不会被害了。能不能被重用，是机会问题；有没有贤德，是个人问题。有知识、有智谋的人多了去了，难道就我孔丘一个人这样吗？作为君子，追求大道是为了完善人格，不能因为遇到困难就改变志向呀。子路出去后，孔子又找来子贡，问了同一个问题，子贡说：夫子的学问博大精深，天下没有人能接受，你为什么不降低一下标准呢？孔子说：一个优秀的农民很会种地，但不能保证有很好的收成。一个优秀的工匠很会做工，但不能保证他制造的器物都能畅销呀。一个君子，他探究大道，并能形成思想理念，但不能保证被世人接受呀。如果不深入研究大道，却满脑子考虑如何被人接受，这是志向不远大，思虑不长远呀。"子贡出去后，孔子又找来颜回，问了同一个问题。颜回说：夫子的学问博大精深，天下没有人能接受，这是那些执政者的耻辱，与夫子有什么关系呢？越是不被接受，就越证明夫子了不起。孔子听了非常高兴，叹息一声说："太有见识了，颜家的孩子！假如你有很多钱财的话，我愿意为你管理。"过了一会儿，子路又进来问孔子："君子有忧愁吗？"孔子说："没有。君子毕生都在探究道德，还没成功的时候，他会因追求道德本身而快乐，成功之后，他会为自己的成功而快乐。所以，君子一辈子都很快乐，没有一天是忧愁的。"孔夫子就是这样的意志坚定，而又循循善诱。但这一切都不是什么技巧，而是孔夫子的精神本色。从本质上说，教育不是一门技术，而是一种精神境界。由于孔夫子本身如此自信、乐观、豁达、坚毅，所以他的弟子们也都慢慢地形成了自信、乐观、豁达、坚毅的性格。而这一切都来自孔夫子的使命感，就是把自己的事业看作文明进程的重要环节。他的背后是整个人类文明，所以他自信、乐观、坚毅。

孔子对自己的执政能力也是很自信的。他曾经说："出门在外侍奉公卿，回家之后孝敬父兄，人家有丧事，竭尽全力去办，不被酒所困扰，这些事对于我来说有什么困难呢？""不为酒困"应该是说孔子酒量很大；"为人办丧事"是孔子年轻时的职业，当然很熟悉；孔子父亲在他三岁时去世了，这里的"父兄"指的应该是兄长孟皮；"侍奉公卿"指的就是出仕做官，包括在齐国做高氏家臣，在鲁国担任公职，而真正展示他政治才能的是担任中都宰和担任大司寇。担任中都宰，只一年就"四方则之"，各地都向他学习，然后被提拔为司空，后又任命为大司寇，并代理执政，跟随鲁定公参加齐鲁夹谷之会，一举挫败了齐国劫持鲁定公以要挟鲁国割让土地的阴谋，反而让齐景公把过去侵占的鲁国土地都退还给了鲁国。

夹谷之会的故事我们在《出仕篇》里讲过，任中都宰的事情，《孔子家语》只说他制礼作乐，没有更详细记载。不过，孔子自己的一句话可以让我们隐约领悟到他的执政奥秘，他说："审理民间诉讼的时候，我跟别人是一样的。如果一定要说有什么不同的话，那就是我会想办法让他们不再发生纷争。"① 孔子的这个办法是什么呢？当然是教化，教而化之。孔子毕生所追求的就是教化百姓，让所有人都知书达理，做明白人。大家都走正道了，说话做事合情合理了，自然也就能和睦相处，也就实现了《中庸》所说的"天地位焉，万物育焉"的中和境界了。

孔子不仅是这样说的，也是这样做的。据《孔子家语·始诛》记载，孔子担任大司寇时发生过这么一件事：有父子俩发生了纠纷，告到了官府。孔子

---

① 杨本解释"听讼，吾犹人也，必也使无讼乎"为"审理诉讼，我同别人差不多。一定要使诉讼的事件完全消灭才好"，从语法和词义上都值得商榷。

把他们俩关在同一间牢房里，没有进行审理。没多久，那位父亲申请撤诉，孔子就把他们都释放了。季氏听说之后很是不满，说：孔子不是以孝治国吗？为什么不把那个不孝之子杀了呢？孔子叹息说：不教而诛怎么行呢！圣人主张刑罚要恰当，是让我们先对百姓讲道理，让他们信服；如果他们不信服，就在他们中树立榜样，让他们学习；如果仍然没有效果，才用刑罚予以震慑。这样不出三年，百姓就行为端正了。可见，孔子主张司法不能完全依赖暴力，而是通过唤醒人的道德自觉，劝人从善。这是对他人的尊重，是对他人的信任。一般管理者却总是喜欢抓住别人的小辫子不放，且自视高明，却没有考虑自己的责任。教化可以促进和睦相处，共同发展，如果单纯依靠惩罚，则只会制造怨恨，使人渐渐变得冷酷无情，结果必然会派生出一系列社会问题。《孔子家语·好生》里还说，孔子担任大司寇时，每次裁断案子，总是把所有持不同意见的人都聚在一起，让每个人都说说"你怎么看"，等大家都说完了，孔子才说："应该按照某某谁说的处理，他说的更合理。"这种民主讨论的办法是他从尧帝那里学来的，与《尚书·尧典》所叙述的情景非常接近。

　　孔子是个明白人，他对自己通权达变的智慧也是很自信的。刚到卫国的时候，孔子击磬以抒发情怀。有一个挑着草篮子的人路过孔子的门口，听到击磬的声音，说："这个击磬的人，有心事吧？"过了一会儿又说："眼界太窄了，不然声音怎么会硁硁的呢？没有人了解自己，就算了呀！《诗经》里不是说：水深的话就穿着衣服趟过去，水浅的话就提起衣服走过去。何必烦恼呢？"意思是说，卫国没有机会就到别处去呀。孔子听到后说："确实如此啊！我没有办法说服他。"可他能去哪儿呢？孔夫子周游列国十四年，卫、陈、蔡、宋、曹、郑、楚也去了，齐国早去过，晋国本想去又因赵鞅杀了贤臣而放弃了。他有些无奈了，就想到偏远地区去，有弟子说："那些地方偏僻野蛮，没有文化，怎么生存呀？"孔子说："有君子住在那里，怎么会没有文化呢？"虽然孔子对很多执政者很失望，但对自己还是很有信心的。他曾经说过，传统文化都集中在了他身上，他到哪里，就会把文化带到哪里。当然，由于各种原因，他最终也没有去那些偏僻的地方。

虽然孔子是一个伟大的学者，也是伟大的政治家，但他一直非常谦虚。他曾经说："我有知识吗？没有知识呀。有一个浅陋的人向我请教问题，我对他说的事情居然一无所知。我只能从问题的正反两个方面去解释，尽力寻找答案[①]。"其实，孔子在这里告诉了我们一条真理，就是任何答案都在问题内部，问题是表面的，答案是深层的，是问题的内在逻辑性。

孔子还谦虚地说："研究学问，我无非跟别人一样。在践行方面，我还没有做到啊。"

所以，他又说："道德还没有研修，学问还没有讲解，听到合理的话还没有去践行，发现自身存在的问题还没有及时改正，这些是我经常担心的。"正是基于这样的文化责任感，促使孔夫子"敏以求之"，虽千万人而往矣。

孔夫子觉得自己连"君子"都算不上，就更甭说"圣人"了。

齐国田常派军侵略鲁国，身在卫国的孔子跟弟子们说："鲁国是我的父母之邦，不能袖手旁观。你们谁能替我去一趟齐国，阻止这场战争？"子路、子张、子石、子贡都想去，孔子觉得子路、子张、子石不合适，最后让子贡出使齐国。子贡先去了齐国，对田常说："你打败鲁国这样的弱小国家不足以在国内树立自己的威信，要打就跟吴国打。"田常说："人家吴国不跟我们打呀。"子贡就去了吴国，跟吴王夫差说："你要称霸中原，必须打败齐国，震慑晋国。"吴王说："我担心越国从我背后暗算我。"子贡又去了越国，对越王勾践说："你应该积极配合吴国北伐，这样你才有机会打败吴国。"越王就派兵跟随吴国北伐中原。然后，子贡又来到晋国，说："吴国想攻打齐国，称霸中原，晋国作为中原盟主，不能无所作为呀。"晋国于是开始积极备战。在艾陵之战

---

① 杨本解释"我叩其两端而竭焉"为"我从他那个问题的首尾两头去盘问，才得到很多意思，然后尽量地告诉他"，其中"首尾两头"含糊不清，不如"正反两方面"更合理。

中，吴、鲁联军打败了齐军，沉重地打击了齐国的称霸野心。《史记·仲尼弟子列传》说："子贡这一趟，保存了鲁国，搞乱了齐国，灭亡了吴国，强大了晋国，并使越国得以称霸。"

子贡在吴国期间，吴太宰伯嚭向子贡问到孔子[①]："老夫子莫非是圣人吗？他怎么有这么多本事呢？"子贡回答说："本来就是上天想让他成为圣人，才让他有这么多本事的。"回来后跟孔子讲起此事，孔子说："太宰了解我吗？我小时候出身卑贱，生活艰难，所以会做很多粗活。真正的君子有这么多本事吗？他们没有啊。"弟子牢记得孔夫子曾经对他说："我没有机会出仕为官，所以才学到了这么多本事。"在这里，孔夫子还是认为自己不是"君子"。

面对"圣人""仁人"这样的称呼，孔子始终保持着冷静的头脑，他跟弟子们说："如果称我是'圣人'或者'仁人'，我怎么敢当？也许，探究学问不感到满足，教育弟子不感到疲倦，能这么评价我就可以了。"身边的公西华说："这正是我们这些弟子学不到的。"从本质上讲，孔夫子这并不是谦虚，而是实事求是，因为"君子""仁人""圣人"这样的概念，本来就没有可以量化的指标，你只能追求，很难说何时达到。因为"君子"作为一种理想人格，没有衡量标准。有人做一点好事就可以自称"君子"，也有人做一辈子好事也觉得自己配不上"君子"称号，这是正常的。

追求理想，知其不可为而为之，是孔子的性格特点，也是中华民族的性格特点，我们应该以此为荣。目标导向，量化指标，末位淘汰，这些东西不是没有可取之处，但与生命的价值、人性的光辉、精神的力量相比，这些东西太过琐碎，格局太小了。

孔夫子一生以学习为乐，以"敏以求之"为乐，以"知其不可而为之"为乐，那么，他是不是迂腐呆板、缺少生活情趣呢？当然不是。他经常跟人们

[①] 杨本解释"太宰问于子贡"说"这位太宰已经不知是哪国人并姓甚名谁了"，笔者认为是吴国执政太宰嚭。

一起唱歌，如果听到别人唱了一首好歌，他就一定会让那个人再唱一遍，他在一旁跟着一起唱。

　　孔子有位老朋友叫原壤，是一个蔑视礼俗的人。这可是与孔子"道不同"的人。据《礼记》记载，这位原壤的母亲去世时，孔子去帮助他治丧，原壤噔噔地敲打木头说："我很久没有唱歌了"，就站在棺材上唱了起来，"野猫头上的花纹斑斓，握着你柔软的小手。"同去的弟子跟孔子说："你就不能让他别唱吗？"孔子说："据我所知，没有失去的亲人才是亲人，没有失去的朋友才是朋友。"后来，孔子到原壤家拜访，原壤两腿像八字一样张开坐在地上，等待孔子。孔子看到后说："你小的时候就没大没小，长大以后又无可称道，老了还白吃粮食，真是个害人精。"说着用拐杖敲打原壤的小腿，意思是让他快点起来。虽然"道不同"，但也可以做朋友。从他和老朋友之间的这几句话和这一个小小的动作，我们可以感觉到，孔夫子是豁达的，是有情有趣的。虽然他一辈子都在追求"大道""大德""大学问"，但他不是神，而是健康地活着的人。他就像我们的兄长，我们的朋友，我们的老师。

木 铎 篇

【原文】

1. 子温而厉①，威而不猛，恭而安。(《述而》)

2. 子之所慎：齐②，战，疾。(《述而》)

3. 子曰："君子道者三，我无能焉：仁者不忧，知者不惑，勇者不惧。"子贡曰："夫子自道也。"(《宪问》)

4. 颜渊喟然叹曰："仰之弥高，钻之弥坚，瞻之在前，忽焉在后。夫子循循然善诱人，博我以文，约我以礼，欲罢不能。即竭吾才，如有所立卓尔。虽欲从之，末由③也已。"(《子罕》)

5. 子贡曰："夫子之文章，可得而闻也；夫子之言性与天道，不可得而闻也。"(《公冶长》)

6. 仪封人请见，曰："君子之至于斯也，吾未尝不得见也。"从者见之。出曰："二三子何患于丧乎？天下之无道也久矣，天将以夫子为木铎。"(《八佾》)

7. 卫公孙朝问于子贡曰："仲尼焉学？"子贡曰："文武之道，未坠于地，在人。贤者识其大者，不贤者识其小者，莫不有文武之道焉。夫子焉不学？而亦何常师之有？"(《子张》)

8. 子禽问于子贡曰："夫子至于是邦也，必闻其政。求之与？抑与之与？"子贡曰："夫子温、良、恭、俭、让以得之。夫子之求之也，其

诸异乎人之求之与?"(《学而》)

9. 陈子禽谓子贡曰:"子为恭也,仲尼岂贤于子乎?"子贡曰:"君子一言以为知,一言以为不知,言不可不慎也。夫子之不可及也,犹天之不可阶④而升也。夫子之得邦家者,所谓立之斯立,道之斯行,绥⑤之斯来,动之斯和。其生也荣,其死也哀,如之何其可及也?(《子张》)

10. 叔孙武叔语大夫于朝,曰:"子贡贤于仲尼。"子服景伯以告子贡。子贡曰:"譬之宫墙,赐之墙也及肩,窥见室家之好。夫子之墙数仞,不得其门而入,不见宗庙之美,百官⑥之富。得其门者或寡矣。夫子之云,不亦宜乎!"(《子张》)

11. 叔孙武叔毁仲尼。子贡曰:"无以为也!仲尼不可毁也。他人之贤者,丘陵也,犹可逾也;仲尼,日月也,无得而逾焉。人虽欲自绝⑦,其何伤于日月乎?多见其不知量也。"(《子张》)

【注释】

①厉:"砺"的本字,本义是磨刀石,引申为端正,庄重。

②齐:通"斋",斋戒,祭祀。

③由:经过,这里指道路,路径。

④阶:台阶,阶梯。

⑤绥:安抚。

⑥官:通"馆",馆舍,房间。

⑦绝:断绝。自绝,自行断绝(与日月的关系)。

【通解】

孔夫子在他的弟子眼里,又是怎样的一个人呢?

在他们眼里,孔夫子是一位走正道的君子。他温和而端正,威严而平易,恭敬而安详；他以最谨慎的态度对待斋戒、战争和疾病，从来不谈论怪异、暴力、祸乱、鬼神。他是仁德、智慧和勇毅的化身。有一次，孔子谦虚说："君子所循的三个方面，我都做不到：仁德的人不忧愁，智慧的人不困惑，勇毅的人不畏惧。"子贡说："夫子所描述的正是你自己呀。"

颜回曾经叹息说："夫子的学问呀，高深莫测！我仰望它，它越来越高；我钻研它，它越来越深；看着它就在前面，但忽然间却在后面。夫子一步一步巧妙地引导我，用各种文献拓展我的视野，用礼仪制度规范我的行为，即使我想停下来都不可能。我用尽了自己的聪明才智，似乎仍然有一个东西高高地矗立在我面前。即使想爬上去，却找不到路径。"颜回是孔子最欣赏的弟子，也是孔子心中最能理解他的弟子。颜回这番话讲了三个方面：一是夫子的学问非常高深，二是夫子的教学方法非常巧妙，三是夫子的人格非常伟大。

前面我们讲过，"道"有各种层次，孔子之道来自他对自古以来传统文化的综合研究，他站得高，看得远，而且聪明卓越，思考深邃，他的思想理论自然就博大精深。《中庸》里也说："君子之道费而隐。夫妇之愚，可以与知焉，及其至也，虽圣人亦有所不知焉。夫妇之不肖，可以能行焉；及其至也，虽圣人亦有所不能焉。"所以子贡也说："夫子对诗、书、礼、乐的讲解，我们都能听到①。夫子对人性和天道的讲解，我们根本听不到。"这是因为诗、书、礼、乐是具体的知识，而人性与天道是关于世界本质的学问，只能通过个人感悟，无法通过语言传达，所谓"道可道非常道，名可名非常名"②是也。其实，孔子的学问，颜回和子贡感悟到了。

孔子的教育方法主要是启发式，不是灌输式。但启发式和灌输式之间的差异不是教学方法的区别，而是教育理念的区别，是对学生和知识的认识存

---

① 杨本解释"夫子之文章"为"夫子关于文献方面的学问"，不妥。笔者认为此处"文章"应该指孔子的六项具体教学内容：诗、书、礼、乐等，区别于抽象的哲学命题性与命。

② 《老子》第一章。

在着根本不同。关于学生，启发式教育把学生看作主动的学习者，是成长的主体；灌输式教育把学生当作被动的接受者，是成长的客体。关于知识，启发式教育认为知识是活的，生活中随时随地都有知识，任何高深理论都能与实际生活联系起来，既指导生活又接受生活的检验；灌输式教育则认为知识是死的，存在于书本里，离开书本就没有知识，实际生活必须按照圣人、先哲的经验去进行，基本就是教条主义和机械主义。一句话，启发式教育面对的是生命，灌输式教育面对的是容器。

孔夫子的人格境界远远超过了君子的阶段，而达到了圣人的层次。他第一个站出来创办私学，教育平民子弟，为私学开辟了先河，为平民阶级走上历史舞台提供了渠道，成为"王侯将相宁有种乎"的思想渊源。他第一个站出来继承周公礼治思想并提出了德治，并发现了"仁"的价值，突破了周公"宗法礼制"的理念，倡导人性关怀，为后来孟子创立"仁政"学说创造了条件。他第一个站出来总结整理古代文献，为后世文化研究，以及治国思想奠定了基础。当然还有很多，仅仅这三点就足以让我们中华民族为他骄傲和自豪了。孔夫子是一个伟大的创新者，绝不是保守的卫道士。"述而不作"是他自谦之词，也是不希望后人把他的学说奉为圭臬而放弃独立思考。

仪地的一位官员请孔子的弟子给引荐引荐，说："君子到我们这个地方，我还没有不拜见的呢。"孔子弟子就把他引荐给孔子。他与孔子会谈后，出来对孔子的弟子们说："你们何必担心没有职位呢？天下偏离正道已经很久了，上天要让你们的夫子做一位导师呀。"

卫国的公孙朝曾经问子贡："仲尼的学问是从哪里学的？"子贡回答："周文王和周武王的治国之道并没有失传，就在人间。贤能的人能看到它的本质，普通的人也能看到它的表象。文武之道无处不在，无时不有，夫子到哪里不能学呢？况且又何必有固定的老师呢？"

子禽问子贡："夫子每到一个国家，一定能了解这个国家的政事。是请求人家告诉他的呢，还是人家主动告诉他的呢？"子贡说："夫子是凭借温和、善良、恭敬、节制和谦让的态度得来的。夫子这种获取信息的方式，恐怕跟别人不一样吧？"本来，"君子"是一种人格理想，没有评价标准，但子贡却独具慧眼，发现了君子人格的外在标准，那就是孔子做人的态度：温、良、恭、俭、让。当然，这个标准并不是数字指标，与量化思维有本质区别。况且，孔子的温、良、恭、俭、让是骨子里流露出来的，有多少内涵就有多少表现；没有内涵的人刻意去表现，就只能是虚伪和欺诈了。

从子贡的答问中，我们可以看到他对孔子的评价：孔夫子是一位卓越的学者，是一位高尚的君子。因为孔子是中正君子，人们非常信任他，所以认识他的人都愿意跟他亲近，跟他交流，甚至无话不谈，而孔子又聪慧过人，自然能见微知著、由表及里地掌握各种知识和学问。

公元前479年，七十三岁的孔夫子溘然长逝。据《孔子家语·终记解》记载，为孔子治丧的时候，弟子们不知道自己应该穿什么样的丧服。子贡说："以前，颜回死的时候，夫子跟他儿子死的时候一样，没有穿丧服，子路死的时候他也没穿，夫子是把咱们当儿子看待的。现在咱们就像儿子为父亲办丧事一样给夫子办丧事吧，不穿丧服。"于是，他们就在自己身上缠上麻绳，子夏、子游都在场，擅长司仪的公西华主持丧礼。他们给夫子穿上官服，戴上礼帽，腰间戴上象牙环佩，用桐柏做了棺材，按照周朝礼俗制作了灵车披具，按照殷商礼俗制作了崇牙，按照夏朝礼俗用布帛缠绕旗杆，设置了魂幡。把夫子埋葬之后，他们在坟墓周围种上松柏，又在附近建起房子，安家守墓。他们按照儿子为父亲居丧的礼制为孔夫子居丧三年，之后有的留下来，有的离开了。子贡一直在孔子墓前守了六年。有其父必有其子，有其师必有其徒。只有高尚的孔夫子才能培养出这样高尚的弟子呀！

陈亢又一次见到子贡说："您对孔夫子也太恭敬了。他怎么能比您贤明呢？"子贡很严肃地说："君子通过一句话就能断定一个人是明白人还是糊涂人，所以说话不能不慎重啊（你这样说话太轻率了）。咱们的夫子没人比得上，就像那高远的天空不能一步一个台阶地登上去一样。如果咱们的夫子治理国家的话，他主张建立的都能建立起来，他主张推行的都能推行下去；他安抚百姓，百姓就跟着他走；他动员百姓，百姓就同心同德。他活着的时候令人尊敬，他死了之后令人哀思。这样的境界，别人怎么可能比得上呢？"

鲁国大夫叔孙武叔在朝堂上对大夫们说："子贡比仲尼更贤明。"子服景伯把这话告诉了子贡。子贡说："就用围墙打个比方吧，我的围墙才刚刚跟肩膀一样高，从墙外就能看到屋子里漂亮的摆设。我们夫子的围墙有几丈高，又找不到大门可以进去，根本看不见里面雄伟的宗庙、壮观的房屋。恐怕没有几个人能找到大门进去观赏观赏。叔孙先生（根本不了解孔夫子）说这样的话，不很自然吗？"

单从这两次对话，我们就可以断定子贡是一位伟大的人，且不必说他如何预测市场发财致富，如何游说列国。当别人夸赞自己的时候，一般人都会心里美滋滋的，最多说句客气话，谦虚一番，但子贡没有。他明白孔夫子对自己的影响，知道孔夫子在弟子们心目中的地位，更敏锐地察觉到了孔夫子对于中华文化的伟大贡献。孔子不仅是此前几千年文化的总结者，更是未来新文化的开启者、创造者和奠基者。平民教育始于孔子，人文精神始于孔子，平等观念始于孔子。这些都是人类生存的基本追求，是人类文明的核心价值。

后来，叔孙武叔又在公共场合诋毁孔子。子贡说："他办不到！孔夫子不可能被诋毁。别人的贤德就好比丘陵，完全可以跨越过去。孔夫子，就好比天上的太阳和月亮，根本没有办法跨越过去。一个人即使不想再看到太阳和月亮，那对太阳和月亮又有什么伤害呢？叔孙武叔这样再三地诋毁孔夫子，只不过反复地显示他不自量力罢了。"

像颜回这样深刻理解孔子之道、像子贡这样衷心敬佩孔子人格的弟子应该不在少数，但能像他们这样用简洁而形象的语言表述出来的，恐怕不多。颜回准确描述了孔子之道的深邃精微，子贡准确描述了孔子人格的高尚卓越，使用的语言都是比喻，让我们在生动的形象中体会到他们说话的主旨。

据《孟子·公孙丑》记载，宰予曾经评价孔子说：孔夫子比尧、舜伟大得多。有若评价孔子说：孔夫子的品德才能超出同类之上，就像麒麟比于走兽，凤凰比于飞鸟，泰山比于土堆，河海比于小溪。自从有人类以来，没有人比得上孔夫子。

孔夫子是中华文明的骄傲，是我们的骄傲，我们没有理由也没有资格贬低孔子。正如子贡所说："人虽欲自绝，其何伤于日月乎？多见其不知量也。"

总结孔夫子一生的探索经历和他创立的哲学体系，我们发现，孔子给当时那个礼崩乐坏的社会开出的治理方案主要是：平等待人，以德服人，以文化人。

平等待人，仁爱他人，尊重他人，求和不求同，这几乎成了后世评价一个人是否通情达理的基本标准，也构成了中国人平等观念的本质特征。以德服人，通过正确的思想引领大众，通过共同追求实现共同利益，而不是只追求个人利益或少数人利益，更不是以法压人，以刑治人，这一点构成了后世中国政治的基本原则。以文化人，区别于以法压人和以刑治人，是通过教育和熏陶，提升普通大众的认识能力，达到同心同德，造成理想一致、目标一致、团结协作、相互促进的民族统一体，以实现全民族的共同发展。笔者认为与孔子相比，"铸刑鼎"的郑子产等人只关注那些突破了宗法制度而异军突起的新兴贵族的利益，而忽视了国家利益和平民利益，显然是狭隘得多了。

但孔子不是为了标新立异而特意独成一派的，他的思想来源于古代的文化，包括尧、舜、禹、汤、文、武时代，以及周公、管子、老子的文化资源。在孔子思想体系里，"儒"已不再是各种典礼的司仪官，而是有心求道、志存高远的读书人，此其一。其二，战国时期的诸子，无论是主张"尚同""非攻"的墨子，主张"逍遥""无为"的庄子，主张"仁者无敌"的孟子，主张"务耕战"的商鞅，还是主张"事异备变"的韩非，他们都是自觉进行文化反思的学者，都是知识分子。秦汉以后，所谓的百家学说之所以销声匿迹，并不是被消灭了，而是又综合起来了。在这个综合过程中，更具包容性和人文情怀，且密切关注现实，并能有效解决社会实际问题的孔子学说就理所当然地成了大一统国家文化建设的思想主体，它吸纳了道家的自然主义天道观、墨家的平民主义精神、法家的与时俱进思想、阴阳家的天人感应理念等等，从而建立起与大一统国家相适应的大一统文化；而各学派的末流则渐渐被边缘化了。总之，我们不应该把孔子仅仅看作儒家学派的创始人，而应该把他看作是整个中华文化的奠基者。